精品课

EXCELLENT COURSE

高等院校精品课程系列教材

货币金融学
习题集

STUDY GUIDE FOR THE ECONOMICS OF MONEY,
BANKING AND FINANCIAL MARKETS

| 第 3 版 |

蒋先玲 编著

U0360081

机械工业出版社
CHINA MACHINE PRESS

图书在版编目（CIP）数据

货币金融学习题集/蒋先玲编著. --3 版. -- 北京：机械工业出版社，2021.8（2024.5 重印）

（高等院校精品课程系列教材）

ISBN 978-7-111-68642-2

I.①货⋯　Ⅱ.①蒋⋯　Ⅲ.①货币和银行经济学 - 高等学校 - 习题集　Ⅳ.①F820-44

中国版本图书馆 CIP 数据核字（2021）第 132593 号

　　本书是作者根据 30 多年的教学积累，集结各种题型精心编写，用于配套学习蒋先玲《货币金融学》第 3 版教材的教辅资料。全书涵盖本章摘要、名词解释、单项选择、多项选择、判断并改错、填空题、计算题、简答题、论述题，并提供了详尽答案，条理分明，便于记忆，可以有效帮助读者更好地学习"货币金融学"课程。

　　本书适合作为高等院校货币金融学、金融学课程的习题辅导用书。

出版发行：机械工业出版社（北京市西城区百万庄大街 22 号　邮政编码：100037）

责任编辑：王洪波　　　　　　　　　　　　责任校对：马荣敏

印　　刷：北京建宏印刷有限公司　　　　　版　　次：2024 年 5 月第 3 版第 9 次印刷

开　　本：186mm×240mm　1/16　　　　　印　　张：15.5

书　　号：ISBN 978-7-111-68642-2　　　　定　　价：45.00 元

客服电话：（010）88361066　68326294

目 录
CONTENTS

货币与货币制度

▨ 本章摘要

1. 经济学意义上的货币，是指在购买商品和劳务或清偿债务时被普遍接受的任何物体或东西，它与我们日常使用的一些类似概念（如通货、财富、收入及流动性等）是有区别的。
2. 对货币本质的理解有"固定地充当一般等价物的特殊商品""货币债务论"和"现代货币契约论"等观点。
3. 货币具有四种职能，即价值尺度、流通手段、价值储藏和支付手段。
4. 货币形式经历了实物货币、金属货币、纸币、存款货币和电子货币等演进过程。
5. 依据金融资产的流动性将货币划分为 M1、M2、M3 和 M4，其中 M1 为狭义货币，M2 为广义货币。各国货币当局大多选择 M1、M2 作为货币政策控制的重点。
6. 货币制度是一国政府为了适应经济发展的需要，以法律或法令形式对货币的发行与流通所做的一系列规定的总称。货币制度主要经历了金属货币制度和不兑现的信用货币制度，其演进过程可以具体表述为，银本位制－金银复本位制－金本位制－不兑现的信用货币制度。

习题

一、名词解释

1. 价值尺度
2. 价值储藏
3. 狭义货币
4. 广义货币
5. 准货币
6. 支票

7. 信用卡　　　　　　8. 购买力　　　　　　9. 流动性

10. 货币制度　　　　　11. 本位货币　　　　　12. 格雷欣法则

13. 不兑现的信用货币制度　　14. 金块本位制　　　15. 金汇兑本位制

16. 消费信用　　　　　17. 商业信用

二、单项选择

1. 货币和收入的区别在于（　　　）。

　　A. 货币是指流量而收入是指存量　　　　B. 货币是指存量而收入是指流量

　　C. 两者无区别，都是流量概念　　　　　D. 两者无区别，都是存量概念

2. 货币在发挥（　　　）职能时可以使用观念上的货币。

　　A. 价值尺度　　　　B. 流通手段　　　　C. 价值储藏　　　　D. 支付手段

3. 现代货币契约论认为，货币本质上是（　　　）。

　　A. 固定地充当一般等价物的商品　　　　B. 持有者对发行者的一种债权

　　C. 所有者与市场关于交换权的契约　　　D. 购买力的暂栖所

4. 货币的（　　　）职能隐含着纸币产生的可能。

　　A. 价值尺度　　　　B. 流通手段　　　　C. 价值储藏　　　　D. 支付手段

5. 典型意义上的价值储藏手段是针对（　　　）而言的。

　　A. 信用货币　　　　B. 电子货币　　　　C. 银行券　　　　D. 铸币

6. 货币在（　　　）时执行流通手段的职能。

　　A. 分期付款购房　　　　　　　　　　　B. 饭馆就餐付账

　　C. 缴纳房租、水电费　　　　　　　　　D. 企业发放职工工资

7. 本位货币是（　　　）。

　　A. 被规定为标准的、基本通货的货币　　B. 以黄金为基础的货币

　　C. 本国货币当局发行的货币　　　　　　D. 可以与黄金兑换的货币

8. 当货币作为资产成为持有者的财富时，货币是在执行（　　　）职能。

　　A. 价值尺度　　　　B. 支付手段　　　　C. 流通手段　　　　D. 价值储藏

9. 劣币是指实际价值（　　　）的货币。

　　A. 等于零　　　　B. 等于名义价值　　　C. 高于名义价值　　　D. 低于名义价值

10. 货币的基本职能是（　　　）。

　　A. 价值尺度　　　　　　　　　　　　　B. 流通手段

　　C. 流通手段和支付手段　　　　　　　　D. 价值尺度和流通手段

11. 货币执行支付手段职能的特点是（　　　）。

　　A. 货币是商品交换的媒介

　　B. 货币是一般等价物

    C. 货币运动伴随商品运动

    D. 货币作为价值的独立形式进行单方面转移

12. 货币在（　　　）时执行支付手段的职能。

    A. 商品买卖　　　　　　B. 缴纳税款　　　　　　C. 饭馆就餐付账　　　D. 表现商品价值

13. 流动性最高的金融资产是（　　　）。

    A. 活期存款　　　　　　B. 储蓄存款　　　　　　C. 定期存款　　　　　D. 借记卡

14. 跛行本位制是指（　　　）。

    A. 银币的铸造受到控制的复本位制　　　　　B. 金币的铸造受到控制的复本位制

    C. 以金币为本位货币的复本位制　　　　　　D. 以银币为本位货币的复本位制

15. 双本位制是指（　　　）。

    A. 金银币的比价由政府和市场共同决定的复本位制

    B. 金银币的比价由市场决定的复本位制

    C. 金银币的比价由政府规定的复本位制

    D. 金银币的比价由银行规定的复本位制

16. 俗称的"虚金本位制"是指（　　　）。

    A. 金块本位制　　　　　B. 金汇兑本位制　　　　C. 金银复本位制　　　D. 金币本位制

17. 格雷欣法则起作用是在（　　　）条件之下的。

    A. 跛行本位制　　　　　B. 平行本位制　　　　　C. 双本位制　　　　　D. 金汇兑本位制

18. 一般地，划分货币层次的主要依据是金融资产的（　　　）。

    A. 安全性　　　　　　　B. 流动性　　　　　　　C. 收益性　　　　　　D. 可兑换性

19. 根据通用的货币层次划分标准，准货币一般是指（　　　）。

    A. M1 和 M2 的差额　　　　　　　　　　　B. M2 和 M3 的差额

    C. M1 和 M3 的差额　　　　　　　　　　　D. 以上均不是

20. 人民币是我国的法定货币，其本质是（　　　）。

    A. 代用货币　　　　　　　　　　　　　　　B. 银行券

    C. 不兑现的信用货币　　　　　　　　　　　D. 可兑现的信用货币

21. 俗称"富人本位制"的货币制度是（　　　）。

    A. 金币本位制　　　　　B. 金块本位制　　　　　C. 金汇兑本位制　　　D. 金银复本位制

22. 通常将"金币可以自由铸造、自由熔化、自由输出输入，银行券可自由兑换金币"的货币制度称为（　　　）。

    A. 金块本位制　　　　　B. 金币本位制　　　　　C. 金汇兑本位制　　　D. 金银复本位制

23. 下列属于消费信用形式的是（　　　）。

    A. 信用卡　　　　　　　B. 借记卡　　　　　　　C. 储值卡　　　　　　D. 比特币

24. 在执行货币职能时体现信用关系的职能是（　　　）。

　　A. 价值尺度　　　　　B. 流通手段　　　　　C. 价值储藏　　　　　D. 支付手段

25. 如果金银的法定比价是 1:15，而市场比价为 1:17，根据格雷欣法则这时充斥市场的将是（　　　）。

　　A. 金币　　　　　　　B. 银币　　　　　　　C. 金币、银币　　　　D. 都不是

26. 商业信用的主体是（　　　）。

　　A. 银行　　　　　　　B. 厂商　　　　　　　C. 消费者　　　　　　D. 国家

27. 消费信用是企业或银行向（　　　）提供的信用。

　　A. 本国政府　　　　　B. 社会团体　　　　　C. 消费者　　　　　　D. 工商企业

28. 在基于货币的支付体系中，张某可以专心致志地当好老师，他用劳动赚来的钱可以买到他所需要的所有东西。货币的（　　　）功能最能充分说明上述情况。

　　A. 价值储藏　　　　　　　　　　　　　　　B. 交易媒介

　　C. 避免通货膨胀冲击　　　　　　　　　　　D. 价值尺度

29. 下列属于法定加密数字货币的是（　　　）。

　　A. 比特币　　　　　　　　　　　　　　　　B. 数字人民币（DCEP）

　　C. Q 币　　　　　　　　　　　　　　　　　D. Libra（Facebook 发起的加密货币）

30. 支票存款属于下列哪种货币总量（　　　）。

　　A. 只有 M1　　　　　　　　　　　　　　　B. 只有 M2

　　C. M1 与 M2　　　　　　　　　　　　　　 D. 支票存款不包括在任何一种货币总量中

三、多项选择

1. 下列属于准货币的是（　　　）。

　　A. 支票存款　　　　　B. 单位定期存款　　　C. 活期储蓄存款　　　D. 定期储蓄存款

2. 货币的基本职能有（　　　）。

　　A. 价值尺度　　　　　B. 流通手段　　　　　C. 支付手段　　　　　D. 价值储藏

3. 以下可以自由铸造银币的货币制度有（　　　）。

　　A. 银币本位制　　　　B. 跛行本位制　　　　C. 平行本位制　　　　D. 双本位制

4. 货币发挥支付手段的职能表现在（　　　）。

　　A. 税款缴纳　　　　　B. 贷款发放　　　　　C. 工资发放　　　　　D. 饭馆就餐付账

5. 关于狭义货币的正确表述是（　　　）。

　　A. 包括现钞和银行活期存款　　　　　　　　B. 包括现钞和准货币

　　C. 包括银行活期存款和准货币　　　　　　　D. 代表社会现实购买力

6. 以下描述正确的是（　　　）。

A. 货币是流量概念　　　　　　　　B. 收入是存量概念

C. 货币是存量概念　　　　　　　　D. 收入是流量概念

7. 金汇兑本位制的特点是（　　　）。

A. 国内实行金币流通　　　　　　　B. 国内实行银行券流通

C. 银行券在国内可以兑换成金块　　D. 银行券要兑换成外汇向国外央行兑换金块

8. 金块本位制的特点是（　　　）。

A. 国内实行金币流通

B. 国内实行银行券流通

C. 规定数量的银行券在国内可以兑换成金块

D. 任意数量的银行券都可兑换成金块

9. 货币的支付手段职能（　　　）。

A. 使商品的出售与商品价值的获得在时间上分离

B. 使商品生产者可以先买而后卖

C. 更多地反映了商品的买卖关系

D. 隐藏着商品流通过程中爆发危机的可能性

10. 货币的流通手段职能（　　　）。

A. 避免了物物交换所面临的"需求的双重巧合"难题

B. 使商品价值具有了价格

C. 节约了交易成本

D. 隐含纸币产生的可能性

11. 相对于纸币，支票的优点是（　　　）。

A. 避免被丢失和损坏的风险　　　　B. 具有无限法偿能力

C. 免去找零的麻烦　　　　　　　　D. 减少运输货币成本

12. 以下关于准货币描述准确的是（　　　）。

A. 准货币包括活期存款和储蓄存款

B. 准货币的流动性相对较弱

C. 当 M1/M2 的值趋于减少时，表明准货币在增加

D. 当 M1/M2 的值趋于变大时，表明准货币在增加

13. 下列属于我国准货币范畴的是（　　　）。

A. 储蓄存款　　　　　　　　　　　B. 外币存款

C. 住房公积金中心存款　　　　　　D. 长期国债

14. 信用货币制度的特点有（　　　）。

A. 黄金作为货币发行的准备　　　　B. 贵金属非货币化

C. 国家强制力保证货币的流通   D. 货币发行通过信用渠道

15. 下列属于辅币特点的是（　　　）。

     A. 专供日常零星支付   B. 实际价值低于其名义价值

     C. 可以自由铸造与熔化   D. 是有限法偿货币

16. 严格意义上讲，存款货币仅包括（　　　）。

     A. 支票账户存款   B. 外汇存款   C. 定期存款   D. 借记卡存款

17. 商业信用包括两个同时发生的经济行为（　　　）。

     A. 借贷行为   B. 买卖行为   C. 投资行为   D. 投机行为

18. 消费信用的主要形式有（　　　）。

     A. 分期付款   B. 消费信贷   C. 民间借贷   D. 信用卡

19. 下列属于电子货币的例子是（　　　）。

     A. 借记卡   B. 储值卡   C. 智能卡   D. 信用卡

20. 下列关于不兑现纸币的表述中正确的是（　　　）。

     A. 不兑现纸币是政府规定作为法偿货币的纸币

     B. 与商品货币相比，不兑现纸币易于运输

     C. 不兑现纸币不易伪造

     D. 不兑现纸币可以兑换成特定数量的黄金等贵金属

四、判断并改错

1. 格雷欣法则是在金银平行本位制条件下发生作用的。（　　　）

2. 从货币发展的历史看，最早的货币形式是铸币。（　　　）

3. 作为支付手段，货币解决了在商品和劳务之间进行价值比较的难题。（　　　）

4. 根据"劣币驱逐良币"规律，银币必然要取代金币。（　　　）

5. 最典型的金本位制是金币本位制。（　　　）

6. 辅币作为货币制度规定的合法货币具有无限法偿的特点。（　　　）

7. "格雷欣法则"认为，最终充斥市场的是实际价值高于名义价值的通货。（　　　）

8. 作为交易媒介，货币必须是足值的资产。（　　　）

9. 价值尺度和支付手段是货币的两个最基本的职能。（　　　）

10. 货币作为价值尺度一定是现实的货币。（　　　）

11. 货币作为价值储藏形式的最大优势在于它的收益性。（　　　）

12. 纸币产生于货币的价值尺度职能。（　　　）

13. 流动性越强的货币层次包括的货币的范围越大。（　　　）

14. 信用货币自身没有价值，但可以是购买力的暂栖所。（　　　）

15. 流通中通货是指纸币、硬币和支票。（　　）

16. 赊账买卖的商业信用是货币储藏手段产生的起源。（　　）

17. 在金汇兑本位制下，国内实行银行券流通，且一定规模的银行券在国内可以兑换成金块。（　　）

18. 有"富人本位制"之称的货币制度是金币本位制。（　　）

19. 根据通用的货币层次划分标准，准货币是 M1 和 M3 的差额。（　　）

20. 俗称的"虚金本位制"是指金块本位制。（　　）

五、填空题

1. 目前，世界各国普遍以金融资产（　　）的强弱作为划分货币层次的主要依据。

2. 货币形态的历史演进，经历了实物货币、金属货币、（　　）和信用货币发展阶段直到最现代化的电子货币。

3. （　　）主要是指政府或银行发行，代替金属货币执行流通手段和支付手段职能的纸质货币。

4. 目前世界各国实行的是（　　）货币制度。

5. （　　）是指在零售支付机制中，通过销售终端在不同的电子设备之间以及在互联网络上执行支付的"储值"和"预付支付机制"。

6. 货币最基本的职能包括价值尺度和（　　）。

7. 国家规定具有无限支付能力的货币，称为（　　）。

8. 确定整个货币制度种类和货币流通基础的是（　　）的确定。

9. 格雷欣法则起作用是在（　　）条件之下的。

10. 在金银复本位制条件下，按国家是否规定金币、银币之间的交换比价，货币制度划分为（　　）、（　　）和（　　）三种。

11. 商品价值的货币表现称为（　　）。

12. 金本位制有三种形式，分别是（　　）、（　　）和（　　）。

13. 在格雷欣法则中，实际价值高于名义价值的货币称为（　　），实际价值低于名义价值的货币称为（　　）。

14. 狭义货币 M1 由（　　）和（　　）构成。

15. （　　）是国家权力进入货币流通领域的第一现象。

六、简答题

1. 如何理解货币的定义？它与日常生活中的通货、财富和收入概念有何不同？

2. 简述货币的基本职能及特点。

3. 简述西方货币层次划分的依据和具体内容。

4. 简述货币制度的构成要素。

5. 解释"劣币驱逐良币"现象并举例说明。

6. 如何理解货币的本质？

7. 为什么说货币作为支付手段更多地反映了复杂的债权债务关系？

8. 支票是货币吗？支票结算有哪些特点？

9. 信用卡是货币吗？请描述信用卡的使用过程。

七、论述题

论述货币形式的演变过程。

参考答案

一、名词解释

1. 价值尺度

答：价值尺度是货币最基本、最重要的职能，是指货币作为衡量和表现其他一切商品和劳务价值大小的工具。货币执行这一职能时不需要现实的货币。货币的价值尺度功能，减少了商品交换中的价格数目，从而提高了交换的效率。

2. 价值储藏

答：价值储藏是货币的职能之一，即指货币暂时退出流通领域处于相对静止状态，而被人们用作财富或购买力储藏的工具。此时，货币是"购买力的暂栖所"，成为跨期管理的工具。货币作为价值储藏手段的优点在于货币是最具流动性的资产。

3. 狭义货币

答：狭义货币 M1，通常由现金和活期存款组成。其中，现金是指流通中的货币，活期存款在国外是指全部的活期存款，在我国只包括支票类和信用类活期存款。狭义货币是现实购买力的代表，是各国货币政策调控的主要指标之一。

4. 广义货币

答：广义货币 M2，通常由现金、活期存款、储蓄存款、定期存款及某些短期流动性金融资产组成。广义货币扩大了货币的范围，包括一切可能成为现实购买力的货币形式。对于研究货币流通整体状况和对未来货币流通的预测都有独特作用。

5. 准货币

答：准货币，也称亚货币。一般将广义货币与狭义货币之差称为准货币或亚货币，包括储蓄存款、定期存款及某些短期流动性金融资产组成。准货币本身虽非真正的货币，但由于它们在经过一定的手续后，能比较容易地转化为现实购买力，加大流通中的货币供应量。

6. 支票

答：支票是指银行存款客户向银行签发的无条件付款命令书。按支付方式，支票可分为现金支票和转账支票，前者可以从银行提取现金，后者则只能用于转账结算。由于支票可以在市场上转移或流通，充当交易媒介或支付工具，因而支票所依附的活期存款通常被称为存款货币。

7. 信用卡

答：信用卡是由银行或信用卡公司依照用户的信用度与财力发给持卡人的一种特制载体卡片，持卡人持信用卡消费时无须支付现金，待信用卡结账日再行还款的一种消费信用形式。因此，信用卡实际上就是银行提供给用户的一种先消费后还款的小额信贷支付工具。信用卡的使用极大地方便了日常消费。

8. 购买力

答：购买力是指一般物价指数的倒数。物价指数越高，货币购买力越低；反之，货币购买力越高。购买力反映了货币购买商品或者劳务数量的能力。

9. 流动性

答：在经济学中，流动性是指某种资产以较小的代价转化为现实购买力的便利性。流动性的大小取决于资产转换的便利程度和买卖资产的交易成本。由于现金不用转换为别的资产就可以直接用于支付或清偿，因此，现金被认为是流动性最强的资产。

10. 货币制度

答：货币制度是指一国政府为了适应经济发展的需要，以法律或法令形式对货币的发行与流通所做的一系列规定的总称，是货币运动的规范和准则。货币制度的主要内容有：确定本位货币材料，确定货币单位，规定货币的铸造、发行和流通程序和流通办法，确定发行准备制度和货币的对外关系。货币制度经历了金属货币制度和不兑现的信用货币制度的演变发展过程。

11. 本位货币

答：本位货币，亦称"本位币"或"主币"，是一国货币制度中规定的标准的、基本通货的货币，是一国法定的计价、结算货币。在金属货币制度下，本位币是指可以自由铸造的铸币。在纸币制度下，本位币是指由国家垄断发行的纸币。在支付上，本位货币具有无限法偿能力。

12. 格雷欣法则

答：格雷欣法则即"劣币驱逐良币"现象，是指当两种实际价值不同而法定价值相同的货币在同一市场流通时，实际价值高于法定价值的"良币"会被逐出流通，即被收藏、熔化或输出国外，导致实际价值低于法定价值的"劣币"充斥市场。它导致双本位制的不稳定性。

13. 不兑现的信用货币制度

答：不兑现的信用货币制度是指以不兑换黄金的纸币或银行券为本位币的一种货币制度。在流通中执行货币职能的是纸币和银行存款，有的国家的货币也规定本国货币的含金量，但仅限于名义上，流通中的纸币并不能凭此规定与黄金兑换。

14. 金块本位制

答：金块本位制又称"生金本位制"或"富人本位制"，是指没有金币的铸造和流通，而由中央银行发行以金块为准备的纸币流通的一种金本位货币制度。它的特点有：规定一定含金量的银行券（或纸币）；黄金集中存储于本国中央银行；银行券只能按一定条件向发行银行兑换金块。

15. 金汇兑本位制

答：金汇兑本位制又称"虚金本位制"，是指国内不铸造和使用金币，只能同另一实行金币或金块本位制的国家的货币保持固定比价，本国货币（即银行券）只能通过兑换外汇再兑换黄金，而不能直接兑换黄金的一种货币制度。

16. 消费信用

答：所谓消费信用，是指企业、银行和其他金融机构向消费者个人提供的用于生活消费目的的信用。消费信用的表现形式有零售企业向个人提供的分期付款服务，银行和其他金融机构以货币形式向个人提供的以消费为目的的贷款以及信用卡形式。

17. 商业信用

答：商业信用，指企业之间提供的与商品交易相联系的一种信用形式，主要形式有赊销和预付。它既反映了买卖关系，又反映了债权债务关系。商业信用是信用制度的基础，在调节资金余缺的同时，也促进了商品交换的发展，从而促进经济发展。

二、单项选择

1. B   2. A   3. C   4. B   5. D   6. B   7. A   8. D   9. D   10. D   11. D
12. B   13. A   14. A   15. C   16. B   17. C   18. B   19. A   20. C   21. B   22. B
23. A   24. D   25. B   26. B   27. C   28. B   29. D   30. C

三、多项选择

1. BCD   2. AB   3. ACD   4. ABC   5. AD   6. CD   7. BD   8. BC
9. ABD   10. ACD   11. ACD   12. BC   13. ABC   14. BCD   15. ABD   16. AD
17. AB   18. ABD   19. ABC   20. ABC

四、判断并改错

1. （×）将"平行本位制"改为"双本位制"
2. （×）将"铸币"改为"商品货币"
3. （×）将"支付手段"改为"价值尺度"
4. （×）将"银币"改为"劣币"；将"金币"改为"良币"

5.（√）

6.（×）将"无限"改为"有限"

7.（×）将"高于"改为"低于"

8.（×）将"必须"改为"不必"

9.（×）将"支付手段"改为"交易媒介或流通手段"

10.（×）将"一定"改为"不需要"

11.（×）将"收益性"改为"流动性"

12.（×）将"价值尺度"改为"交易媒介或流通手段"

13.（×）将"越大"改为"越小"；或者将"越强"改为"越弱"

14.（√）

15.（×）删除"和支票"

16.（×）将"储藏手段"改为"支付手段"

17.（×）将"金汇兑本位制"改为"金块本位制"

18.（×）将"金币本位制"改为"金块本位制"

19.（×）将"M3"改为"M2"

20.（×）将"金块本位制"改为"金汇兑本位制"

五、填空题

1. 流动性

2. 代用货币

3. 代用货币

4. 不兑现信用或管理本位

5. 电子货币

6. 流通手段

7. 本位币

8. 货币材料

9. 双本位制

10. 平行本位制　双本位制　跛行本位制

11. 价格

12. 金币本位制　金块本位制　金汇兑本位制

13. 良币　劣币

14. 流通中货币　活期存款

15. 铸币

六、简答题

1. 如何理解货币的定义？它与日常生活中的通货、财富和收入概念有何不同？

答：（1）大多数经济学家根据货币的功能认为，货币是指在购买商品和劳务或清偿债务时被普遍接受的任何物体。根据资产的流动性，货币可分为狭义货币和广义货币。前者包括通货和活期存款（支票存款），后者包括狭义货币、居民储蓄存款、定期存款等。

（2）货币与通货的区别。通货只是货币的一个组成部分，除了通货以外，货币还包括以支票存款、储蓄存款、定期存款等表示的对于货物和劳务等所具有的权利。

（3）货币与财富的区别。货币是社会财富的组成部分，财富除了货币资产以外，还有更多的非货币性金融资产以及实物资产等。

（4）货币与收入的区别。首先，在商品经济时代，人们的收入大多表现为货币。其次，收入是货币的流量概念，是指某一时期内的货币量，如月薪、年薪等；而货币是一个存量概念，是指某一时点的货币余额，如第一季度末的货币余额。

2. 简述货币的基本职能及特点。

答：货币的主要职能包括价值尺度、流通手段、价值储藏和支付手段。其中，价值尺度和流通手段是货币的基本职能。

（1）价值尺度是指货币用作衡量和表现其他一切商品和劳务价值大小的工具。价值尺度的特点：不需要现实的货币；具有完全的排他性；货币自身的量必须能够计量，在技术上规定了固定的货币计量单位，即价格标准。

（2）流通手段是指货币充当商品交换的中介或媒介。流通手段的特点：必须是现实的货币，都以通货或支票的形式充当交易媒介；不需要是足值的货币，可以是货币符号。

（3）价值储藏是指货币暂时退出流通领域处于相对静止的状态，而被人们用作财富或购买力储藏的工具。价值储藏的特点：必须是足值的金属货币或价值稳定的信用货币，保管成本低，流动性高。

（4）支付手段是指在以延期付款形式买卖商品时，货币作为独立的价值形式单方面运行时所执行的职能。支付手段的特点：一般发生在赊买赊卖的商品交易中；使买卖双方从简单的买卖关系发展为复杂的信用关系，即债权债务关系；潜藏着使社会再生产过程发生中断的可能性。

3. 简述西方货币层次划分的依据和具体内容。

答：（1）货币层次的划分，是指按不同的统计口径将现实流通中各种信用货币形式划分为不同的层次。货币层次划分的目的是在货币流通总量既定的前提下，按照不同类型的货币流动性分为不同层次，以此作为中央银行调节货币流量结构的依据。

（2）根据资产的流动性来划分货币供应量的层次，已被大多数国家政府接受。所谓金融资产的流动性，也称作"货币性"，是指一种金融资产在不损失价值的前提下转换为现实购买力的能力。流动性大小取决于资产转换成现实购买力（现金）所需要的时间或便利程度和买卖资产的交易成本。具体分为以下层次：M1 = C + D，M2 = M1 + S + T，M3 = M2 + Dn，M4 = M3 + L。各国政府对货币供应量的监控重点主要是 M1 和 M2 两个层次。

（3）狭义货币供应量 M1：M1 = 通货 C + 活期存款 D。通货和活期存款可以直接作为流通手段与支付手段使用，具有完全的流动性。

（4）广义货币 M2：M2 = M1 + 单位定期存款 T + 居民储蓄存款 S。定期存款和储蓄存款的流动性较低，需要转化为通货才能变为现实的购买手段，提前支取则要承受一定程度的损失，所以其流通次数较少，对市场的影响不如 M1。

（5）M3：M3 = M2 + 非存款类金融机构的存款 Dn。非存款类金融机构不能接受活期存款，但能接受储蓄存款和定期存款，这些金融机构的存款与商业银行的定期存款和储蓄存款没有本质区别，经过一定过程也可以转换成现实购买力。

（6）M4：M4 = M3 + 银行与非银行金融机构以外的所有短期信用工具。国库券、人寿保险公司保单、承兑票据等在金融市场上贴现和变现的机会很多，都具有相当程度的流动性，因此也应纳入货币供应量中。

4. 简述货币制度的构成要素。

答：货币制度简称"币制"，是指一国政府为了适应经济发展的需要，以法律或法令形式对货币的发行与流通所做的一系列规定的总称。其内容主要包括以下四点：

（1）规定本位货币材料。一国建立货币制度，首先要确立以哪一种物质作为货币材料，简称"币材"。不同的货币本位制度建立在不同的币材基础上。如用黄金充当币材，就构成金本位制，用白银充当币材，就构成银本位制。

（2）规定货币单位。货币单位是指货币计量单位，主要包括两个方面：一是规定货币单位的名称，在国际上，一国货币单位的名称，往往就是该国货币的名称，如美元、日元等。二是确定货币单位的值。在金属货币制度条件下，货币单位的值是每个货币单位包含的货币金属重量和成色，即铸币平价。在流通可兑换货币时，货币单位的值是货币单位的含金量，即金平价。在黄金非货币化后，则主要表现为本国货币的购买力。

（3）规定通货的铸造、发行和流通程序。在金属货币流通条件下，一般规定辅币由国家铸造发行，本位币则可能是自由铸造的也可能是限制铸造的。在信用货币条件下，最初是分散发行的，例如银行券在早期是由各个商业银行自主发行的，中央银行产生后，货币的发行权收归中央银行或指定发行机构，以对货币供应量进行宏观调控。

（4）规定货币发行准备制度。货币发行准备制度，是指为约束货币发行规模，维护货币信用而制定的，要求货币发行者在发行货币时须以某种金属或资产作为发行准备的制度规定。各国货币发行准备的构成一般有两大类：一类是现金准备，包括黄金、外汇等具有极强流动性的资产；另一类是证券准备或保证准备，包括短期商业票据、财政短期国库券及政府公债券等在金融市场上高度可流通的证券。

5. 解释"劣币驱逐良币"现象并举例说明。

答：（1）"劣币驱逐良币"现象，也称为"格雷欣法则"是在双本位制下产生的一种货币排斥另一种货币的现象。所谓双本位制，是指金银两种货币按法定比例流通的一种复本位货币制度。官方规定金币和银币的兑换比率，由于官方的金银比价较之市场自发金银比价缺乏弹性，可能造成"劣币驱逐良币"的现象。

（2）当金银的实际价值与法定比例相背离时，实际价值高于名义价值的货币（即"良币"）被收藏、熔化而退出流通，实际价值低于名义价值的货币（即"劣币"）则充斥市场，即银贱则银币充斥市场，金贱则金币充斥市场。比如金币和银币的法定比价为1:15，而由于银的开采成本下降，金币与银币的市场比价为1:17，此时金币为良币，银币为劣币，人们就会将银币兑换为金币，将金币熔化成金块储藏起来，社会上的金币逐渐减少，银币充斥流通领域。相反，即银的价格上升而金的价格降低，人们就会将手中的金币兑换为银币，将其熔化并储藏，流通中就会充斥金币。最终的结果是在流通中仍然只有一种货币真正在执行货币的职能。

（3）"劣币驱逐良币"现象表明了货币的排他性特征。

6. 如何理解货币的本质？

答：货币是指在购买商品和劳务或清偿债务时被普遍接受的任何物体或东西。关于货币的本质有多种解释。

第一种：货币的本质是一般等价物。马克思认为，货币是固定地充当一般等价物的特殊商品。货币的本质是一般等价物，即货币可以与任何商品和劳务相交换。货币为何可充当一般等价物呢？因为马克思所处年代的货币是可以与金银兑换的，即是价值符号，或本身就是金银货币，且有真实价值保障。现代货币是"不兑换金银"的，所以该观点无法解释现代货币的本质。

第二种：货币的本质是持有者对发行者的一种债权。这是货币债务论观点，它认为，货币可看成是一张债务欠条，持有货币者成为债权人，发行货币者成为债务人。它解释了在信用货币时代，货币本身已不具有真实价值，却能被人们接受。该观点的不足在于纸币虽然和借条有一定的相似性，两者却存在本质的区别。例如，作为借条，借出方总是希望借入方尽快偿还物品，如果纸币是借条，那么纸币的拥有者就会希望尽快从市场买入实物，即把钱用掉。这和经济学中一个普遍的现象"流动性偏好"相矛盾，即在市场稳定的情况下，人们通常更喜欢持有货币而不是实物商品。

第三种：货币的本质是一种所有者与市场关于交换权的契约，即约定某一特定的物品作为共同的交换媒介，体现的是人们在经济活动中的一种合作关系。这是现代货币契约论的观点，该观点认为货币所体现的契约是一种隐形契约，不同于经济活动中的其他契约，如各种买卖合同。后者需要规定具体的条款，且只用于特定的任务之间，而货币是存在于所有成员间的一种契约，有了这种契约，交换就从自然状态进入市场状态。"吾以吾之所有予市场，换吾之所需"，货币就是这一过程的约定。一般等价物、贵金属货币与纸币都是这种契约的具体形式。

现代货币契约论对货币职能的解释：货币被约定作为一种共同的交换媒介，那它就必然与交换的物品有一个比率，这就使得不同的物品可以相互比较，货币因此有价值尺度的功能。货币的使用不限定时间，这就意味着人们可以累积这种权利，因而货币便有了价值储藏的功能。货币的交换功能和价值储藏功能意味着，人们可以在某一时段集中购买劳动力和其他生产资料，从而使货币具备了延期支付的功能。

7. 为什么说货币作为支付手段更多地反映了复杂的债权债务关系？

答：支付手段是指在以延期付款形式买卖商品时，货币作为独立的价值形式单方面运动时所执行的职能。货币作为支付手段，开始是由商品的赊购、预付引起的，后来才慢慢扩展到商品流通领域之外。在商品交换和信用事业发达的经济社会里，货币充当交换价值的独立存在形式日益成为普遍的交易方式，如财政收支、银行信贷、工资、佣金、房租、地租、水电费等领域。

货币的支付手段职能使交易双方从简单的买卖关系发展为复杂的信用关系。这是因为，货币作为支付手段不是简单的交换媒介，它虽然仍反映交易双方的买卖关系，但更多地反映他们之间的债权债务关系，即信用关系。在这个过程中，债权人提供一定的有价物给债务人并约定在将来某一时间，债务人将有价物归还并支付一定利息。有价物可以是商品、劳务、货币或某种金融要求权（如股票或债券）。无论是何种信用，通常都可以用货币偿付。

在货币履行支付手段的领域，如"工资"体现的是员工与雇主之间的"类似债权债务关系"，员工付出了劳动，但并未立即得到工资，而是等待一段时间之后才得到工资。一旦雇主拖欠工资，双方的纠纷和矛盾就产生了。因此，信用关系之所以复杂，是因为在信用到期时，债务人不一定能偿还足额的款项给债权人，易出现债务纠纷问题。例如，企业之间拖欠货款所形成的连锁债务关系，通常是甲企业欠乙企业的债，乙企业欠丙企业的债，丙企业又欠甲企业的债，以及与此类似的债务关系等，甚至形成越滚越大的三角债现象。从这一角度讲，货币充当支付手段隐藏着支付危机的可能性。

8. 支票是货币吗？支票结算有哪些特点？

答：所谓支票，是指银行存款客户向银行签发的无条件付款命令书，是由银行存款客户签发，委托银行在见票时无条件支付确定金额给收款人或来人的一种票据。按支付方式，支票可分为现金支票和转账支票，前者可以从银行提取现金，后者则只能用于转账结算。

支票的主要特征有：第一，支票的付款人是银行。支票的付款人必须是办理支票存款业务的银行，自然人或者其他法人不能充当支票的付款人。第二，支票为见票即付的票据。支票持有人向银行出示支票，银行立即付款或转账。

支票结算的优点为：①可以避免像其他货币那样容易丢失和损坏的风险；②运送便利，减少运输成本；③实收实支，免去找换零钱的麻烦；④支票经收款人收讫以后，可以在一定范围内流通。

但是，支票本身并不是货币。第一，支票不是最后的支付手段。与纸币不一样，支票不具有政府担保特性，它只是银行的存款客户命令银行将资金从其账户转移到其指定人账户的一种支付工具。因此，当你向某人签发支票以换取后者的商品或劳务时，支票并不是最后的支付手段。第二，如果出票人签发的支票金额超出其支票存款账户金额，则为空头支票，甚至不能履行支付职能。因此，我国票据法禁止签发空头支票。

总而言之，支票本身不是货币，支票所依附的活期存款才是货币，称为存款货币，是指可以签发支票的活期存款。

9. 信用卡是货币吗？请描述信用卡的使用过程。

答：信用卡，是由银行或信用卡公司依照用户的信用度与财力发给持卡人的一种特制载体卡片，持卡人持信用卡消费时无须支付现金，待信用卡结账日再行还款的一种消费信用形式。因此，信用卡实际上是银行提供给用户的一种先消费后还款的小额信贷支付工具，是消费信用的形式之一。

那么，信用卡是不是货币呢？通常认为，信用卡只是一种消费信用形式，而不是货币。所谓消费信用，是指企业、银行和其他金融机构向消费者个人提供的用于生活消费目的的信用。消费信用的表现形式有零售企业向个人提供的分期付款服务，银行和其他金融机构以货币形式向个人提供的以消费为目的的贷款以及信用卡形式。

信用卡与货币的区别体现在以下几点。

第一，货币可以发挥价值尺度职能，给其他商品或劳务标价，这是货币最基本的职能；信用卡则不能发挥价值尺度作用，而只是价值转移的手段。

第二，作为流通手段，货币与商品在买者与卖者之间不断做换位运动；信用卡则永远隶属于一个主人，在作为媒介完成商品交易时，价值转移了，信用卡并没有转移，它所实现的仍然是货币与商品的换位运动。

第三，信用卡作为一种先进的支付工具，是货币支付手段的扩大和延伸。它的持有者可在银行授信额度以内，以或大或小的金额进行支付，换回持卡人所需要的商品和服务。在为同一持卡人服务时，它把货币的支付手段在时间和空间上大大扩大了。

所以，严格地说，信用卡既不是纸币，也不是"电子货币"。

七、论述题

论述货币形式的演变过程。

答：根据充当货币材料的不同，货币形式的演化顺序依次为实物货币、金属货币、纸币、支票货币及电子货币。

(1) 实物货币，是指以自然界存在的某种物品或人们生产出来的某种物品充当的货币。最初的实物货币形式五花八门，各地、各国和各个时期各不相同。例如，在中国历史上，充当过实物货币的物品就有龟壳、海贝、布匹、农具、耕牛等。实物货币的缺点在于不易分割和保存、不便携带，且价值不稳定。所以，它不是理想的货币形式，随后被金属货币所取代。

(2) 金属货币，是指以金属为币材的货币，包括贱金属和贵金属。随着商品交换的扩大，金属货币逐渐以贵金属为主，如黄金和白银。与实物货币相比，金属货币的优点是便于分割、便于携带、不易损坏、体积小和价值稳定等特征，能满足人们对货币材料的客观要求，适合充当货币。

(3) 纸币，是指以纸质作为货币材料的货币。历史上的纸质货币主要是商人或国家用纸印制的货币。最初的纸币是可兑现纸币，也称"代用货币"，即持有人可随时向发行银行或政府兑换成铸币或金银条块，其效力与金属货币完全相同，且具有携带便利、避免磨损、节省金银等优点。后来，纸币演变成信用货币，即国家发行的、强制流通的纸质货币。一般为不兑现纸币，由法律赋予其法偿性地位而成为一国的本位货币。

(4) 支票货币，即存款货币，银行为客户开立支票存款账户，客户可以签发支票用以支付，银行通过支票的收付替客户结清债权债务关系，发挥货币的支付手段职能。

(5) 电子货币，是利用电子计算机系统储存和处理的电子存款或信用支付工具，亦称"数据货币"。电子货币的出现，是现代商品经济高度发达和银行转账结算技术不断进步的产物，如借记卡、储值卡、电子钱包和电子支票等。

第二章
CHAPTER2

金融机构体系概览

▨ 本章摘要

1. 金融机构，又称金融中介，是指专门经营货币、信用业务，从事各种金融活动的中介组织，包括银行、证券公司、保险公司、信托投资公司和基金管理公司等。

2. 现代金融机构通常提供以下一种或多种金融服务功能：存款功能、经纪和交易功能、承销功能及咨询和信托功能。

3. 金融市场最基本的功能是实现资金融通。金融市场履行这个功能既可以通过直接融资的方式（即资金需求者直接发行融资凭证给资金供给者来筹集资金），也可以通过间接融资的方式（即由银行等金融中介机构充当资金需求双方的中介人实现资金融通）。

4. 银行金融机构存在的理论基础是降低交易成本，缓解信息不对称，分散和转移风险以及协调流动性偏好。

5. 金融机构体系是以中央银行为核心，众多商业银行和其他金融机构构成的多元化金融机构体系，前者被称为管理型金融机构，后者被称为业务型金融机构。业务型金融机构又可分为存款性金融机构、契约性金融机构和投资性金融机构三大类。许多国家还设立政策性金融机构，以服务于特定的部门或产业，执行相关的产业政策等。

习题

一、名词解释

1. 金融机构　　　　　2. 逆向选择　　　　　3. 道德风险
4. 直接融资　　　　　5. 间接融资　　　　　6. 互联网金融
7. 供应链金融　　　　8. 私募股权基金　　　9. 金融租赁
10. 投资基金　　　　　11. 投资银行　　　　12. 信息不对称

二、单项选择

1. 在一国金融体系中，处于核心和领导地位的是（　　　）。

   A. 商业银行　　　　B. 投资银行　　　　C. 中央银行　　　　D. 政策性银行

2. 从事交易所花费的时间和金钱称为（　　　）。

   A. 沉淀成本　　　　B. 固定成本　　　　C. 变动成本　　　　D. 交易成本

3. 由于信息不对称，银行贷款发放后，（　　　）将会使银行资产风险加大。

   A. 道德风险　　　　B. 柠檬问题　　　　C. 逆向选择　　　　D. 搭便车问题

4. 构成一国金融体系主体和骨干的是（　　　）。

   A. 中央银行　　　　B. 商业银行　　　　C. 证券公司　　　　D. 非银行金融机构

5. 下列问题使得靠信息生产公司生产与销售信息来解决信息不对称问题成为不可能（　　　）。

   A. 搭便车问题　　　B. 可信度问题　　　C. 剽窃问题　　　　D. 以上都是

6. 由于信息不对称，交易发生前存在的（　　　）将会使直接融资交易成本提高。

   A. 道德风险　　　　B. 二手车现象　　　C. 逆向选择　　　　D. 搭便车问题

7. 现代租赁中最重要的一种租赁形式是（　　　）。

   A. 金融租赁　　　　B. 经营租赁　　　　C. 直接租赁　　　　D. 杠杆租赁

8. 投资基金的资金来源有（　　　）。

   A. 发行债券　　　　B. 吸收存款　　　　C. 基金份额　　　　D. 发行股票

9. "柠檬"问题导致的（　　　）限制了证券市场优化资源配置作用的充分发挥。

   A. 劣币驱逐良币现象　　　　　　　　B. 道德风险

   C. 搭便车现象　　　　　　　　　　　D. 内幕消息

10. 私募股权投资（PE）主要投资于（　　　）。

    A. 非上市公司债券　　　　　　　　　B. 非上市公司股份

    C. 上市公司发行的股票　　　　　　　D. 上市公司债券

11. 对冲基金与共同基金的区别在于（　　　）。

    A. 透明度　　　　B. 证券投资　　　　C. 收益率　　　　D. 投资期限

12. 商业银行是以接受存款、提供贷款和办理（　　）为基本业务的金融机构。

    A. 支付结算　　　B. 转账结算　　　　C. 储蓄存款　　　D. 证券买卖

13. 1948 年，（　　）的成立，标志着新中国金融体系开始建立。

    A. 中国银行　　　B. 华北银行　　　　C. 北海银行　　　D. 中国人民银行

14. 金融公司与商业银行的区别在于（　　）。

    A. 商业银行可以发放贷款，金融公司则不能

    B. 商业银行可以公开吸收存款，金融公司则不能

    C. 金融公司可以发行商业票据，商业银行则不能

    D. 金融公司可以发行股票，商业银行则不能

15. 下列属于契约性储蓄机构的是（　　）。

    A. 人寿保险公司　　　　　　　　　B. 商业银行

    C. 投资基金　　　　　　　　　　　D. 信用联合社

16. 投资银行在英国被称为（　　）。

    A. 商人银行　　　B. 商业银行　　　　C. 专业银行　　　D. 证券公司

17. 保险公司通过向公众出售其发行的（　　）为投保人提供各种标的的保险保障。

    A. 合约　　　　　B. 基金　　　　　　C. 股票　　　　　D. 保单

18. 直接融资的优点有（　　）。

    A. 进入门槛高　　　　　　　　　　B. 通过资产多样化降低风险

    C. 加速资本积累　　　　　　　　　D. 有助于减少信息成本与合约成本

19. 以受托人的身份，代人理财的金融机构是（　　）。

    A. 信托投资公司　　　　　　　　　B. 租赁公司

    C. 财务公司　　　　　　　　　　　D. 证券公司

20. 投资性金融机构的服务和经营内容都是以（　　）为核心的。

    A. 以受托人身份代人理财　　　　　B. 证券投资活动

    C. 发放贷款　　　　　　　　　　　D. 吸收存款

21. 证券投资基金是一种实行组合投资、专业管理、利益共享、风险共担的（　　）投资方式。

    A. 集合　　　　　B. 集资　　　　　　C. 联合投资　　　D. 合作

22. 证券投资基金在美国被称为（　　）。

    A. 证券投资信托基金　　　　　　　B. 共同基金

    C. 信托产品　　　　　　　　　　　D. 单位信托基金

23. 基金的当事人即基金合同的当事人，是指基金的（　　）。

    A. 发起人、管理人和份额持有人　　B. 管理人、托管人和份额持有人

C. 托管人、发起人和份额持有人　　　　D. 受益人、管理人和份额持有人

24. 封闭式基金的交易价格主要受（　　）的影响。

    A. 投资基金规模大小　　　　　　　　B. 上市公司质量

    C. 二级市场供求关系　　　　　　　　D. 投资时间长短

25. 开放式基金的价格是以（　　）为基础计算的。

    A. 基金份额净值　　B. 市场供求关系　　C. 市盈率　　　　D. 购买股票的占比

26. 与私募基金相比，公募基金具有的特点是（　　）。

    A. 投资风险较高　　　　　　　　　　B. 投资活动所受到的限制和约束小

    C. 基金募集对象不确定　　　　　　　D. 采取非公开方式发行

27. 我国将由银行机构办理的租赁业务，称为（　　）。

    A. 经营租赁　　　　B. 金融租赁　　　　C. 融资租赁　　　　D. 杠杆租赁

28. 下述哪种情况属于直接融资（　　）。

    A. 你向某人寿保险公司支付人寿保险的保费

    B. 你通过经纪人买入通用电气公司的债券

    C. 你在某银行存入 10 万美元

    D. 上述情况都属于直接融资

29. 贷款发放之前，银行对潜在的贷款客户进行甄别，目的是要避免（　　）。

    A. 风险分担　　　　B. 资产转换　　　　C. 道德风险　　　　D. 逆向选择

30. 小明刚刚得到了 10 万元的汽车贷款。他收到贷款后，没有去买车，而是准备将这笔钱作为赌场赌博的赌资，这个案例属于（　　）。

    A. 多样化　　　　　B. 道德风险　　　　C. 逆向选择　　　　D. 资产转换

31. 小额储蓄者/贷款人使用金融中介，而非直接融资市场，原因是金融中介可以（　　）。

    A. 降低储蓄者的交易成本　　　　　　B. 增加储蓄者的分散化程度

    C. 降低储蓄者的风险　　　　　　　　D. 上述都正确

32. 信誉卓著的大公司比小公司更容易通过（　　）获取资金。

    A. 直接融资　　　　B. 银行　　　　　　C. 发行抵押品　　　D. 非银行金融中介

33. 委托 – 代理问题会导致（　　）。

    A. 抵押品问题　　　B. 道德风险　　　　C. 逆向选择　　　　D. 次品车问题

三、多项选择

1. 中国人民银行是于 1948 年 12 月 1 日在（　　）的基础上合并组成的。

    A. 华北银行　　　　B. 北海银行　　　　C. 中国银行　　　　D. 西北农民银行

2. 存款性金融机构的功能包括（　　）。

A. 存款功能 　　　　　　　　　　B. 经纪和交易功能

C. 承销功能 　　　　　　　　　　D. 咨询和信托功能

3. 金融公司，也称财务公司，按照业务内容可分为以下种类（　　　）。

　　A. 销售金融公司 　　　　　　　　B. 消费者金融公司

　　C. 银行控股公司 　　　　　　　　D. 商业金融公司

4. 由信息生产公司生产与销售信息可能带来以下问题（　　　）。

　　A. 搭便车问题　　B. 可信度问题　　C. 剽窃问题　　D. 逆向选择问题

5. 下列机构中与投资银行本质相同的是（　　　）。

　　A. 商人银行　　　B. 商业银行　　C. 专业银行　　D. 证券公司

6. 政策性金融机构一般由以下机构组成（　　　）。

　　A. 邮政储蓄银行 　　　　　　　　B. 开发银行

　　C. 进出口银行 　　　　　　　　　D. 农业发展银行

7. 下列属于非银行金融机构的是（　　　）。

　　A. 专业银行　　　B. 中央银行　　C. 信托投资公司　　D. 金融租赁公司

8. 投资性金融机构通常由下列机构组成（　　　）。

　　A. 金融公司　　　B. 投资银行　　C. 信托投资公司　　D. 共同基金

9. 对冲基金与共同基金的区别在于（　　　）。

　　A. 透明度不同 　　　　　　　　　B. 杠杆率不同

　　C. 证券投资范围不同 　　　　　　D. 投资期限不同

10. 以下关于直接融资与间接融资的描述中正确的有（　　　）。

　　A. 对资金供给者来说，直接融资比间接融资风险小

　　B. 直接融资有利于筹资长期投资资金

　　C. 间接融资在一定程度上会减少投资者对企业生产的关注

　　D. 直接融资双方进入门槛相比间接融资低

11. 直接融资的缺点有（　　　）。

　　A. 公司商业秘密有可能暴露在竞争对手之下

　　B. 进入门槛较高

　　C. 资金借贷双方对金融机构的依赖增加

　　D. 投资风险较大

12. 间接融资的优点有（　　　）。

　　A. 进入门槛高 　　　　　　　　　B. 通过资产多样化降低风险

　　C. 充分发挥市场机制优化配置资金　　D. 有助于减少信息成本与合约成本

13. 下列属于契约性金融机构的是（　　　）。

    A. 保险公司　　　　　　　　　　　　B. 养老基金

    C. 信托公司　　　　　　　　　　　　D. 证券投资基金

14. 世界各国和地区对证券投资基金的称谓不尽相同，主要有（　　　）。

    A. 共同基金　　　　　　　　　　　　B. 单位信托基金

    C. 证券投资信托基金　　　　　　　　D. 金融工具

15. 契约型基金依据（　　　）之间所签署的基金合同设立。

    A. 基金管理人　　　B. 基金托管人　　　C. 基金监管部门　　　D. 基金份额持有人

16. 下面关于基金的说法，正确的是（　　　）。

    A. 基金托管人保管基金　　　　　　　B. 基金管理人管理基金

    C. 基金投资者购买基金　　　　　　　D. 中介或代理机构服务基金

17. 契约型基金与公司型基金的区别主要表现在（　　　）。

    A. 法律依据不同　　　　　　　　　　B. 投资者的地位不同

    C. 基金的营运依据不同　　　　　　　D. 投资人不同

18. 按照基金法律形式，证券投资基金可以划分为（　　　）。

    A. 开放式基金　　　B. 封闭式基金　　　C. 契约型基金　　　D. 公司型基金

19. 以下关于契约型基金的表述正确的是（　　　）。

    A. 具有法人资格　　　　　　　　　　B. 依据基金合同成立

    C. 依据基金合同营运基金　　　　　　D. 监督约束机制较为完善

20. 风险投资或私募股权投资的退出方式包括以下（　　　）方式。

    A. 公开上市　　　B. 兼并与收购　　　C. 管理层回购　　　D. 以上都不是

21. 以下属于我国政策性金融机构的有（　　　）。

    A. 中国农业发展银行　　　　　　　　B. 中国进出口银行

    C. 中国建设银行　　　　　　　　　　D. 国家开发银行

22. 下列各项中，属于直接融资工具的有（　　　）。

    A. 股票　　　B. 定期存单　　　C. 储蓄存单　　　D. 公司债券

23. 下列可能用来缓解金融市场上逆向选择问题的措施是（　　　）。

    A. 限制性条款的监督和执行　　　　　B. 旨在增加借款人信息的政府监管

    C. 金融中介提高借款人信息的生产效率　　D. 要求借款人提供抵押品和有较高的净值

24. 下列属于现阶段我国政策性银行的有（　　　）。

    A. 国家开发银行　　　　　　　　　　B. 中国投资银行

    C. 中国进出口银行　　　　　　　　　D. 中国农业发展银行

25. 下列属于我国现在的非存款类金融机构的有（　　　）。

    A. 金融性担保公司　　　　　　　　B. 金融租赁公司

    C. 商人银行　　　　　　　　　　　D. 金融资产管理公司

四、判断并改错

1. 在直接融资领域，与资金余缺双方进行金融交易的金融机构主要是商业银行。（　　　）

2. 商业银行区别于其他金融机构的主要标志是可以创造存款货币。（　　　）

3. 现代金融理论认为，金融机构存在的最主要原因是金融市场上存在逆向选择问题。（　　　）

4. 在金融市场上，一些人不付费地利用他人付费所得到的信息，这一现象称为道德风险。（　　　）

5. 金融市场上的"二手车现象"是指市场交易价格低于劣质公司证券的真实价值，而高于优良公司证券真实价值的一种现象。（　　　）

6. 经营租赁一般涉及三方当事人：出租人，承租人和供货商。（　　　）

7. 金融公司的经营特点是大额贷款小额借款。它通过发行商业票据或从银行借款获得资金，然后向购买家具、汽车等耐用消费品的消费者和小企业发放贷款。（　　　）

8. 存款性储蓄机构是以合约的方式在一定期限内从合约持有者手中吸收资金，并主要投向资本市场的一类金融中介机构。（　　　）

9. 各国法律一般规定私募基金持有人数的最低人数要求。（　　　）

10. 英国的商人银行与美国的商业银行的经营范围属于同一性质的金融机构。（　　　）

11. 私募股权基金主要对上市公司进行权益性投资。（　　　）

12. 投资银行是通过自己与资金供求双方达成两份合约来帮助资金供求双方融资的。（　　　）

13. 专门为经济开发提供长期投资性贷款的银行是投资银行。（　　　）

14. 在金融市场发达的西方国家，直接融资是企业外部融资的最重要渠道。（　　　）

15. 在第三方支付模式中，卖家发挥了网上支付的担保作用。（　　　）

16. 证券投资基金是一种直接投资工具。（　　　）

17. 封闭式基金的价格主要受基金份额净值的影响，开放式基金的价格则主要取决于市场供求关系的大小。（　　　）

18. 银行将核心企业和上下游企业联系在一起，提供多种金融服务的融资方式称为卖方信贷。（　　　）

19. 不追求盈利是政策性银行最重要的经营特点之一。（　　　）

20. 信用联合社是指一类规模较小的互助性质的合作金融组织。（　　　）

五、填空题

1. 在间接融资中，与资金余缺双方进行金融交易的金融机构主要是（　　　）。

2. 在直接融资中，为筹资者和投资者双方牵线搭桥，提供策划、咨询、承销和经纪服务的金融机构主要是（　　）。

3. 商业银行为客户办理与货币活动有关的技术性业务如转账结算时，银行实际上发挥着（　　）功能。

4. 金融机构具有的（　　）特点，使其可以降低交易成本，从而部分解释了金融机构存在的合理性。

5. 现代金融经济学家认为，金融机构存在的最主要原因是金融市场上存在着（　　）。

6. 金融交易发生前，由于信息不对称，容易产生（　　）问题，不利于融资活动的良性发展，并有可能导致直接融资市场规模的萎缩。

7. 金融交易发生后，由于不对称信息，容易产生（　　）问题，不利于融资活动的良性发展，并有可能导致直接融资市场规模的萎缩。

8. 政策性专业银行的主要筹资方式有（　　）和（　　）。

9. 在现代银行的职能中，（　　）职能是商业银行最基本的职能。

10. 开放式基金的价格主要取决于（　　），封闭式基金的价格主要取决于（　　）。

11. 我国《非金融机构支付服务管理办法》规定，第三方牌照的有效期为（　　）年。

12. 我国财务公司大致有三类：（　　）、（　　）和（　　）。

13. 根据投资基金的组织形式和法律地位，证券投资基金可以分为（　　）和（　　）两类。

14. 风险投资公司（VC）的投资过程一般包括以下五个步骤：（　　）、（　　）、（　　）、（　　）和（　　）。

六、简答题

1. 简述金融机构的基本功能。

2. 简述金融机构的一般构成。

3. 从交易成本角度解释金融机构存在的合理性。

4. 如何理解道德风险对金融市场的影响？

5. 从逆向选择角度解释金融机构存在的合理性。

6. 比较直接融资与间接融资的特点。

7. 简述直接融资与间接融资的优缺点。

8. 互联网金融有哪几种基本模式？

9. 什么是契约性金融机构？其与存款性金融机构的区别是什么？

10. 投资银行是银行吗？投资银行在现代金融活动中起什么作用？

11. 描述私募证券投资基金与私募股权基金的区别。

12. 简述风险投资的一般过程。

13. 金融租赁的主要特点是什么？我国如何划分金融租赁与融资租赁？
14. 请比较开放式基金与封闭式基金的区别。

七、论述题

从信息不对称的角度分析商业银行等金融机构存在的合理性。

参考答案

一、名词解释

1. 金融机构

答：金融机构（financial intermediaries）又称"金融中介"，是指经营货币、信用业务、从事各种金融活动的组织机构，通常提供存款功能、经纪和交易功能、承销功能及咨询和信托功能等功能。

2. 逆向选择

答：逆向选择（adverse selection）是由于事前的信息不对称而导致的市场资源配置扭曲的现象。金融市场上的逆向选择是指违约风险高的融资者，由于寻求资金最积极因而最可能成为得到资金的人。这表明，资金贷放者将资金贷给了最不想放贷的借款人。逆向选择导致直接融资市场的作用不能充分发挥。

3. 道德风险

答：道德风险（moral hazard）是由于事后的信息不对称所导致的一种现象。金融市场上的道德风险，是指贷款者把资金贷放给借款者后，借款者可能会从事不利于贷款者的风险活动。这些活动很可能导致贷款不能如期偿还。

4. 直接融资

答：直接融资，也称直接金融，是指资金需求者直接发行融资凭证给资金供给者来筹集资金的一种方式，在交易中表现为资金供求双方直接协商或在公开市场上由资金供给者直接购买资金需求者发行的有价证券，从而实现资金融通。在直接融资中，金融机构的作用主要是提供策划、咨询、承销和经纪服务等。

5. 间接融资

答：间接融资，也称间接金融，是指资金供求双方通过金融机构来完成资金融通活动的一种融资方式。在交易中，金融机构发挥"融资中介"或"媒介"的作用。

6. 互联网金融

答：通常所说的互联网金融，是指狭义上的概念，即指通过计算机连接终端和网络服务平台所提供的所有金融服务与金融产品所形成的虚拟金融市场。在这种模式下，银行、证券公司和证券交易所等金融中介都不起作用，市场充分有效，接近无金融中介状态。一般包括第三方支付、P2P 网贷、大数据金融和众筹四大主流模式。

7. 供应链金融

答：供应链金融（supply chain finance，SCF）是银行将核心企业和上下游企业联系在一起，提供多种金融产品和服务的一种融资模式，包含商业银行、核心企业、物流企业、电商平台等各个参与方。

8. 私募股权基金

答：私募股权基金（private equity，PE），是指对非上市公司进行权益性投资（即股权投资）的一种私募基金，其募集对象一般是资金实力雄厚的机构或个人，私募股权基金通常通过上市、并购等方式退出被投资企业。

9. 金融租赁

答：金融租赁，是指出租人按承租人的要求购买货物再出租给承租人的一种租赁形式，其特点主要有涉及出租人、承租人和供应商三方当事人，承租人指定租赁设备，租金具有完全付清性、不可撤销性等特点。

10. 投资基金

答：投资基金，简称为"基金"或"共同基金"，是一种利益共享、风险共担的集合投资方式，投资对象为金融市场上的有价证券，即通过发行基金单位，集中投资者的资金，由基金托管人托管，由基金管理人管理和运用资金，从事证券投资，以获得投资收益和资本增值。

11. 投资银行

答：投资银行（investment bank），通常称为投资公司或证券公司，是指依法成立的专门从事各种有价证券经营及相关业务的金融企业，其资金来源主要是发行股票和债券，主要业务是从事证券发行、承销、企业重组、兼并与收购、投资分析、风险投资、项目融资等，是资本市场上的主要金融机构。

12. 信息不对称

答：信息不对称，是指在交易中买卖双方拥有的信息不对等，处于不平等地位的一种状态。例如在信贷市场上，借款人比贷款人拥有更多的信息。信息不对称将产生两种主要的后果：一是逆向选择，二是道德风险。

二、单项选择

1. C　　2. D　　3. A　　4. B　　5. D　　6. C　　7. A　　8. C　　9. A　　10. B　　11. A

12. B　　13. D　　14. B　　15. A　　16. A　　17. D　　18. C　　19. A　　20. B　　21. A　　22. B

23. B　　24. C　　25. A　　26. C　　27. B　　28. B　　29. D　　30. B　　31. D　　32. B　　33. B

三、多项选择

1. ABD	2. ABCD	3. ABD	4. ABC	5. AD	6. BCD	7. CD	8. ABD
9. AB	10. BC	11. ABD	12. BD	13. AB	14. ABC	15. AB	16. ABCD
17. ABC	18. CD	19. BC	20. ABC	21. ABD	22. AD	23. BCD	24. ACD
25. ABD							

四、判断并改错

1. （×）将"直接"改为"间接"；或者将"商业银行"改为"投资银行"

2. （√）

3. （×）将"逆向选择问题"改为"信息不对称"

4. （×）将"道德风险"改为"搭便车"

5. （×）将"高于"改为"低于"；将"低于"改为"高于"

6. （×）将"经营租赁"改为"金融租赁"

7. （×）将"大额贷款小额借款"改为"小额贷款大额借款"

8. （×）将"存款性"改为"契约性"

9. （×）将"最低"改为"最高"

10. （×）将"商业银行"改为"投资银行"

11. （×）将"上市"改为"非上市"

12. （×）将"投资银行"改为"商业银行"

13. （×）将"投资银行"改为"开发银行"

14. （×）将"直接融资"改为"间接融资"

15. （×）将"卖家"改为"第三方支付机构"

16. （×）将"直接投资"改为"集合投资"

17. （×）将"封闭式基金"与"开放式基金"对换位置

18. （×）将"卖方信贷"改为"供应链金融"

19. （√）

20. （√）

五、填空题

1. 商业银行

2. 投资银行

3. 支付中介

4. 规模经济

5. 信息不对称

6. 逆向选择

7. 道德风险

8. 财政拨款　发行金融债券

9. 信用中介

10. 基金份额净值　基金市场供求

11. 5 年

12. 销售类财务公司　消费类财务公司　集团财务公司

13. 公司型基金　契约型基金

14. 交易发起　筛选投资机会　评价　交易设计　投资后管理

六、简答题

1. 简述金融机构的基本功能。

答：金融机构（financial intermediaries），又称金融中介，是指经营货币、信用业务，从事各种金融活动的组织机构。它为社会经济发展和再生产的顺利进行提供金融服务，是国民经济体系的重要组成部分。

　　　　金融机构通常具有以下一种或多种金融服务功能：①存款功能；②经纪和交易功能；③承销功能；④咨询和信托功能。

2. 简述金融机构的一般构成。

答：金融机构体系是一个由两级银行体系构成的金融体系；中央银行是整个金融机构体系的核心，商业银行和其他金融机构呈现多元化的发展趋势。前者被称为管理型金融机构，后者被称为业务型金融机构。金融机构由以下几部分构成。

（1）中央银行，习惯上称为货币当局，是一个国家金融体系的权威和监管者，具有对全国金融活动进行宏观调控的特殊功能。

（2）存款性金融机构，包括商业银行、储蓄机构、信用联合社等金融中介。它发行支票，吸收储蓄存款和定期存款，以此获得的资金进行各种贷款或购买证券。其中，商业银行是一国主要的存款机构。

（3）契约性金融机构，包括各种保险公司、养老基金及退休基金等，它们以合约的方式在一定期限内从合约持有者手中吸收资金，并主要投向股票和长期债务工具等资本市场。

（4）投资性金融机构，包括各类金融公司、共同基金、货币市场投资基金及投资银行。其中，投资基金是最大的投资性金融机构，它是一种利益共享、风险共担的集合投资方式。

（5）政策性金融机构，指由政府设立的专门为特定的部门或产业提供资金，促进该部门或产业发展的金融机构，包括开发银行、进出口银行及农业发展银行。

（6）其他非银行金融机构包括如信托投资公司、金融租赁公司等。其中，信托投资公司是一种比较普遍的非银行金融机构。

3. 从交易成本角度解释金融机构存在的合理性。

答：（1）交易成本是指从事交易所花费的一切成本。交易成本使得在金融市场上从事直接交易的当事人面临两个问题：一是因交易成本过高而使交易变得不经济；二是在过高的交易成本面前，由于投资本钱太小而不能进行分散投资，从而暴露在较高的风险下。

（2）金融机构具有能够降低交易成本的优势：①金融机构具有的规模经济特点便于其降低交易成本。因为银行等金融机构能够把许多闲散的小额资金聚合到一起，形成规模经济。而且，把聚合起来的巨额资金进行投资时，可进行多样化处理，从而降低了投资风险。因此，对于小额储蓄者和借款者来说，通过商业银行等金融机构进行间接融资，无疑是有益的。②金融机构具有降低交易成本的专门技术。银行系统开发出专门的计算机技术，能够以极低的交易成本提供多种便利的金融服务。交易成本的降低让银行等金融机构能为客户提供流动性服务。

因此，从降低交易成本的角度，金融机构的作用是不容忽视的。

4. 如何理解道德风险对金融市场的影响？

答：（1）道德风险是由于事后的信息不对称所导致的一种现象。金融市场上的道德风险，是指贷款者将资金贷放给借款者以后，借款者可能会从事不利于贷款者的风险活动。金融市场上道德风险的存在，在一定程度上妨碍了其作用的正常发挥。

（2）股票市场上的"代理人问题"引起的道德风险抑制了通过发行股票筹集资金的活动。在股票市场上，道德风险的产生源于所有者与代理人之间的矛盾。股东是股份公司的所有者和业主，公司经理是接受股东委托经营和管理公司的代理人，这样就产生了"代理人问题"，即所有权与经营权相分离的现象。所有权与经营权的分离导致道德风险的产生：由于仅持有很少的股权，代理人（公司经理）没有使公司利润最大化的动机，他可能会按照自己的利益而不是业主（股东）的利益来进行决策。

（3）债券市场上债权合同的特点引起的道德风险问题同样抑制了债券市场上的筹资活动。因为，按照债权合同的规定，借款者只需向贷款者支付一个固定的款项，所获利润中超过这一数额的任何部分都由借款者所有。结果，借款者就有一种从事贷款者所不希望的高风险投资项目的冲动，道德风险由此产生。

（4）降低道德风险的方法证明了金融机构存在的合理性。①由投资者对借款人进行监督。加强监督的目的是让投资者对公司有更多的了解，以克服信息不对称引起的道德风险。但问题在于监督是有成本的，如果由大量小的贷款人直接监督借款人，成本会很高，同时也会产生"搭便车问题"。②政府对借款人的监管。比如，许多国家都以法律的形式要求公司使用标准的会计准则，以便人们更容易识别公司的盈利状况。这些法律措施的效力有限，导致政府难以发现他们的违法行为。所以，加强政府管理不能完全解决道德风险问题。③成立银行等金融机构并由其监管。虽然监管是有成本的，但银行监督却具有规模经济效应。银行是公司信息的生产高手，而且银行是提供非公开交易性贷款的机构，所以银行能够获得贷款监督的全部好处。

可见，金融机构在降低道德风险方面具有不可替代的重要作用。

5. 从逆向选择角度解释金融机构存在的合理性。

答：（1）逆向选择是由于事前的信息不对称而导致的市场资源配置扭曲的现象。金融市场上的逆向选择是指违约风险高的融资者，由于寻求资金最积极因而最可能成为得到资金的人。这表明，资金贷放者将资金贷给了最不想放贷的借款人。

（2）逆向选择问题源于信息不对称。信息不对称是指在交易中买卖双方拥有的信息不对等，处于不平等地位的一种状态。例如在信贷市场上，借款人比贷款人拥有更多的信息。

（3）直接融资中的逆向选择现象，可以通过"柠檬"问题（lemons problem）加以说明。"柠檬"在美国俚语中表示次品、不中用的东西。"柠檬"问题的实质是：由于交易双方对信息的掌握处在不对称的地位，使优胜劣汰的市场机制失灵。比如在证券市场上，优良公司的证券（比作"桃"）预期收益率高且风险小，而劣质公司的证券（比作"柠檬"）预期收益低且风险大。但是，由于信息不对称，证券的潜在购买者并不能识别证券的优劣，其所愿意支付的证券价格只能是反映发行公司平均质量的证券的价格，这一价格低于优良公司证券的真实价值，高于劣质公司证券的真实价值。因此，优良公司不愿出售其证券，只有那些质量低劣的公司才愿意出售其证券。投资者明白这种逆向选择，从而不在证券市场上直接投资。结果，由于逆向选择的存在，在一定程度上制约了证券市场的发展，而银行金融机构可以在一定程度上克服逆向选择问题。

（4）从解决逆向选择问题的办法中，不难发现金融机构存在的重要性。解决逆向选择问题的途径有：

1）由政府免费公开信息。这种方法从理论上似乎是可行的，但是，政府公开信息时，必然要发布关于公司的负面信息，会遭到所有公司的强烈反对，因而公开信息的做法在实践上是不可行的。

2）政府管制要求公司披露真实信息。这是美国及世界上大多数国家普遍采用的做法。这种方法对于解决逆向选择问题是有效的，但是不能杜绝该类问题的发生。因为，要了解一个公司的质量仅靠它提供的信息是不够的。

3）成立银行等金融机构。金融机构，尤其是银行，是公司信息的生产高手，能够分辨出公司信贷风险的高低。而且，银行贷款是非公开进行的，避免了其他人在信息上搭银行的便车。由此可见，银行和其他金融机构正是凭借贷款的非公开交易这一方法成功地克服了逆向选择问题，有效地实现了社会资金的融通。

6. 比较直接融资与间接融资的特点。

答：（1）定义：直接融资，也称直接金融，是指资金需求者直接发行融资凭证给资金供给者来筹集资金的方式。间接融资也称间接金融，是指资金供求双方通过金融机构来完成资金融通活动的一种融资方式。

（2）直接融资的特点：直接性、分散性、信誉差异性较大、流动性较高、部分不可逆性等。

（3）间接融资的特点：间接性、相对集中性，融资的主动权主要掌握在金融机构手中，对借款人信誉要求高，流动性较低，资金使用受限制等。

7. 简述直接融资与间接融资的优缺点。

答：（1）定义（略）

（2）直接融资的优点：①筹集长期资金；②合理配置资源；③加速资本积累。

　　缺点：①进入门槛较高；②公开性的要求；③投资风险较大。

（3）间接融资的优点：①降低信息成本和合约成本；②风险较低；③实现期限转化；④保密性强。

　　缺点：割断了资金供求双方的直接联系，从而使资金借贷双方对金融机构的依赖增加，资金运行和资源配置的效率较多地依赖于金融机构的素质。

8. 互联网金融有哪几种基本模式？

答：互联网金融，从狭义上讲，是指通过计算机连接终端和网络服务平台所提供的所有金融服务和金融产品所形成的虚拟金融市场。在这种模式下，银行、证券公司和证券交易所等金融中介都不起作用，市场充分有效，接近无金融中介状态。

　　一般地，互联网金融可以分为第三方支付、P2P网贷、大数据金融和众筹四大主流模式（具体略）。

9. 什么是契约性金融机构？其与存款性金融机构的区别是什么？

答：（1）定义：契约性金融机构，是指以契约方式在一定期限内从合约持有者手中吸收资金，然后按契约规定向持约人履行赔付或资金返还义务的金融机构。这类机构的特点是资金来源可靠且稳定，资金运用主要是长期投资，契约性金融机构是资本市场上重要的机构投资者。

（2）构成：包括各种保险公司、养老基金及退休基金等。

（3）存款性金融机构是从个人和机构接受存款并发放贷款的金融机构，主要包括商业银行、储蓄机构、信用社。

（4）契约性金融机构与存款性金融机构的主要区别是：①资金来源不同。前者主要为收取的保费和雇员及雇主的缴款；后者主要为存款和各种借款。②资金运用方向不同。前者主要为债券、股票及抵押贷款；后者主要为贷款及短期债券，还可以创造存款。

10. 投资银行是银行吗？投资银行在现代金融活动中起什么作用？

答：（1）定义：投资银行，通常称为投资公司或证券公司，是指依法成立的专门从事各种有价证券经营及相关业务的金融企业，其资金来源主要是发行股票和债券，主要业务包括证券承销、代销、交易，公司兼并与收购，项目融资，风险资本投资等。因此，投资银行是资本市场上最主要的中介人和组织者。

（2）投资银行不是真正意义上的"银行"，投资银行更多的是"公司"。投资银行在金融市场中的作用表现为：①扮演"经纪人"的角色，帮助资金最终供求双方达成一份合约，从而使双方各得其所；②以标准化的方式一次性帮助客户完成证券的发行；③主要是提供证券承销服务。

11. 描述私募证券投资基金与私募股权基金的区别。

答：私募股权基金与私募证券投资基金是两种名称上容易混淆，但实质完全不同的基金。

（1）定义不同：私募证券投资基金，是相对于公募证券投资基金而言的，是指通过非公开方式向少数机构投资者和富有的个人投资者募集资金而设立的基金，它的销售和赎回都是基金管理人通过私下与投资者协商进行的，而私募股权基金，是指对非上市公司进行权益性投资的一种私募基金。

（2）投资范围不同：私募股权基金主要投资于未上市公司的股权，属于一级股权市场范畴，它将伴随企业成长阶段和发展过程，而私募证券投资基金主要投资于二级证券市场。

（3）发行方式不同：私募股权基金一般采取非公开发行，而私募证券投资基金的发行可以是公开的。例如，阳光私募基金是借助信托公司发行的，经过监管机构备案，资金实现第三方银行托管，有定期业绩报告的投资于股票市场的基金。

12. 简述风险投资的一般过程。

答：风险投资（venture capital，VC），也称为创业投资，主要投资处于种子期、初创期的新企业。它们聚集合伙人的资金，并利用这些资金帮助具有潜力的企业家启动新事业。在提供风险资本的同时，VC 会在新企业（如初创期企业）中占有一定的股份。

　　VC 的投资过程一般有五个步骤：①交易发起，即风险资本家获知潜在的投资机会；②筛选投资机会，即在众多的潜在投资机会中初选出小部分做进一步分析；③评价，即对选定项目的潜在风险与收益进行评估；④交易设计，包括确定投资的数量、形式和价格等；⑤投资后管理，将企业带入资本市场运作以顺利实现必要的兼并收购和发行上市。

13. 金融租赁的主要特点是什么？我国如何划分金融租赁与融资租赁？

答：金融租赁（finance lease），是指出租人按承租人的要求购买货物再出租给承租人的一种租赁形式。

　　其特点主要有：第一，金融租赁涉及三方当事人——出租人、承租人和供货商。第二，承租人指定租赁设备。因此，设备的质量、规格、数量和技术上的检查、验收等事宜都由承租人负责。第三，完全付清性。完全付清性指基本租期内的设备只租给一个特定用户使用。第四，不可撤销性。一般情况下，租赁双方无权取消合同。第五，期满时承租人拥有多种选择权。

在我国，又将金融租赁细分为金融租赁和融资租赁两种：①由银行机构办理的融资租赁业务，称为金融租赁，由银监会审批和监管，并出台了《金融租赁公司管理办法》；②由非银行机构办理的租赁业务称为融资租赁，由商务部进行监管，并出台了《融资租赁企业监督管理办法》。因此，金融租赁公司是非银行金融机构，而融资租赁公司是非金融机构企业。

14. 请比较开放式基金与封闭式基金的区别。

答：开放式基金，是指在基金设立时，基金的规模不固定，投资者可随时认购基金受益单位，也可随时向基金公司或银行等中介机构提出赎回基金受益单位的一种基金。封闭式基金，是指在基金设立时，规定基金的封闭期限及固定基金发行规模，在封闭期限内投资者不能向基金管理公司提出赎回，基金受益单位只能在证券交易所或其他交易场所转让。

开放式基金与封闭式基金的主要区别有以下几点：①期限不同；②基金规模的可变性不同；③转让方式不同；④交易价格的主要决定因素不同；⑤买卖基金的费用不同；⑥基金的投资策略不同。

七、论述题

从信息不对称的角度分析商业银行等金融机构存在的合理性。

答：（1）信息不对称是指在交易中买卖双方拥有的信息不对等，处于不平等地位的一种状态。在信贷市场上，借款人比贷款人拥有更多的信息。信息不对称产生的后果：一是逆向选择，二是道德风险。

（2）成立金融机构是解决信息不对称的有效方法之一。①通过"完全信息的生产与出售"这一方法解决信息不对称问题会面临"搭便车问题""可信度问题"及"剽窃问题"。搭便车问题是指一些人不付费地利用他人付费所得到的信息而盈利的一种现象，因而抑制了信息生产公司的积极性。"可信度问题"即信息买方无法判断信息的真假和质量，因而信息无法正常出售。"剽窃问题"即信息买方在购买信息后再转售给他人，这也影响了信息的生产与出售。②成立金融机构。金融机构，尤其是银行，是公司信息的生产高手，能够分辨公司信贷风险的高低。银行从存款者那里获得资金，然后根据掌握的信息将资金发放给那些信誉好、效益好的企业。在此过程中，银行获得存贷利差收益，这种收益正是对银行信息生产的回报。同时，银行贷款是非公开进行的，不需要在证券市场上公开交易，具有一定的保密性，避免了其他人在信息上搭银行的便车。

（3）逆向选择是由于事前的信息不对称而导致的市场资源配置扭曲的现象。它本意是指人们做了并不希望做的事情，而不去做希望做的事情。金融市场上的逆向选择是指由于信息不对称，违约风险高的融资者由于寻求资金最积极，因而最可能成为得到资金的人。这意味着，资金贷放者将资金贷给了最不想放贷的借款者。

（4）解决逆向选择问题的方法证明了金融机构存在的重要性。

1）由政府免费公开信息。这种方法从理论上虽然是可行的，但是政府在公开信息时，必然要发布关于公司的负面信息，会遭到所有公司的强烈反对，因而公开信息的做法在实践上是不可行的。

2）政府管制要求公司披露真实信息。这是美国及世界上大多数国家普遍采用的做法。这种方法对于解决逆向选择问题是有效的，但是不能杜绝该类问题的发生。因为，公司仍然比投资者拥有更多的信息，仍然存在着信息不对称问题，逆向选择依然存在。

3）成立银行等金融机构。金融机构，尤其是银行，是公司信息的生产高手，能够分辨出公司信贷风险的高低。银行从存款者那里获得资金，然后根据掌握的信息将资金发放给那些信誉好、效益好的企业。在此过程中，银行获得利差收益，这种收益正是对银行生产信息的回报。而且，银行贷款是非公开进行的，避免了其他人在信息上搭银行的便车。由此可见，银行和其他金融机构正是凭借贷款的非公开交易这一方法成功地克服了逆向选择问题，有效地实现了社会资金的融通。

（5）"道德风险"是由于事后的信息不对称所导致的一种现象，是指人们享有自己行为的收益，而将成本转嫁给别人，从而造成他人损失的可能性。"道德风险"主要发生在经济主体获得额外保护的情况下，譬如，由于存款保险制度给商业银行提供了贷款保护，这就可能引发道德风险。金融市场上道德风险的存在，在一定程度上妨碍了其作用的正常发挥。

（6）降低道德风险的方法证明了金融机构存在的合理性。①由投资者对借款者进行监督。由于监督是有成本的，如果由大量小贷款者直接监督借款者，成本会很高，同时也会产生"搭便车问题"。②政府对借款者的监管。比如许多国家都以法律的形式要求公司使用标准的会计准则，以便人们更容易识别公司的盈利状况。但这些法律措施的效力有限，违法者会试图制造假象和障碍，导致政府难以发现他们的违法行为。所以，加强政府管理也不能完全解决道德风险问题。③成立银行等金融机构并由其监管。虽然监管是有成本的，但银行监督却具有规模经济效应。银行相对于其他金融机构的另一个优势是，由于企业通常在银行开户，银行就可以通过观察企业的存款和取款情况来评定企业的金融状况，从而直接得到一些重要的信息。而且，银行是提供非公开交易性贷款的机构，别人无法得到银行的有关信息，也就搭不上银行监督的便车，所以银行能够获得贷款监督的全部好处。

可见，银行等金融机构在解决信息不对称及其引起的逆向选择和道德风险问题方面具有不可替代的重要作用。

第三章
CHAPTER3

利息与利率

▨ 本章摘要

1. 利息是借贷关系中债务人支付给债权人的报酬，是在特定时期内使用借贷资本所付出的代价。它是伴随着信用关系的发展而产生的经济范畴。在现实生活中，利息被看作收益的一般形态，甚至出现"收益的资本化"现象。

2. 利率是指借贷期间所形成的利息额与所贷本金的比率。计算利息的方法有单利计算法和复利计算法。依据不同的标准，可以将利率划分为不同的种类，如存款利率与贷款利率、官方利率和公定利率及市场利率、固定利率与浮动利率、基准利率与差别利率、名义利率与实际利率、长期利率与短期利率等。

3. 影响利率变动的主要因素有平均利润率、借贷资本的供求、物价水平、中央银行的贴现率、经济周期、国家经济政策、国际利率水平等。

4. 现值又称折现值，是指将未来某一时点或某一时期的货币金额（现金流量）折算至基准年的数值。影响现值大小的因素是期限、终值和贴现率。现值与终值成正比，与支付期限和贴现率成反比。

5. 未来某一时点现金流的现值公式为：$PV = \dfrac{FV}{(1+r)^n}$

6. 未来系列现金流量的现值公式为：$PV = \dfrac{CF_1}{(1+r)^1} + \dfrac{CF_2}{(1+r)^2} + \cdots + \dfrac{CF_n}{(1+r)^n}$

7. 到期收益率（yield to maturity，YTM），是指使某金融工具未来所有收益的现值等于其当前市场价格的利率。它是经济学家所认为的衡量利率最为精确的指标。

8. 息票债券到期收益率与其票面利率的关系表现为：①当债券平价发行时，到期收益率等于票面利率；或者说，到期收益率等于票面利率时，债券平价发行。②当债券折价发行时，到期收益率高于票面利率；或者说，到期收益率高于票面利率时，债券折价发行。③当债券溢价发行时，到期收益率低于票面利率；或者说，到期收益率低于票面利率时，债券溢价发行。因此，息票债券的市场价格与其到期收益率呈反方向变化。

9. 古典利率理论讨论的是一种实物利率理论，即利率是由实物资本的供给（社会总储蓄量）与实物资本的需求（社会总投资量）所决定的。它强调利率在经济中的自动调节作用，并认为储蓄与投资相等是经济稳定的必要条件。

10. 凯恩斯抛弃了实际因素的影响，从货币供求情况分析利率的决定问题，提出了流动性偏好利率理论。流动性偏好表示人们喜欢以货币形式保持部分财富的愿望或动机。利率是一种价格，它是使公众愿意以货币的形式持有的财富量（即货币需求）恰好等于现有货币存量（即货币供给）的价格。所以，利率纯粹是一种货币现象，它取决于货币的供给和需求。当利率降到某一低点后，人们将预期利率会反弹，投机性货币需求的利率弹性将变成无穷大，货币需求曲线趋于与横轴平行的直线，这一现象就是"流动性陷阱"（liquidity trap）或者"凯恩斯陷阱"。

11. IS-LM 模型考虑了收入在利率决定中的作用。IS 曲线和 LM 曲线的交点所决定的收入 Y^e 和 r^e 是使整个经济处于一般均衡状态的唯一的收入水平和利率水平，同时维持商品市场和货币市场的均衡。

12. 可贷资金理论认为，既然利息产生于资金的贷放过程，那么就应该从可贷放资金的供给及需求来考察利率的决定。可贷资金需求来自某期间投资流量和该期间人们希望保有的货币余额，它是利率的减函数；可贷资金供给则来自同一期间的储蓄流量和该期间货币供给量的变动，它是利率的增函数。

13. 利率风险结构，是指期限相同的各种债券或者说相同期限金融资产因风险不同而产生的利率差异。这主要由违约风险、流动性和税收差异所决定。

14. 利率期限结构，是指具有相同风险结构的债券，其利率与期限之间的关系。描述债券的到期收益率与到期期限之间关系的曲线称为收益曲线（yield curve）。它有三种典型的类型，即渐升型、渐降型和水平型。

15. 纯粹预期假说将金融市场视为一个整体，强调不同期限证券间的完全替代性。该假说认为，若预期的各短期利率高于现行短期债券利率，则当前长期债券利率高于短期债券利率，收益率曲线向上倾斜；反之，若预期的各短期利率低于现行短期债券利率，则当前长期债券利率低于短期债券利率，收益率曲线向下倾斜；如果投资者预期短期利率保持不变，则收益率曲线呈水平状。

16. 流动性升水假说认为，人们对于流动性高的债券更为偏爱，因而长期债券缺乏流动性。长期债券的利率等于其生命期限内短期债券利率水平的平均值加上流动性升水（liquidity premium）。

在该理论下，即使人们预期未来短期利率保持不变，收益率曲线也会向右上方倾斜。即使人们预期的未来短期利率下降，收益率曲线也可以是水平线。

17. "分割市场假说"认为，所有的投资者偏好使其资产寿命与债务寿命相匹配的投资。人们对特定期限的债券有着特别的偏爱，并且不可改变，亦即不受其他期限债券预期收益率的影响。在分割市场假说下，各种期限债券的利率由该债券的供求决定，从而决定了收益曲线的形状。

习题

一、名词解释

1. 利率	2. 费雪效应	3. 收益的资本化
4. 基准利率	5. 实际利率	6. 流动性陷阱
7. 现值	8. 到期收益率	9. 利率风险结构
10. 利率期限结构	11. 收益曲线	12. 风险溢价
13. 息票债券	14. 永久债券	15. 当期收益率
16. 持有期收益率		

二、单项选择

1. 按利率是否考虑通货膨胀的影响可以划分为（　　）。
    A. 实际利率、名义利率　　　　　　　　B. 市场利率、官定利率、行业利率
    C. 基准利率、无风险利率　　　　　　　D. 其他

2. 降低利率会使企业利润相对（　　）。
    A. 减少　　　　B. 增加　　　　　　C. 不变　　　　　　D. 无关

3. 认为利息是牺牲眼前消费，等待将来消费而获得的报酬的经济学家是（　　）。
    A. 威廉·配第　　B. 欧文·费雪　　C. 西尼尔　　　　D. 庞巴维克

4. 某国某年的名义利率为25%，而通货膨胀率达14%，那么根据费雪的方程式实际利率应为（　　）。
    A. 9.6%　　　　B. 11%　　　　　　C. 39%　　　　　　D. 38%

5. 某公司向银行贷款1 000万元，年利率为6%，期限五年，按年计息，复利计算，则到期后应偿付银行利息（　　）。
    A. 300万元　　B. 1 338万元　　C. 338万元　　　D. 1 300万元

6. 下列哪些因素是促使贷款利率上升的原因（　　）。
    A. 预期通货膨胀率上升　　　　　　　　B. 商业周期处于经济萧条阶段
    C. 资本边际效率下降　　　　　　　　　D. 以上均是

7. 月息 5 厘，是指月利率为（　　）。

　　A. 5%　　　　　　　　B. 5‰　　　　　　　　C. 0.5%　　　　　　　　D. 0.05%

8. 决定市场利率水平的直接因素是（　　）。

　　A. 平均利润率　　　B. 物价水平　　　　C. 汇率水平　　　　D. 资金供求状况

9. 下列利率决定理论中，（　　）强调投资和储蓄对利率的决定作用。

　　A. 马克思利率理论　　　　　　　　　B. 古典利率理论

　　C. 可贷资金利率理论　　　　　　　　D. 流动性偏好利率理论

10. 关于现值的特征，以下说法错误的是（　　）。

　　A. 终值越大，现值越大

　　B. 未来支付的期限越短，现值越大

　　C. 利率越低，现值越小

　　D. 现值和终值的变动方向是一致的

11. 下列描述中正确的是（　　）。

　　A. 当息票债券平价发行时，其到期收益率高于息票利率

　　B. 当息票债券折价发行时，其到期收益率低于票面利率

　　C. 当息票债券溢价发行时，其到期收益率等于票面利率

　　D. 息票债券的市场价格与到期收益率呈反方向关系

12. 利率对储蓄的收入效应表明，人们在利率水平提高时，可能（　　）。

　　A. 增加储蓄，减少消费　　　　　　B. 减少储蓄，增加消费

　　C. 在不减少消费的情况下增加储蓄　　D. 在不减少储蓄的情况下增加消费

13. 可贷资金利率决定理论认为，既然利息产生于资金的贷放过程，就应该从（　　）的供给及需求来考察利率的决定。

　　A. 货币资金　　　B. 借贷资本　　　C. 可贷资金　　　D. 商品资本

14. 当经济处于"流动性陷阱"时，增加货币供给对利率的影响是（　　）。

　　A. 上升　　　　B. 下降　　　　　C. 不变　　　　D. 先上升后下降

15. 下列不属于凯恩斯流动性偏好利率理论特点的是（　　）。

　　A. 它是利率的货币决定理论

　　B. 货币可以间接影响实际经济水平

　　C. 当经济陷入"流动性陷阱"时，利率不再变动

　　D. 它是一种流量理论

16. 现有一张永久债券，其市场价格为 20 元，当永久年金为 5 元时，该债券的到期收益率为（　　）。

　　A. 8%　　　　　B. 12.5%　　　　　C. 20%　　　　　D. 25%

17. 美国地方政府发行的市政债券的利率低于联邦政府债券，其原因可能是（   ）。

    A. 违约风险因素   B. 流动性差异因素

    C. 税收差异因素   D. 市场需求因素

18. 下列关于纯粹预期假说的观点描述正确的是（   ）。

    A. 不同期限证券具有完全替代性

    B. 若预期短期利率高于现行短期利率，则收益率曲线向下倾斜

    C. 若预期短期利率低于现行短期债券利率，则收益率曲线向上倾斜

    D. 若预期短期利率保持不变，则收益率曲线向下倾斜

19. 下列说法错误的是（   ）。

    A. 纯粹预期假说将金融市场视为整体，强调不同期限债券之间的完全替代性

    B. 分割市场假说强调长短期债券之间完全不能相互替代

    C. 流动性升水假说认为不同期限的债券之间不能相互替代

    D. 流动性升水假说认为大多数投资者偏好流动性较高的短期债券

20. 以下说法正确的是（   ）。

    A. 纯粹预期假说不能解释不同期限债券利率随时间一起波动这一现象

    B. 分割市场假说可以解释典型的收益率曲线是向上倾斜的

    C. 根据流动性升水假说，大部分收益率曲线是向下倾斜的

    D. 根据分割市场假说，长期利率会受到短期资金市场供求的影响

21. 期限相同的各种金融工具的利率之间的关系体现为（   ）。

    A. 利率的风险结构   B. 利率的期限结构

    C. 利率的信用结构   D. 利率的补偿结构

22. 根据托宾 q 理论，当货币供给增加时，导致市场利率下降，则促使（   ）从而促进投资支出增加。

    A. $q < 1$ B. $q > 1$ C. $q = 1$ D. q 保持不变

23. 利率对储蓄的收入效应表明，人们在利率水平提高时会（   ）。

    A. 增加储蓄减少消费   B. 减少储蓄增加消费

    C. 在不减少储蓄的情况下增加消费   D. 在不减少消费的情况下增加储蓄

24. 西方国家所说的基准利率，一般是指中央银行的（   ）。

    A. 贷款利率   B. 存款利率

    C. 市场利率   D. 再贴现利率

25. 根据流动性升水假说，当预期未来短期利率轻微下降时，则有可能使（   ）。

    A. 收益曲线向上倾斜   B. 收益曲线向下倾斜

    C. 收益曲线呈水平状   D. 收益曲线先上升后下降

26. 收益曲线所描述的是 （   ）。

    A. 债券的到期收益率与债券期限之间的关系

    B. 债券的当期收益率与债券期限之间的关系

    C. 债券的息票率与债券期限之间的关系

    D. 债券的持有期收益率与债券期限之间的关系

27. 在进行贷款或融资活动时，贷款者和借款者并不能自由地在利率预期的基础上将贷款或债券从一个期限调整为另一个期限，或者说市场是低效的，这是 （   ） 的观点。

    A. 纯粹预期假说   B. 流动性升水假说

    C. 市场分割假说   D. 流动性陷阱假说

28. 根据市场分隔理论，如果短期资金市场供需曲线交叉点利率低于长期资金市场供需曲线交叉点利率，则收益曲线呈现 （   ）。

    A. 向下倾斜趋势   B. 向上倾斜趋势

    C. 水平趋势   D. 双拱曲线趋势

29. 由于期限较长的债券涉及额外增加的风险，所以长期债券的收益率等于短期债券收益率再加上一个风险溢价。这是 （   ） 的观点。

    A. 市场分隔假说   B. 纯粹预期假说   C. 流动性升水假说   D. 费雪假说

30. 经济学家所说的 "最精确的利率计量指标" 是 （   ）。

    A. 息票利率   B. 到期收益率   C. 当期收益率   D. 现期贴现值

31. 2019 年 8 月起，中国人民银行规定，新发放贷款主要参考 （   ） 定价，贷款基准利率将逐渐淡出。

    A. 贷款市场报价利率

    B. 再贴现率

    C. 同业拆借利率

    D. 贴现率

32. 拥有债券的人不愿意听到利率上升的消息，是因为他们所持有的债券 （   ）。

    A. 到期收益率会下跌   B. 息票利息会减少

    C. 价格会下跌   D. 上述表述都是正确的

33. 1 年期贴现发行债券，到期时支付 1 000 美元，如果持有期为 1 年，购买价格为 955 美元，那么其收益率是 （   ）。

    A. 4.5%   B. 4.7%   C. 5.5%   D. 9.5%

34. 货币供给增加的 （   ） 将导致利率在短期内下跌。

    A. 收入效应   B. 物价水平效应   C. 通货膨胀预期效应   D. 流动性效应

35. 如果出现了货币供给增速上升，并且流动性效应大于收入效应、物价水平效应和通货膨胀预期效应，且通货膨胀预期的调整十分缓慢，那么短期内利率会（   ）。

    A. 保持不变   B. 上升   C. 下跌   D. 无法预测

36. 如果出现了货币供给增速上升，并且流动性效应小于收入效应、物价水平效应和通货膨胀预期效应，那么长期内利率会（   ）。

    A. 与初始的水平相比，保持不变   B. 与初始的水平相比，有所上升

    C. 与初始的水平相比，保持下跌   D. 无法预测

37. 如果公司债券的违约风险加剧，该债券的需求曲线会（   ）。

    A. 向右位移，国债的需求曲线会向左位移，公司债券的风险溢价增加

    B. 向左位移，国债的需求曲线会向右位移，公司债券的风险溢价减少

    C. 向右位移，国债的需求曲线会向左位移，公司债券的风险溢价减少

    D. 向左位移，国债的需求曲线会向右位移，公司债券的风险溢价增加

38. 风险、流动性、所得税政策都相同，但期限不同的债券的收益率轨迹被称为（   ）。

    A. 收益曲线   B. 期限结构曲线   C. 风险结构曲线   D. 利率曲线

39. 根据利率期限结构的分割市场理论，如果债券持有人更偏好短期债券，则收益曲线应当是（   ）。

    A. 向上倾斜的   B. 平坦的   C. 向下倾斜的   D. 垂直的

40. 根据利率期限结构的流动性升水理论，平坦的收益率曲线意味着（   ）。

    A. 预期未来的短期利率会轻微上升

    B. 预期未来的短期利率保持不变

    C. 预期未来的短期利率会轻微下跌

    D. 与长期利率相比，债券持有人不再偏好短期利率

三、多项选择

1. 下列关于现值特征描述正确的是（   ）。

    A. 未来支付越多，现值越大   B. 未来支付期限越长，现值越大

    C. 利率越高，现值越大   D. 利率越低，现值越大

2. 下列关于息票债券价格、到期收益率与票面利率的关系描述正确的是（   ）。

    A. 当债券平价发行时，其到期收益率等于息票利率

    B. 当债券折价发行时，其到期收益率低于票面利率

    C. 当债券溢价发行时，其到期收益率高于票面利率

    D. 债券的市场价格与到期收益率呈反方向关系

3. 收益曲线描述的是具有相同（   ）的金融资产的期限与利率之间的关系。

    A. 税率结构   B. 流动性   C. 市场风险   D. 信用风险

4. 导致利率上升的因素有（　　　）。

    A. 扩张的货币政策　　　　　　　　　B. 紧缩的货币政策

    C. 通货膨胀　　　　　　　　　　　　D. 经济高增长

5. 以下关于古典利率理论的说法正确的是（　　　）。

    A. 古典利率理论是一种局部均衡理论　　B. 古典利率理论是实际利率理论

    C. 古典利率理论使用的是存量分析方法　D. 利率能自动调节经济实现均衡

6. 下列属于凯恩斯流动性偏好利率理论特点的是（　　　）。

    A. 它是利率的货币决定理论

    B. 货币可以直接影响实际经济水平

    C. 当经济陷入"流动性陷阱"时，利率不再变动

    D. 它是一种流量理论

7. 可贷资金利率决定理论认为，下列因素决定了均衡利率的形成（　　　）。

    A. 储蓄与投资　　　B. 投资　　　　　　C. 货币供求　　　　D. 货币需求

8. 利率的风险结构是指债券的期限相同，但因（　　　）的差异，而出现不同的利率差异。

    A. 税率结构　　　　B. 流动性　　　　　C. 市场风险　　　　D. 违约风险

9. 纯粹预期假说认为（　　　）。

    A. 不同期限证券间具有完全替代性

    B. 若预期短期利率高于现行短期利率，则收益曲线向下倾斜

    C. 若现行短期利率低，则收益曲线向上倾斜

    D. 若预期短期利率保持不变，则收益曲线向下倾斜

10. 流动升水假说认为（　　　）。

    A. 不同期限的债券利率随时间一起波动

    B. 若预期短期利率保持不变，则收益曲线向上倾斜

    C. 若预期短期利率轻微下降，则收益曲线向下倾斜

    D. 典型的收益曲线总是水平状的

11. 收益的资本化现象发挥作用的领域有（　　　）。

    A. 土地买卖与长期租用　　　　　　　B. 衡量人力资本的价值

    C. 有价证券价格的形成　　　　　　　D. 商品定价

12. 古典利率决定理论认为，决定利率的实际因素有（　　　）。

    A. 生产率　　　　　　　　　　　　　B. 可贷资金

    C. 节约　　　　　　　　　　　　　　D. 流动性偏好

13. 下列观点中哪些属于近代西方学者对利息本质的理解（　　　）。

    A. 西尼尔的"节欲论"　　　　　　　B. 欧文·费雪的"人性不耐论"

C. 庞巴维克的"时差利息论"   D. A 和 B 正确

14. 到期收益率取决于以下因素（   ）。

    A. 债券的市场价格   B. 债券期限

    C. 债券面额   D. 票面利率

15. 在金融交易中，投资者往往根据收益曲线的形状来预测利率的变动方向，以下正确的是
（   ）。

    A. 当收益曲线向下倾斜时，长期利率高于短期利率

    B. 当收益曲线向上倾斜时，长期利率高于短期利率

    C. 当收益曲线平坦时，长期利率等于短期利率

    D. 收益曲线大多是向下倾斜的，偶尔也会呈水平状或向上倾斜

16. 下列哪种表述是正确的（   ）。

    A. 与短期债券相比，长期债券的当期收益率可以很好地近似到期收益率

    B. 息票债券的价格和利率的变化方向是相反的

    C. 距离到期日越远，利率同等幅度的变动所引起的债券价格变动就越小

    D. 息票债券发行后，其息票利率是固定的

17. 债券的风险结构受债券的下列哪些因素的影响（   ）。

    A. 到期期限   B. 流动性   C. 违约风险   D. 所得税政策

18. 下列表述中正确的是（   ）。

    A. 不同到期期限的债券的利率随时间一起波动

    B. 如果短期利率较高，收益率曲线通常向下倾斜

    C. 如果短期利率较低，收益率曲线通常向下倾斜

    D. 收益率曲线通常向上倾斜

19. 下列哪种情况会导致利率上升（   ）。

    A. 股票市场波动性加大

    B. 公司不看好新厂房和设备未来的盈利能力

    C. 人们调高了对通货膨胀的预期

    D. 政府增加了预算赤字

20. 下列哪个表述是正确的（   ）。

    A. 如果债券的到期收益率高于其息票利率，债券的价格就低于其面值

    B. 如果债券的到期收益率低于其息票利率，债券的价格就高于其面值

    C. 如果债券的到期收益率超过其息票利率，债券的价格就等于其面值

    D. 只有 A 和 C 正确

四、判断并改错

1. 利息是投资人让渡资本使用权而索要的补偿，这种补偿是对机会成本和风险的补偿。（　　）

2. 如果投资收益率不大于利率，则投资亏损。（　　）

3. 基准利率一般是由政府规定的。（　　）

4. 名义利率包含了物价变动的预期和实际收益率的要求的影响。（　　）

5. 2013 年 7 月，我国推出的存款市场报价利率标志着我国利率市场化向前迈进了一大步。（　　）

6. 利率作为调节经济的杠杆，其杠杆作用发挥的大小主要取决于利率弹性。（　　）

7. 利率对储蓄的收入效应认为，当利率提高时，生息资产的收益将提高，居民就会减少即期消费，增加储蓄。（　　）

8. 一般将储蓄随利率的提高而增加的现象称为利率对储蓄的收入效应。（　　）

9. 一般地，资本的边际生产效率与利率之间呈反向变动关系。（　　）

10. 债券的到期收益率与债券的市场价格呈正向变动关系。（　　）

11. 当债券折价发行时，其到期收益率低于票面利率。（　　）

12. 古典利率理论使用的是存量分析方法。（　　）

13. 流动性偏好利率理论认为利率可以直接影响实际经济活动水平。（　　）

14. 可贷资金利率决定理论认为，可贷资金供给来自社会的储蓄存量和该期间货币供给的变动量。（　　）

15. 美国地方政府发行的市政债券利率低于联邦政府债券利率的原因是违约风险差异所致。（　　）

16. 纯粹预期假说可以证明，典型的收益曲线是向上倾斜的。（　　）

17. 纯粹预期假说认为，不同期限证券间不具有完全的替代性。（　　）

18. 根据纯粹预期假说，若预期短期利率高于现行短期利率，则收益曲线向下倾斜。（　　）

19. 分割市场假说认为，不同期限证券间具有完全的替代性。（　　）

20. 收益曲线的经验事实是，短期利率低，收益曲线往往向下倾斜。（　　）

五、填空题

1. 利息是投资人让渡资本使用权而索要的补偿。这种补偿由两部分组成：一是对（　　）的补偿，二是对（　　）的补偿。

2. 实际利率是在名义利率的基础上剔除了（　　）以后的真实利率。

3. 货币供给增加的（　　）将导致利率在短期内下跌。

4. 预期通货膨胀率上升导致利率上升，反映了（　　）的作用。

5. 公司债券与国债之间的利率差额被称为（　　）。

6. 影响现值大小的因素有三个：期限、未来值和（   ）。

7. 影响利率风险结构的因素有三个：违约风险、流动性和（   ）。

8. 利率期限结构是研究在具有相同（   ）的情况下债券的到期收益率与到期期限的关系。

9. 典型的收益曲线是（   ）的。

10. 根据纯粹预期假说，若预期短期利率高于现行短期利率，则收益曲线（   ）。

六、计算题

1. 假设某公司债券的面值为 100 元，票面利率为 6%，5 年到期，当前价格为 115 元。如果张某购买了该债券并持有 2 年，2 年后以 112 元卖出该债券。

   （1）计算即期收益率。

   （2）计算实际收益率。

2. 某债券面额为 1 000 元，5 年期，票面利率为 10%，以 950 元的发行价格向全社会公开发行。某投资者认购后持有至第二年年末以 990 元的市价出售，则该债券的持有期收益率是多少？

3. 设有 5 年期的定期银行存款 10 000 元，年利率为 5%，以年为计息期间，请分别用单利法和复利法计算到期日的本息和。

4. 大多数公司经常每隔两三年就更换电脑。假定电脑的价格是 20 000 元，而且在三年内完全折旧掉，即没有任何销售价值。

   （1）如果电脑设备的融资成本为 i，请用公式表示这台电脑应该带来多少收入才使该公司认为值得购买？（假定每年带来的收入相等）

   （2）如果电脑在三年内不完全折旧掉，问题（1）会有什么不同呢？假设其再销售价值为 2 500 元。

   （3）如果电脑设备的融资成本为 10%，请重新计算问题（2）。

5. 假设到期收益率为 3%，一张 5 年期、票面利率为 5%、票面额为 1 000 元的债券的价格是多少？当到期收益率上升为 4% 时，债券价格将会发生什么变化？

6. 下列票面金额为 100 元的一年期债券哪一个到期收益率高？为什么？

   （1）票面利率为 6%，销售价格为 85 元；

   （2）票面利率为 7%，销售价格为 100 元；

   （3）票面利率为 8%，销售价格为 115 元。

7. 一张零息票债券面值 1 000 元，期限 10 年，如果类似债券现有到期收益率为 8%，债券价格为多少？

8. 假设某投资工具的月收益率为 0.5%，那么，其折合的年收益率是多少？

9. 假设预期理论是利率期限结构的合理解释，以下给定未来 5 年内的一年期利率，请分别计算 1 年期到 5 年期的利率，并画出收益率曲线。

（1）5%、7%、7%、7%、7%；

（2）5%、4%、4%、4%、4%。

10. 已知实际利率为4%，名义利率为8%，那么市场预期的通货膨胀率将是多少？

11. 一笔单利计算的3年期贷款最终偿付利息是36万元，而市场平均利率为6%，那么本金应为多少？

12. 某抵押贷款的月利率为6.6‰，则该抵押贷款的年名义利率和年实际利率各是多少？

13. 如果年利率为10%，你将选择下面哪种情况？

（1）现在的100元；

（2）以后10年内每年年末的12元；

（3）每年年末的10元，且这种状况持续到永远；

（4）现在是5元，年支付以5%的速度增长且一直持续下去。

14. 债券的息票利率为8%，面值为1 000元，距离到期日还有6年，到期收益率为7%，在如下几种情况下分别求债券的现值（写出表达式即可）。

（1）每年支付一次利息；

（2）每半年支付一次利息；

（3）每季度支付一次利息。

15. 一个NBA球星的年工资为100万美元，以年平均利率4%计算其人力资本的价格是多少？

七、简答题

1. 简述利息的概念及本质。

2. 简述古典利率理论的主要内容及特点。

3. 简述流动性偏好利率理论的主要内容及特点。

4. 简述可贷资金理论的主要内容及特点。

5. 比较流动性偏好利率理论与可贷资金理论的主要差异。

6. 简述影响利率水平的主要因素。

7. 纯粹预期假说是如何解释利率期限结构的？

8. 市场分割假说是如何解释利率期限结构的？

9. 简述到期收益率与票面利率的区别和联系。

10. 简述利率期限结构理论的主要观点。

11. 简述利率风险结构的主要内容。

12. 货币供给增加对利率影响的流动性效应、收入效应、价格效应和预期通货膨胀效应有何不同？

八、论述题

1. 分析利率变动的经济效应。

2. 流动性升水假说如何解释收益曲线？它与纯粹预期假说有什么不同？

参考答案

一、名词解释

1. 利率

答：利率是利息率的简称，是指借贷期间所形成的利息额与所贷本金之比，用公式表示为：利率 = 利息额/所贷本金 × 100%。利息包含了对机会成本和违约风险的补偿。

2. 费雪效应

答：经济学家费雪描述名义利率、实际利率与预期通货膨胀率之间的关系，即名义利率等于实际利率和预期通货膨胀率之和。用公式表示为 $1 + R_n = (1 + R_r)(1 + P^e)$，这一公式被称为费雪方程式，即费雪效应。

3. 收益的资本化

答：对于任何有收益的事物，即使它并不是一笔贷放出去的货币，甚至不是一笔实实在在的资本，也可以通过收益与利率之比算出它相当于多大的资本金额，这种现象称为收益的资本化。

4. 基准利率

答：基准利率是指带动和影响其他利率的利率，即这种利率发生变动，其他利率也会相应变动。

5. 实际利率

答：实际利率是指物价水平不变，从而货币购买力不变条件下的利息率，也就是在名义利率基础上剔除了预期通货膨胀因素以后的真实利率。

6. 流动性陷阱

答：流动性陷阱，是指当一定时期的利率水平降低到不能再低时，人们就会产生利率只有可能上升而不会继续下降的预期，投机性货币需求弹性会变得无限大的现象，即无论增加多少货币，都会被人们储存起来。因此，即使货币供给增加，也不会导致利率下降。

7. 现值

答：现值，是指将未来某一时点或某一时期的货币金额折算至基准年的数值，也称折现值。影响现值大小的因素有期限、终值和贴现率。现值公式为 $PV = \dfrac{FV}{(1+r)^n}$，其中，PV 表示现值，FV 表示终值，r 表示利率，n 表示计息期限。

8. 到期收益率

答：到期收益率，是经济学家认为衡量利率最为精确的指标，是指使某金融工具未来所收益的现值等于其当前市场价格的利率，也是指买入债券后持有至期满得到的收益（包括利息收入和资本损益）与实际买入债券价格之比。按复利计算是指使未来现金流量的现值等于其当前市场价格的利率，或者是指从债务工具上获得的报酬的现值与其今天的价格相等的利率。

9. 利率风险结构

答：利率风险结构，是指期限相同的各种债券或者说相同期限金融资产因风险不同而产生的利率差异。影响利率风险结构的因素包括违约风险、流动性和税收差异因素。

10. 利率期限结构

答：利率期限结构，是指具有相同风险结构的债券，其到期期限与到期收益率或利率之间的关系。或者说，它是在某一时点上，因期限差异而产生的不同利率组合。

11. 收益曲线

答：收益曲线，也称收益率曲线，是描述风险相同但期限不同的债券到期收益率（或利率）与期限之间关系的曲线，称为收益曲线。收益曲线通常有水平型、渐升型和渐降型三种基本类型。典型的收益曲线是向上倾斜的曲线。

12. 风险溢价

答：风险溢价，又叫风险报酬，是指投资者因冒风险进行投资而要求的超过无风险报酬的额外报酬，即风险资产的报酬 = 无风险报酬 + 风险溢价。

13. 息票债券

答：息票债券又称附息债券，是指定期支付利息，到期偿还本金的债券。息票债券适用于期限较长或在持有期限内不能兑现的债券。息票债券一般是固定利率，也是最常见的债券付息方式。

14. 永久债券

答：永久债券，是指定期支付固定利息，没有到期日，不必偿还本金的一种债券。

15. 当期收益率

答：当期收益率，即证券的票面收益与其当期市场价格的比率。

16. 持有期收益率

答：持有期收益率，也称实际收益率，是指证券持有期利息收入与证券价格变动的总和与购买价格之比，即出售金额与购买价格之差（也称为"资本利得"）加上利息收入后与购买价格之间的比例。它反映了投资者在证券持有期的实际收益率。

二、单项选择

1. A　2. B　3. C　4. A　5. C　6. A　7. B　8. D　9. B　10. C　11. D

12. B　13. C　14. C　15. D　16. D　17. C　18. A　19. C　20. B　21. A　22. B

23. B　24. D　25. C　26. A　27. C　28. B　29. C　30. B　31. A　32. C　33. B

34. D　35. C　36. B　37. D　38. A　39. A　40. C

三、多项选择

1. AD　　2. AD　　3. ABD　　4. BCD　　5. ABD　　6. AC　　7. AC　　8. ABD

9. AC　　10. AB　　11. ABC　　12. AC　　13. ABC　　14. ABCD　15. BC　　16. ABD
17. BCD　　18. ABD　　19. CD　　20. AB

四、判断并改错

1.（√）

2.（√）

3.（×）将"政府"改为"市场"

4.（√）

5.（×）将"存款"改为"贷款"

6.（√）

7.（×）将"减少即期消费，增加储蓄"改为"增加当前消费，减少储蓄"

8.（×）将"收入效应"改为"替代效应"

9.（×）将"反向"改为"正向"

10.（×）将"正向"改为"反向"

11.（×）将"低于"改为"高于"

12.（×）将"存量"改为"流量"

13.（×）将"直接"改为"间接"

14.（×）将"存量"改为"流量"

15.（×）将"违约风险"改为"税收因素"

16.（×）将"纯粹预期假说"改为"市场分割假说"或"流动升水假说"

17.（×）将"不具有"改为"具有"

18.（×）将"向下倾斜"改为"向上倾斜"；或者将"高于"改为"低于"

19.（×）将"具有完全的替代性"改为"完全不能相互替代"；或将"分割市场假说"改为
"纯粹预期假说"

20.（×）将"向下"改为"向上"

五、填空题

1. 机会成本　风险

2. 预期通货膨胀率

3. 流动性效应

4. 费雪效应

5. 风险溢价

6. 贴现率

7. 税收差异

8. 风险结构

9. 向上倾斜

10. 向上倾斜

六、计算题

1. 假设某公司债券的面值为 100 元，票面利率为 6%，5 年到期，当前价格为 115 元。如果张某购买了该债券并持有 2 年，2 年后以 112 元卖出该债券。

（1）计算即期收益率。

（2）计算实际收益率。

解：（1）当期收益率 $= \dfrac{100 \times 6\%}{115} = 5.22\%$

（2）实际收益率 $= \dfrac{\left[100 \times 6\% + (112 - 115) \div 2 \right]}{115} = 3.91\%$

答：当期收益率为 5.22%，实际收益率为 3.91%。

2. 某债券面额为 1 000 元，5 年期，票面利率为 10%，以 950 元的发行价格向全社会公开发行。某投资者认购后持有至第二年年末以 990 元的市价出售，则该债券的持有期收益率是多少？

解：持有期收益率是指买入债券后持有一段时间的实际所得与其初始购买价格之比。这里的实际所得包括债券持有期的利息收入和资本损益。计算公式：

$$持有期收益率 = \dfrac{年利息 + \dfrac{卖出价 - 买入价}{持有年限}}{买入价} \times 100\% = \dfrac{1\,000 \times 10\% + \dfrac{990 - 950}{2}}{950} \times 100\%$$

$$= 12.6\%$$

答：该债券的持有期收益率为 12.6%。

3. 设有 5 年期的定期银行存款 10 000 元，年利率为 5%，以年为计息期间，请分别用单利法和复利法计算到期日的本息和。

解：单利法：10 000 + 10 000 × 5% × 5 = 12 500（元）

复利法：$10\,000 \times (1 + 5\%)^5 = 12\,762.8$（元）

答：按单利计算的本息和是 12 500 元，按复利计算和本息和是 12 762.8 元。

4. 大多数公司经常每隔两三年就更换电脑。假定电脑的价格是 20 000 元，而且在三年内完全折旧掉，即没有任何销售价值。

（1）如果电脑设备的融资成本为 i，请用公式表示这台电脑应该带来多少收入才使该公司认为值得购买之？（假定每年带来的收入相等）

（2）如果电脑在三年内不完全折旧掉，问题（1）会有什么不同呢？假设其再销售价值为 2 500 元。

（3）如果电脑设备的融资成本为10%，请重新计算问题（2）。

解：（1）电脑应该带来的收入的计算过程，其实是运用现值的公式，将20 000元看成现值，贴现率为i，未知数是未来现金流量，这个现金流量就是电脑应该带来的收入。设未来每年带来的收入流量为CF，因此，用公式表示是：

$$20\,000 = \frac{CF}{(1+i)^1} + \frac{CF}{(1+i)^2} + \frac{CF}{(1+i)^3}$$

（2）如果电脑在三年内不完全折旧掉，其再销售价值为2 500元，这表明电脑的未来收益还有三年后的2 500元，所以，公式应改写成：

$$20\,000 = \frac{CF}{(1+i)^1} + \frac{CF}{(1+i)^2} + \frac{CF}{(1+i)^3} + \frac{2\,500}{(1+i)^3}$$

（3）如果电脑设备的融资成本为10%，则计算问题（2）的答案是：

$$20\,000 = \frac{CF}{(1+10\%)^1} + \frac{CF}{(1+10\%)^2} + \frac{CF}{(1+10\%)^3} + \frac{2\,500}{(1+10\%)^3}$$

解得：$CF = 7\,287$元，即每年取得7 287元的收益就可以收回电脑成本。

5. 假设到期收益率为3%，一张5年期、票面利率为5%、票面金额为1 000元的债券的价格是多少？当到期收益率上升为4%时，债券价格将会发生什么变化？

解：当到期收益率为3%时，债券价格为：

$$价格 = PV = \frac{1\,000 \times 5\%}{(1+3\%)^1} + \frac{1\,000 \times 5\%}{(1+3\%)^2} + \frac{1\,000 \times 5\%}{(1+3\%)^3} + \frac{1\,000 \times 5\%}{(1+3\%)^4}$$

$$+ \frac{1\,000 \times 5\% + 1\,000}{(1+3\%)^5} = 1\,091.6\,(元)$$

所以，此时价格为1 091.6元。

当到期收益率为4%时，债券价格为：

$$价格 = PV = \frac{1\,000 \times 5\%}{(1+4\%)^1} + \frac{1\,000 \times 5\%}{(1+4\%)^2} + \frac{1\,000 \times 5\%}{(1+4\%)^3} + \frac{1\,000 \times 5\%}{(1+4\%)^4}$$

$$+ \frac{1\,000 \times 5\% + 1\,000}{(1+4\%)^5} = 1\,044.5\,(元)$$

所以，此时价格为1 044.5元，由于到期收益率的上升，要求的债券价格也下降了。

6. 下列票面额为100元的一年期债券哪一个到期收益率高？为什么？

（1）票面利率为6%，销售价格为85元；

（2）票面利率为7%，销售价格为100元；

（3）票面利率为8%，销售价格为115元。

解：

$$到期收益率 = \frac{年利息 + \dfrac{卖出价 - 买入价}{持有年限}}{买入价} \times 100\%$$

$$第（1）种情况 = \frac{100 \times 6\% + (100 - 85)}{85} \times 100\% = 24.7\%$$

$$第（2）种情况 = \frac{100 \times 7\% + (100 - 100)}{100} \times 100\% = 7\%$$

$$第（3）种情况 = \frac{100 \times 8\% + (100 - 115)}{115} \times 100\% = -6.09\%$$

答：第（1）种债券的到期收益率最高，为 24.7%。这主要是因为，第（1）种债券的发行方式是折价发行，投资者会得到本金上的收益，而后面两种债券要么没有本金收益，要么有本金损失，而到期收益率是考虑了利息和本金损益之后的回报率。

7. 一张零息票债券面值 1 000 元，期限 10 年，如果类似债券现有到期收益率为 8%，债券价格为多少？

解：$PV = \dfrac{1\,000}{(1 + 8\%)^{10}} = 463.2$（元）

答：此债券的价格应该是 463.2 元。

8. 假设某投资工具的月收益率为 0.5%，那么，其折合的年收益率是多少？

解：年收益率 $= (1 + 0.5\%)^{12} - 1 = 6.17\%$

答：折合的年收益率为 6.17%。

9. 假设预期理论是利率期限结构的合理解释，以下给定未来 5 年内的一年期利率，请分别计算 1 年期到 5 年期的利率，并画出收益率曲线。

（1）5%、7%、7%、7%、7%；

（2）5%、4%、4%、4%、4%。

解：（1）未来 1 至 5 年期的利率分别为：

$$i_1 = 5\%$$

$$i_2 = \frac{5\% + 7\%}{2} = 6\%$$

$$i_3 = \frac{5\% + 7\% + 7\%}{3} = 6.3\%$$

$$i_4 = \frac{5\% + 7\% + 7\% + 7\%}{4} = 6.5\%$$

$$i_5 = \frac{5\% + 7\% + 7\% + 7\% + 7\%}{5} = 6.6\%$$

答：1 ~ 5 年的利率分别为 5%、6%、6.3%、6.5%、6.6%。其收益曲线为一条轻微向上的曲线，如图 3-1 所示。

（2）未来 1 ~ 5 年期的利率分别为：

$$i_1 = 5\%$$

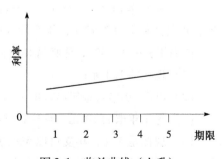

图 3-1 收益曲线（上升）

$$i_2 = \frac{5\% + 4\%}{2} = 4.5\%$$

$$i_3 = \frac{5\% + 4\% + 4\%}{3} = 4.3\%$$

$$i_4 = \frac{5\% + 4\% + 4\% + 4\%}{4} = 4.25\%$$

$$i_5 = \frac{5\% + 4\% + 4\% + 4\% + 4\%}{5}$$
$$= 4.2\%$$

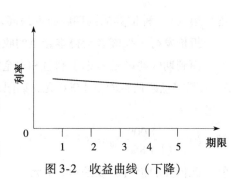

图 3-2　收益曲线（下降）

答：1～5 年的利率分别为 5%、4.5%、4.3%、4.25%、4.2%。其收益曲线为一条轻微向下的曲线，如图 3-2 所示。

10. 已知实际利率为 4%，名义利率为 8%，那么市场预期的通货膨胀率将是多少？

解：根据费雪效应：

$$1 + 名义利率 = (1 + 实际利率)(1 + 预期通货膨胀率)$$
$$1 + 8\% = (1 + 4\%)(1 + 预期通货膨胀率)$$
$$预期通货膨胀率 = 3.85\%$$

答：市场预期的通货膨胀率是 3.85%。

11. 一笔单利计算的 3 年期贷款最终偿付利息是 36 万元，而市场平均利率为 6%，那么本金应为多少？

解：设本金为 P，则有：

$$P \times 6\% \times 3 = 36$$
$$P = 200$$

答：本金应为 200 万元。

12. 某抵押贷款的月利率为 6.6‰，则该抵押贷款的年名义利率和年实际利率各是多少？

解：年名义利率 = 月利率 × 12 = 6.6‰ × 12 = 7.92%

年实际利率 $r = (1 + i/m)^m - 1 = (1 + 0.66\%)^{12} - 1 = 8.21\%$

答：年名义利率为 7.92%，年实际利率为 8.21%。

13. 如果年利率为 10%，你将选择下面哪种情况？

　　(1) 现在的 100 元；

　　(2) 以后 10 年内每年年末的 12 元；

　　(3) 每年年末的 10 元，且这种状况持续到永远；

　　(4) 现在是 5 元，年支付以 5% 的速度增长且一直持续下去。

解：通过比较不同情况下收入的现值，可以做出选择：

（1）$PV = 100$

（2）$PV = 73.73$

（3）$PV = 100$

（4）$PV = 105$

答：应选择第（4）种情况。

14. 债券的息票利率为 8%，面值为 1 000 元，距离到期日还有 6 年，到期收益率为 7%，在如下几种情况下分别求债券的现值（写出表达式即可）。

（1）每年支付一次利息；

（2）每半年支付一次利息；

（3）每季度支付一次利息。

解：代入现值公式：

（1）$PV = \dfrac{80}{1.07} + \cdots + \dfrac{1\,080}{1.07^6}$

（2）$PV = \dfrac{40}{1 + 3.5\%} + \cdots + \dfrac{1\,040}{(1 + 3.5\%)^{12}}$

（3）$PV = \dfrac{20}{1 + \dfrac{3.5\%}{2}} + \cdots + \dfrac{1\,020}{\left(1 + \dfrac{3.5\%}{2}\right)^{24}}$

15. 一个 NBA 球星的年工资为 100 万美元，以年平均利率为 4% 计算其人力资本的价格是多少？

解：代入公式：

$$P = \frac{收益}{市场利率} = \frac{100}{4\%} = 2\,500（万美元）$$

答：其人力资本的价格是 2 500 万美元。

七、简答题

1. 简述利息的概念及本质。

答：（1）利息是借贷关系中债务人支付给债权人的报酬，也是投资人让渡资本使用权而索要的补偿。这种补偿由两部分组成：一是对机会成本的补偿，二是对违约风险的补偿。

（2）关于利息的本质，经济学家提出了不同的观点。

1）马克思：认为利息本质上是利润的一部分，是利润在借贷双方之间的分割，体现了借贷资本家和职能资本家共同剥削雇佣工人的关系，也体现了借贷资本家和职能资本家间瓜分剩余价值的关系。

2）利息报酬论：认为利息是所有者暂时放弃货币使用权而获得的报酬，因为这给贷出货币者带来不便。

3）利息租金论：认为贷出货币所收取的利息可看成地主收取的租金。"资本所有者常常出借他们的资金，像出租土地一样。"

4）节欲论：又称"节欲等待论"，认为利息是牺牲眼前消费，等待将来消费而获得的报酬，或对节欲的报酬。

5）时差利息论：又称"时间偏好论"，认为利息来自人们对现在物品的评价大于对未来物品的评价，利息是价值时差的贴水。

6）流动性偏好论：凯恩斯认为利息是人们在一定时期内放弃货币周转灵活性的报酬，是对人们放弃流动性偏好，即不持有货币进行储蓄的一种报酬。

7）人性不耐论：认为利息是人们宁愿现在获得财富，而不愿等将来获得财富的不耐心的结果。

一般地，利息的本质表现为：第一，货币资本所有权和使用权的分离是利息产生的经济基础；第二，利息是借用货币资本使用权付出的代价；第三，利息是剩余价值的转化形式，实质上是利润的一部分。

2. 简述古典利率理论的主要内容及特点。

答：（1）古典利率理论是对 19 世纪末至 20 世纪 30 年代西方国家各种不同利率理论的一种总称。古典经济学家认为，利率是由实际经济领域的因素决定的。所以，它又被称为实物利率理论或实际利率理论。

（2）具体地，资本需求来自实物投资需求，资本供给来自当期消费的减少，即储蓄。从投资需求看，利率是使用资本需要付出的代价，随利率的上升而减少，即投资是利率的减函数。从储蓄供给看，利率是出借资本可以获得的报酬，随利率的上升而增加，即储蓄是利率的增函数。

（3）均衡利率是投资与储蓄相等时的价格。而且，投资需求和储蓄供给相互作用，利率起着调节资本供求的作用。只有当投资需求曲线与储蓄供给曲线相交，即 $S=I$ 时，才得到均衡利率水平，如图 3-3 所示。

（4）古典利率理论的特点表现为：①储蓄和投资都是利率的函数，而与收入无关；②它是实物利率理论；③它使用的是流量分析方法；④利率具有自动调节资本供求的作用。

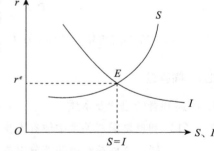

图 3-3　古典利率理论

3. 简述流动性偏好利率理论的主要内容及特点。

答：（1）流动性偏好利率理论是凯恩斯学派的利率决定理论。凯恩斯认为，人们之所以偏好流动性，是因为流动性能给自己带来安全感和灵活性。利息是人们牺牲流动性的报酬，并认为利率是由货币供求关系决定的。因此，流动性偏好利率理论可以理解为货币供求决定利率理论。

（2）凯恩斯认为，货币需求是利率的减函数。这是因为，如果利率较高，持有货币的机会成本也较高，此时对货币的需求量就减少。反之，对货币的需求量就增加。因此，货币需求与利率呈现出反向变动关系。另外，在凯恩斯的最初分析中，假设货币供给是外生的，由货币当局完全控制。

（3）货币供给与货币需求相等时决定了均衡利率水平。因此，在凯恩斯看来，利率完全是个货币现象，取决于货币的供给和需求，如图3-4所示。

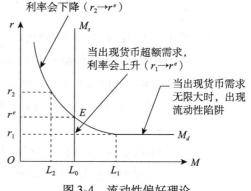

图3-4　流动性偏好理论

（4）他认为，货币需求主要受收入效应和价格效应的影响。当收入增加时，人们会倾向于手头持有更多的货币，从而对货币的需求上升，货币需求曲线右移。当价格水平上升时，为维持原来的消费水平，也会倾向于增加手头持有的货币，货币需求曲线也会右移。当货币需求曲线向右移动到 M_d^2 时，若货币供给不变，则均衡利率水平上升到 i_1。

（5）他认为，货币当局可以任意改变货币数量，若中央银行决定扩大货币供应量到 M_s^2，导致货币供给曲线右移，在货币需求不变情况下，则均衡利率下降到 i_2。

（6）流动性偏好利率理论具有如下特点：①它是利率的货币决定理论；②货币供给只有通过利率才能影响实际经济运行，如果货币供给曲线与货币需求曲线的平坦部分（即"流动性陷阱"）相交，则利率不受任何影响；③它是一种存量理论，即认为利率是由某一时点的货币供求量决定的。

4. 简述可贷资金理论的主要内容及特点。

答：（1）可贷资金理论一方面指出古典学派对货币因素的忽视，认为仅以储蓄、投资分析利率过于片面；另一方面也抨击凯恩斯完全否定非货币因素在利率决定中的作用的观点。该理论提出了"利率是由可贷资金的供给和需求决定的"的观点。

（2）可贷资金理论认为，可贷资金需求来自某期间投资流量（I）和该期间人们希望保有的货币窖藏（ΔH）；可贷资金供给则来自同一期间的储蓄流量（S）和该期间货币供应量的变动（ΔM_s）。假设 L_D 为可贷资金需求；L_S 为可贷资金供给，则有

$$L_D = I + \Delta H$$
$$L_S = S + \Delta M_s$$

（3）可贷资金理论认为可贷资金供给与利率呈正相关关系，可贷资金需求与利率呈负相关关系。利率取决于可贷资金的供给与需求的均衡点，即 $I + \Delta H = S + \Delta M_s$。

（4）可贷资金理论的主要特点是同时兼顾了货币因素和实际因素对利率的决定作用，以及使

用了存量分析和流量分析方法。它的缺点是忽视了收入和利率的相互作用。

5. 比较流动性偏好利率理论与可贷资金理论的主要差异。

答：（1）流动性偏好利率理论是凯恩斯的利率决定理论。凯恩斯认为，利息是人们牺牲流动性的报酬，并认为利率是由货币供求决定的。当货币需求等于货币供给时，均衡利率就形成了。

（2）可贷资金理论是由英国的罗伯逊与瑞典的俄林等经济学家提出的利率决定理论，认为利率是由可贷资金的供给和需求决定的。可贷资金供给与利率呈正相关关系，可贷资金需求与利率呈负相关关系。利率取决于可贷资金的供给与需求的均衡点。

（3）流动性偏好利率理论与可贷资金理论是两大主流的利率决定理论，二者在以下方面存在着差异。

1）利率决定因素不同：前者强调货币因素，认为货币的供求决定利率水平；后者则认为不仅货币供求决定利率水平，储蓄、投资等实际因素也对利率起决定作用。

2）分析方法不同：前者采取存量分析方法，其货币供给是指在某时点经济中的货币存量，货币需求是指同一时点人们希望持有的货币数量；后者则采用流量分析方法，注重对某一时期储蓄流量、投资流量和货币供求的增量变化的分析。

3）分析时期不同：前者是短期货币利率理论，它强调货币供求因素对短期利率的决定作用。后者则注重长期的利率水平决定，它认为在长期分析中，短期货币因素的作用是微不足道的。

4）对利率的自发调节作用理解不同：前者认为，利率难以发挥自动调节经济的作用，因为货币可以影响实际经济活动水平，只是在它首先影响利率这一限度之内。后者则认为，储蓄、投资等实际变量的变化会决定市场利率，再通过利率的波动来调整整个经济的消费和投资，最终必将使趋于均衡。

6. 简述影响利率水平的因素。

答：利率是利息率的简称，是指借贷期间所形成的利息额与所贷本金的比率，它是衡量生息资产增值程度的尺度。决定和影响利率的因素非常复杂，制定和调整利率水平时主要应考虑的因素有：

（1）资本的边际生产效率或平均利润率。资本的边际生产效率与利率呈正向变动关系。

（2）借贷资本的供求。当资金供不应求时，利率会上升；当资金供过于求时，利率就会下降。利率水平的高低反映资金供求关系，同时也调节资金供求关系。

（3）物价水平。利率水平与物价水平呈同向变动。

（4）中央银行的贴现率。中央银行提高贴现率，相应提高了商业银行的借贷资金成本，市场利率会因此提高。反之，中央银行降低贴现率，就会降低市场利率。

（5）国家经济政策。在影响利率变动的宏观政策中，尤以财政政策的影响较明显。财政政策对利率的影响主要是财政收支的变动。

（6）经济周期。在不同的经济周期，利率会呈现不同的波动规律。

（7）国际利率水平。在开放的经济条件下，国际上的利率水平对国内利率的影响较大。

7. 纯粹预期假说是如何解释利率期限结构的？

答：（1）利率期限结构，是指具有相同风险结构的债券，其到期期限与到期收益率或利率之间的关系。表示债券到期期限与利率之间关系的曲线称为收益曲线。收益曲线可能呈向上倾斜、向下倾斜和水平状三种基本形状。

（2）纯粹预期假说假定不同期限证券间具有完全替代性。只要某种债券的预期收益率高，投资者就会持有该债券，而不管其是长期或短期的。

（3）在上述假定的前提下，运用跨期套利的基本思路，能推导出"长期债券的利率等于债券生命期内短期利率的平均值"的结论：

$$i_{nt} = \frac{i_t + i_{t+1}^e + \cdots + i_{t+(n-1)}^e}{n}$$

（4）并以此得出他们对收益曲线形状的解释：如果预期未来短期利率上升，则当前的长期利率就会高于短期利率，收益曲线向右上方倾斜；如果预期未来短期利率下降，则当前的长期利率就会低于短期利率，收益曲线向右下方倾斜；如果预期未来短期利率不变，则当前的长期利率就会等于短期利率，收益曲线呈水平状。

（5）该理论的不足：①其假定过于"纯粹"，这直接影响了其应用价值。②其结论"如果预期未来短期利率不变，那么当前的长期利率就会等于短利率，则收益曲线呈水平状"，与现实不符。因为，在现实中不难看到，即使人们预期未来短期利率不变，仍然可以看到长期利率高于短期利率，纯粹预期假说对此无法解释。

8. 市场分割假说是如何解释利率期限结构的？

答：（1）利率期限结构，是指具有相同风险结构的债券，其到期期限与到期收益率或利率之间的关系。表示债券到期期限与利率之间关系的曲线称为收益曲线。收益曲线可能呈向上倾斜、向下倾斜和水平状三种基本情况。

（2）市场分割假说假定：不同期限的债券之间完全没有替代性；不同期限的债券相互之间是完全分割的；不同期限债券的利率由各自市场上的债券供给和需求决定。

（3）市场分割假说对于收益曲线的解释：当短期债券市场的供求所形成的利率低于长期债券市场供求所形成的利率时，收益曲线向右上倾斜；当短期债券市场的供求所形成的利率高于长期债券市场供求所形成的利率时，收益曲线向右下倾斜；当短期债券市场的供求所形成的利率与长期债券市场供求所形成的利率相等时，收益曲线呈水平状。

（4）市场分割假说认为，较为典型的收益曲线是向右上倾斜的。因为人们更偏好期限较短、风险较小的债券，在短期债券市场上，债券需求较多，而债务发行者倾向于发行长期债务，因此短期债券供给较少，从而导致其价格较高，利率较低。同理在长期债券市场上，债券需求较少，供给较多，因此，价格较低，利率较高。

9. 简述到期收益率与票面利率的区别和联系。

答：到期收益率是指使某金融工具未来所收益的现值等于其当前市场价格的利率，而票面利率是金融工具发行时规定向投资者支付的利息与票面金额之比。它们都是衡量债券收益的一种形式。

区别：票面利率只反映本金的增值部分，即本利和与本金之差为票面利息。到期收益率还包括本金的损益，即本金变动部分。按单利能更清楚地看到二者的区别，在单利情况下，到期

$$收益率 = \frac{(票面利息 \pm 本金损益)}{市场价格}。$$

10. 简述利率期限结构理论的主要观点。

答：(1) 利率期限结构，是指具有相同风险结构的债券，其到期收益率或利率与到期期限之间的关系。利率期限结构反映了不同期限的资金供求关系，揭示了市场利率的总体水平和变化方向，为投资者从事债券投资和政府有关部门加强债券管理提供了参考依据。

(2) 反映利率期限结构的曲线是收益曲线，即风险相同但期限不同的债券在期限与到期收益率之间关系的曲线。它有三种基本形状：水平线、向上倾斜和向下倾斜的曲线。

(3) 解释利率期限结构的理论主要有三种：纯粹预期假说、市场分割假说、流动性升水假说。

1）纯粹预期假说强调不同期限债券间具有完全替代性。该假说认为，若预期的各短期利率高于现行短期利率，则当前长期债券利率高于短期债券利率，收益曲线向上倾斜；反之，若预期的未来短期利率低于现行短期利率，则当前长期债券利率低于短期债券利率，收益曲线向下倾斜；如果投资者预期短期利率保持不变，则收益曲线呈水平状。

2）市场分割假说认为人们对特定期限的债券有着特别的偏爱。在市场分割假说下，各种期限债券的利率由该债券的供求所决定，从而决定了收益曲线的形状。

3）流动性升水假说认为，由于长期债券缺乏流动性，人们对于流动性高的债券更为偏爱。因此，长期债券的利率等于其生命期限内短期债券利率水平的平均值加上流动性升水。在该理论下，即使人们预期未来短期利率保持不变，收益曲线也会向右上方倾斜。即使人们预期的未来短期利率下降，收益曲线也可以是水平线。

11. 简述利率风险结构的主要内容。

答：利率风险结构是指期限相同的各种债券因风险不同而产生的利率差异。影响利率的风险结构的因素主要有：

(1) 违约风险，也称"信用风险"。它是指债券到期时债券发行人无力或不愿意兑现债券本息而给投资者带来损失的可能性。不同公司发行的债券，违约风险不尽相同，因而利率水平自然就会有差异。

(2) 流动性。资产的流动性是指能够迅速转换为现实购买力而不受损失的能力。流动性不同的债券具有不同的利率，一般地，流动性越高，利率就越低；反之亦然。由于流动性风

险而产生的利率差额称为流动性升水。

  （3）税收差异。税收使国债的预期收益率下降。享受税收优惠待遇的债券的利率低于无税收优惠的债券利率。

12. 货币供给增加对利率影响的流动性效应、收入效应、价格效应和预期通货膨胀效应有何不同？

答：（1）货币供给增加，在其他条件不变时，利率会下降，这个效应称为"流动性效应"。

  （2）收入效应，是指随着货币供给增加，经济增长，导致收入上升，货币需求增加，利率随之上升。

  （3）价格效应，是指随着货币供给增加，导致物价水平上涨。由于人们关注的是按照不变价格来衡量的货币持有量，因此，人们为了将实际货币持有额恢复到原先水平，会导致货币需求增加，利率水平上升。

  （4）预期通货膨胀效应，是指由货币供给增加而导致的通货膨胀上升，使得人们对未来物价水平有一个较高的预期，从而推动利率进一步上升，即利率随预期通货膨胀率的上升而上升。

  （5）在全部效应中，只有流动性效应说明货币供给增加能够使利率降低。相反，收入效应、价格效应和预期通货膨胀效应都表明，增加货币供给会导致利率上升。

  （6）一般来说，流动性效应的作用是最迅速的。当货币供给增加，打破了原先的资产组合均衡时，人们可以马上到金融市场上把多余的货币转移成债券，从而使债券价格上升，利率下降。相反，货币对实际经济的影响需要一定的时间，因此货币供给增加的收入效应和价格效应往往有一定的滞后性。预期通货膨胀效应的快慢则取决于人们形成预期的方式。如果人们只是根据过去通货膨胀的高低来预期未来的通货膨胀率，也就是所谓的适应性预期，则必须等到物价开始上升之后，预期通货膨胀效应才开始发挥作用。在此情况下，由于驱使利率上升的收入效应、价格效应和预期通货膨胀率效应都滞后于流动性效应，所以货币供给的增加将先引起利率下降，经过一段时间后使利率又逐渐上升，并可能超出货币供给增加之前的水平。

   总之，在适应性预期的条件下，货币供给的增加将先通过流动性效应使利率下降，然后再通过收入效应、价格效应和预期通货膨胀效应使利率缓慢上升，并有可能使利率高于原先的水平。

八、 论述题

1. 分析利率变动的经济效应。（参见教材，具体略）

2. 流动性升水假说如何解释收益曲线？它与纯粹预期假说有什么不同？

答：（1）利率期限结构，是指具有相同风险结构的债券，其到期期限与到期收益率或利率之间的关系。表示债券到期期限与利率之间关系的曲线称为收益曲线。收益曲线可能呈向上倾斜、向下倾斜和水平状三种基本形状。

（2）流动性升水假说认为，投资者并非对任何期限的债券全无偏爱，而是更喜欢流动性强的债券。所以，要想让投资者持有流动性较差的债券，就需要支付一个流动性升水，以补偿因承受流动性不足可能给他带来的不便。

（3）流动性升水假说对收益曲线形状的解释如图3-5所示。在图3-5a中，如果预期短期利率上升，加上流动性升水，则使收益曲线陡峭地上升；在图3-5b中，如果预期短期利率不变，加上流动性升水，收益曲线也会轻微地上升，而不是如纯粹预期假说所解释的那样收益曲线呈水平状；在图3-5c中，如果预期短期利率轻微下降，加上流动性升水，则收益曲线呈水平状，而不是如纯粹预期假说解释的那样呈下降形状；在图3-5d中，如果预期短期利率剧烈下降，加上流动性升水，则收益曲线也只是平缓下降。

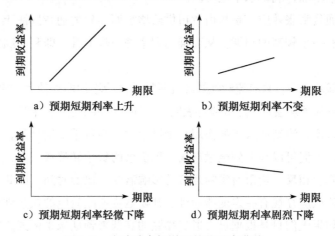

图3-5　流动升水假说下的收益率曲线

所以，长期债券的利率应该在该债券到期前的短期预期平均值的基础上，再加上补偿给持有者一定的流动性升水。借助纯粹预期假说下推出的反映利率期限结构的等式，可以将考虑流动性升水之后的长期利率和短期利率的关系表示为：$i_{nt} = \dfrac{i_t + i_{t+1}^e + \cdots + i_{t+(n-1)}^e}{n} + L_{nt}$。

其中，L_{nt} 为 n 年期债券的流动性升水，它具有期限越长，数值越大的基本特点。

（4）纯粹预期假说假定不同期限债券间具有完全替代性，然后运用跨期套利的基本思路，得出长期债券的利率等于债券生命期内短期利率的平均值，即 $i_{nt} = \dfrac{i_t + i_{t+1}^e + \cdots + i_{t+(n-1)}^e}{n}$。

（5）纯粹预期假说是这样解释利率的期限结构的：如果预期未来短期利率上升，那么当前的长期利率就会高于短期利率，则收益曲线向右上方倾斜；如果预期未来短期利率下降，那么，当前的长期利率就会低于短期利率，则收益曲线向右下方倾斜；如果预期未来短期利率不变，那么，当前的长期利率就会等于短期利率，则收益曲线呈水平状。

第四章
CHAPTER4

金融市场及其构成

▨ 本章摘要

1. 金融市场是指货币资金融通和金融资产交换的场所。在这个市场上，各类经济主体进行资金融通、交换风险，从而提高整个社会资源配置的效率。

2. 金融市场通过组织金融工具的交易，发挥着"融通资金、优化资源配置、信息传递、经济调节及分散和转移风险"等功能。

3. 在金融市场上，收益与风险是一对孪生兄弟。收益是投资者在投资之前对未来各种收益率的综合估计，即预期收益率。风险是指价格或收益的波动程度，一般用方差或标准差来衡量。降低风险的方法之一是进行资产组合投资。当相关系数小于1时，资产组合的风险小于单个资产风险的加权平均值，相关系数越小，通过组合投资降低风险的效果越好；反之，效果较差。

4. 货币市场，是指交易期限在一年以内（包括一年期）的债务工具发行和交易的市场，是最早和最基本的金融市场组成部分。这是一个以机构投资者为主的融资市场。货币市场一般没有固定的交易场所，其交易主要通过计算机网络进行。货币市场主要包括银行同业拆借市场、商业票据市场、短期国库券市场、大额可转让定期存单市场、回购市场等。

5. 资本市场，是指交易期限在一年以上的长期资金融通的市场，其交易对象主要是政府中长期债券、公司债券和股票，以及直接从银行获得的中长期贷款。

6. 证券发行制度主要有注册制和核准制两种模式。债券发行还必须经过信用评级。

7. 证券发行方式有公募发行和私募发行。公募发行，又称公开发行，是指在市场上面向公众投资者公开发行证券的方式。私募发行，又称非公开发行，是指发行人只对特定的投资人推销证券的发行方式。

8. 二级市场上最普通和传统的证券交易方式为现货交易和信用交易。现货交易是指证券交易的买卖双方，在达成交易后的 1~3 个营业日内进行交割的证券交易方式。信用交易亦称保证金交易，是指客户按照法律规定在买卖证券时，只向证券公司交付一定比例的保证金，由证券公司提供融资或者融券进行交易的一种证券交易方式。

习题

一、名词解释

1. 金融市场
2. 系统性风险
3. 货币市场
4. 商业票据
5. 汇票
6. 本票
7. 银行承兑汇票
8. 贴现
9. 转贴现
10. 普通股
11. 优先股
12. 大额存单
13. 资本市场
14. 金融债券
15. 国库券
16. 做市商制度
17. 国家信用
18. 现货交易
19. 信用交易
20. 公募
21. 私募
22. 公司债券
23. 企业债券

二、单项选择

1. 金融机构之间发生的短期临时性借贷活动是（　　）。
   A. 贷款业务
   B. 票据业务
   C. 同业拆借
   D. 贴现业务
2. 金融市场上交易的对象是（　　）。
   A. 有形资产
   B. 无形资产
   C. 金融工具
   D. 实物商品
3. 银行发行的金融债券为（　　）。
   A. 直接融资
   B. 间接融资
   C. 多边融资
   D. 混合融资
4. 若两资产收益率的协方差为负，则其收益率变动方向（　　）。
   A. 相同
   B. 相反
   C. 无关
   D. 无法确定
5. 由一些信用等级较高的大型工商企业及金融公司发行的一种短期无担保的期票，称为（　　）。
   A. 商业汇票
   B. 银行支票
   C. 商业票据
   D. 银行本票
6. 在同业拆借市场交易的是（　　）。
   A. 法定存款准备金
   B. 超额准备金

C. 库存现金　　　　　　　　　　　　D. 定期存款

7. 1961 年发行第一张大额可转让存单的是 (　　　)。

　　A. 荷兰银行　　　　B. 英格兰银行　　　　C. 美国花旗银行　　　D. 日本银行

8. 下列不属于国库券特点的是 (　　　)。

　　A. 一种短期政府债券　　　　　　　B. 政府信誉支持

　　C. 风险最小　　　　　　　　　　　D. 流动性较差

9. 我国统一的银行同业拆借市场形成的时间是 (　　　)。

　　A. 1997 年 1 月　　　B. 1996 年 1 月　　　C. 1998 年 1 月　　　D. 1995 年 1 月

10. 两种证券完全正相关时，由此所形成的证券组合 (　　　)。

　　A. 能适当地分散风险　　　　　　　B. 不能分散风险

　　C. 证券组成风险小于单项证券的风险　D. 可分散全部风险

11. 发行人公开向投资者推销证券的发行方式是 (　　　)。

　　A. 私募　　　　　　B. 包销　　　　　　　C. 代销　　　　　　　D. 公募

12. 下列不属于股票私募发行方式的是 (　　　)。

　　A. 内部配股　　　　　　　　　　　B. 私人配股

　　C. 以发起方式设立公司　　　　　　D. 包销

13. 二级市场不包括 (　　　)。

　　A. 证券交易所　　　B. 柜台市场　　　　　C. 店头市场　　　　　D. 初级市场

14. 按照金融工具的期限可以将金融市场分成 (　　　)。

　　A. 债权市场与股权市场　　　　　　B. 期货市场与现货市场

　　C. 货币市场与资本市场　　　　　　D. 原生工具市场与衍生工具市场

15. 美国纽约证券交易所充当"做市商"角色以维持股票价格正常波动的机构是 (　　　)。

　　A. 佣金经纪人　　　B. 场内经纪人　　　　C. 场内交易商　　　D. 特种交易商

16. 柜台市场的特点是 (　　　)。

　　A. 有形市场　　　　　　　　　　　B. 以代理交易为主

　　C. 实现双方协商成交　　　　　　　D. 必须满足严格的上市条件

17. 下列关于风险的论述中正确的是 (　　　)。

　　A. 风险越大要求的报酬率越高　　　B. 风险是无法选择和控制的

　　C. 随着时间的延续，风险将不断减小　D. 风险越大实际的报酬率越高

18. 理论上，相关系数介于 (　　　) 之间。

　　A. 0，1　　　　　　B. -1，0　　　　　　C. -1，1　　　　　　D. 任意数

19. 下列不属于货币市场的是 (　　　)。

　　A. 同业拆借市场　　B. 回购市场　　　　　C. 票据市场　　　　　D. 股票市场

20. 上海证券交易所和深圳证券交易所分别成立于（   ）。

    A. 1990 年和 1991 年   B. 1984 年和 1991 年

    C. 1991 年和 1990 年   D. 1991 年和 1992 年

21. 回购协议实质是（   ）。

    A. 证券买卖   B. 无担保的短期借贷

    C. 有抵押品的短期借贷   D. 有抵押品的证券买卖

22. 金融市场的基本功能是（   ）。

    A. 价格机制   B. 资金融通   C. 调节功能   D. 资源配置

23. 世界上最早的证券交易所是（   ）。

    A. 荷兰阿姆斯特丹证券交易所   B. 英国伦敦证券交易所

    C. 德国法兰克福证券交易所   D. 美国纽约证券交易所

24. 以下对二级市场功能描述错误的是（   ）。

    A. 为已发行证券提供流动性场所   B. 其股票价格指数是国民经济的晴雨表

    C. 融通资金功能   D. 分散和转移风险功能

25. 股票发行（   ）实行公开管理原则，实质上是一种发行公司的财务公开制度。

    A. 注册制   B. 审核制   C. 核准制   D. 承销制

26. 如果一家公司发行股票，意味着它（   ）。

    A. 在向公众借款

    B. 引入了新的合伙人，这个合伙人会拥有公司一部分资产和收益

    C. 买入了外国货币

    D. 承诺在一个特定的时期内对证券持有人进行定期支付

27. 下述关于一级市场和二级市场的表述正确的是（   ）。

    A. 一级市场是股票交易的市场，二级市场是债券交易的市场

    B. 一级市场是长期证券交易的市场，二级市场是短期证券交易的市场

    C. 一级市场是新发行证券交易的市场，二级市场是之前发行的证券交易的市场

    D. 一级市场是交易所市场，二级市场是场外市场

28. 下面属于货币市场工具的是（   ）。

    A. 抵押贷款   B. 6 个月后到期的国库券

    C. 20 年后到期的公司债券   D. 股票

29. 下面有关债务和股权市场的表述正确的是（   ）。

    A. 股权持有人是剩余财产索取人   B. 债券持有人可以定期获得股利

    C. 股权证券都是短期的   D. 债券是发行机构的资产

30. 假定一个资产组合由两项资产组成，ρ 是两项资产收益率变化的相关系数，当 ρ 的取值范围为

（　　　）时，组合的风险小于两项资产风险的加权平均。

A. $\rho < 1$　　　　　　　　　　　B. $\rho > 0$

C. $\rho < -1$　　　　　　　　　　D. $\rho \leq 1$

31. 上海证券交易所于（　　　）12 月正式营业

    A. 1990 年　　　　B. 1989 年　　　　C. 1992 年　　　　D. 1996 年

32. 开板于 2019 年 6 月 13 日的科创板市场是独立于现有主板市场的新设板块，并在该板块内进行（　　　）试点。

    A. 核准制　　　　B. 限额制　　　　C. 审批制　　　　D. 注册制

33. 中国的创业板市场于 2009 年 10 月在（　　　）设立，定位于服务自主创新企业和其他成长型创业企业。

    A. 上海证券交易所　　　　　　　B. 深圳证券交易所

    C. 场外交易市场　　　　　　　　D. 以上都是

三、多项选择

1. 下列关于协方差的说法错误的是（　　　）。

    A. 协方差为正，表示两种资产的报酬率呈相反方向变动

    B. 协方差为负，表示两种资产的报酬率呈相反方向变化

    C. 协方差的绝对值越大，则这两种资产报酬率的关系越紧密

    D. 协方差的绝对值越小，则这两种资产报酬率的关系越紧密

2. 下列关于相关系数说法正确的是（　　　）。

    A. 相关系数在 -1 和 1 之间

    B. 相关系数为 -1 时，代表这两项资产完全负相关

    C. 相关系数为 1 时，代表这两项资产完全正相关

    D. 相关系数为 0 时则表示这两项资产完全不相关

3. 大额可转让定期存单（CDs）的特点有（　　　）。

    A. 实行存款实名制　　　　　　　B. 可在二级市场流通

    C. 不可以提前支取　　　　　　　D. 存款金额为固定整数金额

4. 国库券的特点是（　　　）。

    A. 一种短期政府债券　　　　　　B. 没有信用风险

    C. 流动性最强　　　　　　　　　D. 没有市场风险

5. 下列属于证券公募发行方式的是（　　　）。

    A. 内部配股　　　　B. 助销　　　　C. 代销　　　　D. 包销

6. 场外交易市场的特点是（　　　）。

A. 交易通过电话、电报、传真和计算机网络进行

B. 交易价格取决于竞价成交结果

C. 交易双方可以直接进行交易

D. 必须满足证券监管当局规定的上市标准

7. 金融市场的特征包括（　　　）。

A. 交易价格体现为资金的合理收益率　　　B. 交易对象为金融工具

C. 交易目的主要体现在使用权的交易上　　D. 交易场所主要为有形市场

8. 下列属于同业拆借市场的特点有（　　　）。

A. 融资期限较长　　　　　　　　　　　B. 交易金额较大

C. 有严格的市场准入条件　　　　　　　D. 形成货币市场的参考利率

9. 从交易的主动性出发，回购协议可分为（　　　）。

A. 场内回购　　　　B. 逆回购　　　　C. 正回购　　　　D. 场外回购

10. 按债券发行主体，债券可分为（　　　）。

A. 政府债券　　　B. 金融债券　　　C. 可转换债券　　　D. 公司债券

11. 下列关于汇票描述正确的有（　　　）。

A. 汇票是一种无条件的支付命令　　　B. 汇票必须承兑

C. 汇票的出票人不是汇票的付款人　　D. 汇票只有出票人和付款人两个当事人

12. 下列关于证券一级市场的描述正确的有（　　　）。

A. 是一个抽象市场　　　　　　　　　B. 发挥储蓄向投资转化的功能

C. 形成国民经济的晴雨表　　　　　　D. 提供金融工具的流动性

13. 下列关于优先股描述正确的是（　　　）。

A. 优先的投票权　　　　　　　　　　B. 优先的股利分配权

C. 优先的财产清算权　　　　　　　　D. 优先的认股权

14. 下列关于普通股描述错误的是（　　　）。

A. 优先的投票权　　　　　　　　　　B. 优先的股利分配权

C. 优先的财产清算权　　　　　　　　D. 优先的认股权

15. 下列关于商业票据描述正确的是（　　　）。

A. 以发行市场为主　　　　　　　　　B. 主要采用担保方式发行

C. 商业银行是主要投资者　　　　　　D. 发行成本低

16. 本票的基本特征有（　　　）。

A. 是出票人签发的付款承诺书　　　　B. 是自付票据

C. 需要承兑　　　　　　　　　　　　D. 有出票人和收款人两方当事人

17. 下列弥补财政赤字的方法中不会影响货币发行总量的是（　　　）。

  A. 货币发行   B. 向银行透支

  C. 举借外债   D. 举借内债

18. 回购协议市场的特点有（   ）。

  A. 流动性强   B. 期限在一年以上

  C. 融资成本低   D. 收益高于银行存款收益率

19. 金融工具一般具有（   ）

  A. 流动性   B. 期限性   C. 风险性   D. 收益性

20. 以下有关金融工具期限性、流动性、风险性和收益性之间关系的看法，正确的是（   ）。

  A. 风险与期限成正比例关系   B. 收益率与期限性、风险性成反比例关系

  C. 收益率与流动性成反比例关系   D. 风险性与流动性成反比例关系

四、判断并改错

1. 货币市场是期限在一年期以上的债务工具的发行和交易市场。（   ）

2. 大额可转让定期存单发行的成功，使商业银行的经营思想发生变化，即由注重负债管理转向资产管理。（   ）

3. 转贴现是指贴现银行在需要资金时，将已贴现的未到期票据向中央银行贴现的票据转让行为。（   ）

4. 一般地，通过私募方式发行债券必须经过权威性机构信用评级。（   ）

5. 短期国债的利率可以近似地代替无风险收益率。（   ）

6. 在美国纽约证券交易所，充当做市商角色的机构是场内自营商。（   ）

7. 非系统性风险是通过资产组合可以分散的风险。（   ）

8. 同业拆借的期限一般为一年以上。（   ）

9. 资产组合的预期收益率就是组成资产组合的各种资产的预期收益率的加权平均数，其权重等于各种资产在组合中所占的数量比例。（   ）

10. 国库券流通的方式只有到期前贴现转让和到期兑现。（   ）

11. 大额定期存单不记名，可以提前支取，可以流通转让。（   ）

12. 债券二级市场主要在交易所市场进行。（   ）

13. 证券公司代发行人发售证券，待承销期结束时，将未售出的证券全部退还给发行人的证券承销方式称为承销。（   ）

14. 公募发行可以在短时间内迅速筹集到大额资金，并且发行费用较低。（   ）

15. 普通投资者和没有席位的证券商可以在证券交易所内直接进行交易。（   ）

16. 世界上最早的证券交易所是英国伦敦证券交易所。（   ）

17. 一般情况下，同业拆借市场的拆供利率应该高于中央银行的再贴现率。（   ）

18. 公司债券不能公募发行，只能以私募的方式发行。（   ）

19. 保证金买长交易是指投资者预期某种证券价格上涨时，仅支付一部分保证金，向证券公司借入证券以便卖出的交易。（   ）

20. 柜台交易市场的交易对象以在证券交易所批准上市的股票和债券为主。（   ）

21. 大额存单（CDS）只能在到期时提取，缺乏流动性。（   ）

五、填空题

1. 金融资产的（   ）机制是金融市场的核心机制。

2. 金融市场最主要、最基本的功能是（   ）。

3. 银行为客户开出的汇票或其他票据签章承诺，保证到期付款的行为，称为（   ）。

4. 金融机构发行的间接证券的流动性（   ）直接融资发行的直接证券。

5. 资本市场是指交易期限在（   ）金融工具交易市场。

6. 一级市场是二级市场存在的前提，二级市场为一级市场提供（   ）。

7. （   ）是股票流通市场最重要的组成部分，是二级市场的主体。

8. 股票承销商在首次公开发行之前帮助发行人安排的调研和向投资者进行推介的活动称为（   ）。

9. （   ）是货币市场上最活跃的参与者，所占交易量最大，对资金供求与利率波动的影响也最大。

10. 债券信用评级可以引导债券投资者规避（   ）风险，理性投资。

11. 金融工具具有（   ）、（   ）、（   ）、（   ）等特征。

12. 证券发行制度通常有（   ）和（   ）两种。

六、计算题

1. 已知：投资者以960元的价格购买一张还有90天到期、面值为1 000元的国库券，请问：国库券发行的贴现率是多少？投资者的实际收益率是多少？

2. 某企业持有3个月后到期的一年期汇票，面额为2 000元，银行确定该票据的贴现率为5%，则贴现金额是多少？

3. 若一投资组合包含A、B两种股票，股票A的预期收益率为14%，标准差为10%；股票B的预期收益率为18%，标准差为16%，两只股票的相关系数为0.4，投资股票A的权重为40%，B的权重为60%，则该投资组合的预期收益率与标准差分别为多少？

4. 证券A与证券B收益的波动周期相同，两种证券在三种不同状态的概率及收益率数据如表4-1所示。

表 4-1 证券 A 和 B 三种不同状态数据

状态	概率	证券 A 收益率	证券 B 收益率
高涨	25%	30%	10%
一般	50%	13%	15%
衰退	25%	−4%	8%

请计算两种证券的预期收益率和收益的标准差。

5. 假设经济将会经历高增长、正常增长和萧条三种情况，对来年的股票市场回报率的预期收益率分布如表 4-2 所示。

表 4-2 股票市场回报率的预期收益率分布

经济状况	概率	预期收益率
高增长	0.2	30%
正常增长	0.7	12%
萧条	0.1	−15%

（1）计算 1 000 元投资的预期值及其投资回报率。

（2）计算预期收益的标准差。

6. 表 4-3 是证券 K、L 和 N 的收益率的期望与标准差。

表 4-3 三种证券的分率

证券	预期收益率	标准差
L	30%	10%
K	20%	6%
N	16%	4%

L 和 K 的相关系数为 0.5，L 和 N 的相关系数为 0.2，K 和 N 的相关系数为 0.3。在 L、K 和 N 的证券组合中，L 和 K 所占比重都为 30%，N 所占比重为 40%，求该证券组合的预期收益率和标准差。

7. 某投资者持有本金为 30 万元的大额可转让定期存单，已知存单票面利率为 8%，到期期限为 270 天。该投资者持有 90 天后即转让，转让时的市场利率为 10%，假定银行每月结息则该大额可转让定期存单的转让价格是多少？

8. 在下列三个证券中，一个不喜欢风险的投资者会分别选择哪种证券？

证券 A：$r = 10\%$，$\sigma = 20\%$

证券 B：$r = 14\%$，$\sigma = 15\%$

证券 C：$r = 15\%$，$\sigma = 15\%$

七、简答题

1. 比较货币市场与资本市场。

2. 简述金融市场的功能。

3. 简述公募与私募的异同。

4. 比较一级市场和二级市场的区别与联系。

5. 股票发行制度注册制和核准制有何不同？

6. 简述银行同业拆借市场的特点。

7. 如何理解金融市场上收益与风险的关系？

8. 简述商业票据的特点。

9. 什么是大额存单？其特点和意义有哪些？

10. 回购协议的功能是什么？举例加以说明。

11. 国库券有何特点？国库券市场的功能是什么？

12. 商业票据市场和银行承兑汇票市场有何联系与区别？

13. 简述股票和债券的区别与联系。

14. 简述普通股与优先股的概念，并分析它们的特点。

15. 简述公司债券与企业债券的区别。

八、 论述题

试述证券交易所和场外交易市场的交易机制特点。

参考答案

一、名词解释

1. 金融市场

答：金融市场是指货币资金融通和金融工具交换的场所。在这个市场上，各类经济主体进行资金融通、交换风险，从而提高整个社会资源配置的效率。广义的金融市场是实现货币借贷和资金融通，办理各种票据和有价证券交易活动的总称。狭义的金融市场是直接融资范畴，仅指有价证券交易的市场。

2. 系统性风险

答：系统性风险，也称不可分散风险或不可控风险，是指具有同类股票和债券的所有证券共同面临的证券风险部分，是不能通过分散而消除的那类风险。

3. 货币市场

答：货币市场又称为短期金融市场，是指交易期限在一年以内（包括一年期）的债务工具的发行和交易市场，主要包括银行同业拆借市场、商业票据市场、短期国库券市场、大额可转让定期存单市场、回购市场等。

4. 商业票据

答：商业票据（commercial paper，CP），或称金融票据，是指由资信好的大企业或金融公司等机构以融资为目的而开出的无担保的短期本票。在商业票据的关系中，出票人是资金需求者，是真正的债务人；承兑人和银行则是真正的债权人。

5. 汇票

答：汇票（bill of exchange or draft），是指由出票人签发，委托汇票付款人在见票时或者在指定日期向收款人或者持票人无条件支付确定金额的支付命令书。按出票人的不同，可分为商业汇票和银行汇票。汇票是委付（委托他人付款）证券，因此汇票必须承兑才能流通。

6. 本票

答：本票，是指由出票人签发，承诺自己在见票时无条件支付确定金额给收款人或持票人的付款承诺书。本票按其出票人不同，可以分为银行本票和商业本票。本票的基本特征是：第一，自付票据，由出票人本人对持票人付款。第二，基本当事人少，只有出票人和收款人两个当事人。第三，无须承兑，由于本票由出票人本人承担付款责任，无须委托他人付款。

7. 银行承兑汇票

答：银行承兑汇票（bank's acceptance bill，BA）是指应汇票出票人申请，银行同意在指定日期无条件支付确定金额给收款人或持票人的汇票。银行对出票人签发的商业汇票进行承兑是银行基于对出票人资信的认可而给予的信用支持。承兑行具有不可撤销的第一付款人责任，因此，银行要收取承兑费。

8. 贴现

答：贴现（discount），是指票据持有人将未到期的承兑汇票转卖给银行，从而融通资金的交易活动。银行在买进承兑汇票时，会扣除自贴现日至汇票到期日的利息，将净款支付给持票人。

9. 转贴现

答：转贴现，是指贴现银行将已贴现但仍未到期的承兑汇票向其他银行办理贴现的票据转让行为。

10. 普通股

答：普通股，是股份公司资本构成中最普通、最基本的股票形式，是指股份公司发行的证明投资者投资入股并领取红利的所有者凭证。普通股的特点：第一，股利不稳定；第二，具有对公司剩余财产的分配权；第三，拥有发言权和表决权；第四，拥有优先认股权。

11. 优先股

答：优先股，是指优先于普通股分红并领取固定股息的一种股票形式，其特点：第一，股息固定；第二，拥有优先的盈余分配权及剩余资产分配权；第三，无表决权和发言权；第四，不享有优先认股权。

12. 大额存单

答：大额存单，即大额可转让定期存单，是由商业银行或储蓄机构发行，证明某一固定金额的货币存在银行或储蓄机构，可以在市场上流通转让的存款凭证。特点为：第一，不记名，不能提前支取，但可以流通转让；第二，按固定单位发行，面额较大；第三，利率多样性，可实现固定利率或浮动利率，以及有多种付息方式。

13. 资本市场

答：资本市场又称长期资金市场，是交易期限在 1 年以上的长期资金交易市场，可以满足工商企业的中长期投资需求和政府弥补财政赤字的资金需要。广义的资本市场包括银行中长期信贷市场和证券市场，狭义的资本市场仅指证券市场，分为股票市场和债券市场。

14. 金融债券

答：金融债券，是指银行及非银行机构依照法定程序发行并约定在一定期限内还本付息的债务凭证。金融债券的利率通常低于一般的企业债券，但高于风险更小的国债和银行储蓄存款利率，一般为中长期债券。

15. 国库券

答：国库券，简称国债，是指政府为解决财政先支后收的矛盾而发行的短期政府债券。国库券的期限大多在 1 年以下。其特点为：第一，以贴现方式发行；第二，低风险性，有"金边债券"之称；第三，高流动性，二级市场比较发达。

16. 做市商制度

答：做市商制度，是指做市商持有某些证券存货和资金，并以此承诺维持这些证券的双向买卖交易的一种制度安排。这些维持双向买卖交易的证券公司被称为做市商。做市商制度有助于稳定证券市场的价格波动。

17. 国家信用

答：国家信用，也称政府信用，是指以国家为债务人，从社会上筹措资金以满足财政需要的一种信用形式。国家从国内金融市场筹资，形成国家内债；从国际金融市场筹资，则形成国家外债。国家信用的主要目的是弥补财政赤字和满足国家投资资金需要。

18. 现货交易

答：现货交易是指证券交易的买卖双方，在达成一笔交易后的 1 ~ 3 个营业日内进行交割的证券交易方式。交割即卖出者交出证券，买入者付款。现货交易是证券交易中最古老的交易方式。

19. 信用交易

答：信用交易亦称"保证金交易"，是指客户按照法律规定在买卖证券时，只向证券公司交付一定比例的保证金，由证券公司提供融资或者融券进行交易的一种证券交易方式。我国也称之为"融资融券"业务。信用交易有两种形式：一种是保证金买长交易或"融资"业务；另一种是保证金卖短交易或"融券"业务。

20. 公募

答：公募，又称公开发行，是指在市场上面向公众投资者（非特定的投资者）公开发行证券的方式。在公募发行情况下，发行人必须遵守有关事实全部公开的原则，经主管部门批准后方可发行。公募须得到投资银行或其他金融机构的协助。

21. 私募

答：私募，又称为非公开发行，是指发行人只对特定的投资人推销证券的发行方式。私募的发行范围小，一般以少数与发行人或经办人有密切关系的投资人为发行对象。私募通常在以下情况下使用：①以发起方式设立公司；②内部配股；③私人配股。

22. 公司债券

答：公司债券是公司依照法定程序发行的、约定在一定期限还本付息的有价证券。它反映发行债券的公司和债券投资者之间的债权债务关系。

23. 企业债券

答：企业债券是指企业依照法定程序发行，约定在一定期限内还本付息的有价证券。企业债券是中国金融市场特有的债券产品。

二、单项选择

1. C　　2. C　　3. B　　4. B　　5. C　　6. B　　7. C　　8. D　　9. B　　10. B　　11. D

12. D　13. D　14. C　15. D　16. C　17. A　18. C　19. D　20. A　21. C　22. B

23. A　24. C　25. A　26. B　27. C　28. B　29. A　30. A　31. A　32. D　33. B

三、多项选择

1. AD　　2. ABCD　3. BCD　　4. ABC　　5. BCD　　6. AC　　7. ABC　　8. BCD

9. BC　　10. ABD　11. ABC　12. AB　　13. BC　　14. BC　　15. ACD　16. ABD

17. CD　　18. ACD　19. ABCD　20. ACD

四、判断并改错

1. （×）将"一年期以上"改为"一年期以内"

2. （×）将"负债管理转向资产管理"改为"资产管理转向负债管理"

3. （×）将"转贴现"改为"再贴现"

4. （×）将"私募"改为"公募"，或将"必须"改为"不必要"

5. （√）

6. （×）将"场内自营商"改为"特种交易商"

7. （√）

8. （×）将"一年以上"改为"一年以内"

9. （×）将"数量"改为"价值"

10. （×）将"只有到期前贴现转让和到期兑现"改为"包括到期前贴现转让、到期兑现和二级市场转售"

11. （×）将"可以提前支取"改为"不可以提前支取"

12. （×）将"交易所市场"改为"场外市场"

13. （×）将"承销"改为"代销"

14. （×）将"发行费用较低"改为"发行费用较高"

15. （×）将"可以"改为"不可以"

16. （×）将"英国伦敦"改为"荷兰阿姆斯特丹"

17. （√）

18. （×）公募、私募都可以

19. （×）将"借入证券以便卖出"改为"借入资金买入证券"

20. （×）将"在证券交易所批准上市"改为"未能在证券交易所批准上市"

21. （×）可以在到期前流通转让，增加流动性

五、填空题

1. 定价

2. 融通资金功能

3. 承兑

4. 高于

5. 在一年以上的长期

6. 流动性

7. 证券交易所

8. 路演

9. 商业银行

10. 信用

11. 流动性　偿还性　收益性　风险性

12. 注册制　核准制

六、计算题

1. 已知：投资者以960元的价格购买一张还有90天到期、面值为1 000元的国库券，请问：国库券发行的贴现率是多少？投资者的实际收益率是多少？

答：因为40元是政府支付给投资者的利息，所以，贴现率为16% $\left(= \dfrac{40}{1\,000} \times \dfrac{360}{90} \right)$。

因为投资者的实际投资额是 960 元而不是 1 000 元，因此，其实际收益率应该是 16.67%$\left(= \dfrac{40}{960} \times \dfrac{360}{90} \right)$。

2. 某企业持有 3 个月后到期的一年期汇票，面额为 2 000 元，银行确定该票据的贴现率为 5%，则贴现金额是多少？

答：贴现金额为 $2\,000 - 2\,000 \times 5\% \times \dfrac{3}{12} = 1\,975$（元）。

3. 若一投资组合包含 A、B 两种股票，股票 A 的预期收益率为 14%，标准差为 10%；股票 B 的预期收益率为 18%，标准差为 16%，两只股票的相关系数为 0.4，投资股票 A 的权重为 40%，B 的权重为 60%，则该投资组合的预期收益率与标准差分别为多少？

解：预期收益率 $= 0.14 \times 0.4 + 0.18 \times 0.6 = 16.4\%$

标准差 $= \sqrt{0.4^2 \times 0.1^2 + 0.6^2 \times 0.16^2 + 2 \times 0.4 \times 0.6 \times 0.4 \times 0.1 \times 0.16} = 0.12$

答：该投资组合的预期收益率为 16.4%，标准差为 0.12。

4. 证券 A 与证券 B 收益的波动周期相同，两种证券在三种不同状态的概率及收益数据如表 4-4 所示。

表 4-4　证券 A 和 B 的三种不同状态数据

状态	概率	证券 A 收益率	证券 B 收益率
高涨	25%	30%	10%
一般	50%	13%	15%
衰退	25%	-4%	8%

请计算两种证券的预期收益率和收益的标准差。

解：

A 证券的预期收益率 $= 30\% \times 25\% + 13\% \times 50\% + (-4\%) \times 25\% = 13\%$

B 证券的预期收益率 $= 10\% \times 25\% + 15\% \times 50\% + 8\% \times 25\% = 12\%$

A 证券的收益的标准差 $= \sqrt{\begin{array}{l}(30\% - 13\%)^2 \times 0.25 + (13\% - 13\%)^2 \times 0.5 \\ + (-4\% - 13\%)^2 \times 0.25\end{array}}$

$= 12\%$

B 证券的收益的标准差 $= \sqrt{\begin{array}{l}(10\% - 12\%)^2 \times 0.25 + (15\% - 12\%)^2 \times 0.5 \\ + (8\% - 12\%)^2 \times 0.25\end{array}}$

$= 3.1\%$

答：A 证券的预期收益率为 13%，收益的标准差为 12%；B 证券的预期收益率为 12%，收益的标准差为 3.1%。

5. 假设经济将会经历高增长、正常增长和萧条三种情况，对来年的股票市场回报率的预期收益率分布如表4-5所示。

表4-5　股票市场回报率的预期收益率分布

经济状况	概率	预期收益率
高增长	0.2	30%
正常增长	0.7	12%
萧条	0.1	−15%

（1）计算1 000元投资的预期值及其投资回报率。

（2）计算预期收益的标准差。

答：因为股票市场的预期收益率为12.9%（=30%×0.2+12%×0.7−15%×0.1），

（1）1 000元投资的预期收益为1 000×12.9%=129（元），预期收益率为12.9%。

（2）一种资产的收益的标准差等于资产的实际收益率与预期收益率之差的平方与其收益概率分布加权后的平方根。因此，

$$预期收益的标准差 = \sqrt{\begin{array}{l}(30\%-12.9\%)^2\times0.2+(12\%-12.9\%)^2\times0.7\\ +(-15\%-12.9\%)^2\times0.1\end{array}}$$
$$=11.7\%$$

6. 表4-6是证券K、L和N的收益率的期望与标准差。

表4-6　三种证券的分布

证券	预期收益率	标准差
L	30%	10%
K	20%	6%
N	16%	4%

L和K的相关系数为0.5，L和N的相关系数为0.2，K和N的相关系数为0.3。在L、K和N的证券组合中，L和K所占比重都为30%，N所占比重为40%，求该证券组合的预期收益率和标准差。

解：

$$组合的预期收益率 = 0.3\times0.3+0.2\times0.3+0.16\times0.4 = 0.214 = 21.4\%$$

$$组合的收益的标准差 = \sqrt{\begin{array}{l}0.1^2\times0.3^2+0.06^2\times0.3^2+0.04^2\times0.4^2\\ +2\times0.1\times0.06\times0.3\times0.3\times0.5\\ +2\times0.1\times0.04\times0.3\times0.4\times0.2\\ +2\times0.06\times0.04\times0.3\times0.4\times0.3\end{array}}$$
$$= 0.048\,83 = 4.88\%$$

答：该证券组合的预期收益率为21.4%，标准差为4.88%。

7. 某投资者持有本金为 30 万元的大额可转让定期存单，已知存单票面利率为 8%，到期期限为 270 天。该投资者持有 90 天后即转让，转让时的市场利率为 10%，假定银行每月结息，则该大额可转让定期存单的转让价格是多少？

解：大额存单的转让价格为

$$P = \frac{F\left(1 + r_n \times \dfrac{T}{360}\right)}{1 + r_m \times \dfrac{t_2}{360}} - F \times r_n \times \frac{t_1}{360}$$

已知：$F = 30$ 万元 $\quad r_n = 8\%\quad r_m = 10\%\quad T = 270$ 天 $\quad t_1 = 90$ 天 $\quad t_2 = 180$ 天，则有，

$$P = \frac{30\left(1 + 8\% \times \dfrac{270}{360}\right)}{1 + 10\% \times \dfrac{180}{360}} - 30 \times 8\% \times \frac{90}{360} = 29.685\,7\,(万元)$$

答：该大额可转让定期存单的转让价格为 29.685 7 万元。

8. 在下列三个证券中，一个不喜欢风险的投资者会分别选择哪种证券？

证券 A：$r = 10\%$，$\sigma = 20\%$

证券 B：$r = 14\%$，$\sigma = 15\%$

证券 C：$r = 15\%$，$\sigma = 15\%$

答：可用标准差除以预期收益率，即变异系数来衡量，它表示单位预期收益所承担的单位风险的大小，因此，对于不喜欢风险的投资者而言，该结果越小越好。

证券 A 为 $2\left(= \dfrac{0.2}{0.1}\right)$，证券 B 为 $1.07\left(= \dfrac{0.15}{0.14}\right)$，证券 C 为 $1\left(= \dfrac{0.5}{0.5}\right)$。

所以，该投资者会选择证券 C 去投资。

七、简答题

1. 比较货币市场与资本市场。

答：（1）货币市场，是指交易期限在一年以内（包括一年期）的债务工具发行和交易的市场，是最早和最基本的金融市场组成部分。货币市场主要包括银行同业拆借市场、商业票据市场、短期国库券市场、大额可转让定期存单市场、回购市场等。资本市场，是指交易期限在一年以上的长期资金融通的市场，可以满足工商企业的中长期投资需求和政府弥补财政赤字的资金需要。

（2）货币市场与资本市场的区别。①金融工具期限不同。前者交易期限短，短的只有一天，长的不超过一年，以 3~6 个月者居多。后者交易期限长，至少在一年以上，最长可达数十年，甚至无期限。②交易目的不同。前者的交易目的主要是满足短期资金周转需要，弥补流动资金的临时不足。后者的交易目的主要是解决长期投资性资金的供求矛盾，充

实固定资产。③金融工具品种不同。前者主要为商业票据、国库券、银行承兑汇票、可转让定期存单、回购协议等。后者有股票、公司债券和中长期公债券等。④金融工具的流动性不同。前者交易工具的流动性强，可以在市场上随时出售兑现，从这个意义上说它们近似于货币。后者交易工具流动性差，风险也较大。

2. 简述金融市场的功能。

答：金融市场是指货币资金融通和金融资产交换的场所，在这个市场上，各类经济主体进行资金融通、交换风险，从而提高整个社会资源配置的效率。金融市场的功能主要有：融通资金、优化资源配置、信息传递、分散和转移风险，以及经济调节功能。（具体略）

3. 简述公募与私募的异同。

答：（1）定义。公募又称公开发行，指在市场上面向公众投资者（非特定的投资者）公开发行证券的方式。私募，又称非公开发行或内部发行，指在特定范围内，发行人只对特定的投资人推销证券的发行方式。

（2）相同点：公募与私募是证券的两种发行方式。

（3）不同点：

1）是否公开募集资金。公募属于向社会投资者公开募集资金，而私募的发行有确定的投资人，一般面向机构投资者，或有特定关系的个人投资者。私募是指在特定范围内向少数投资者募集资金。

2）是否严格地披露信息。公募时发行人必须遵守有关事实全部公开的原则，提供真实完整的信息。而私募时由于它是对少数特定投资者发行证券，因此无须向社会公开披露信息。

3）证券的流通性不同。公募发行下的证券一般都会申请在证券交易所上市，流通性强。而私募发行下的证券一般不能在证券交易所上市流通，证券流通性较差。

4）发行规模不同。公募发行投资者范围大，可以筹集到大量资金，符合于发行数量较多、筹资额较大的发行公司。而私募发行下的投资者数量有限，筹资额有限。

5）发行成本不同。公募发行过程比较复杂，登记核准所需时间较长，还要支付证券公司的中介费用等，且发行人必须遵守有关事实全部公开的原则，向有关管理部门和市场公布其各种财务报表及资料，经主管部门批准注册后方可发行，导致发行成本较高。私募的发行手续简单，可以节省发行的时间和费用。

4. 比较一级市场和二级市场的区别与联系。

答：（1）定义。一级市场，也称初级市场，是指新证券发行的市场。凡新公司成立发行股票、老公司增资补充发行股票、政府及工商企业发行债券等，均构成一级市场交易的内容。二级市场，即证券流通市场，是对已经发行的证券进行交易的市场，它为已经发行的证券提供了流通的场所。

（2）二者的区别主要表现在功能不同。一级市场发挥着将储蓄转化为投资的融资功能。二级市场上交易的证券有"虚拟资本"之称，它不会导致储蓄资金向投资资金转化。但是，二级市场的价格指数中主要的是股票价格指数，是一国国民经济的"晴雨表"。

（3）二者存在着相互依存的关系。一方面，一级市场是二级市场存在的前提，没有证券发行，自然谈不上证券的再买卖；另一方面，二级市场又为一级市场提供了流动性，从而促进一级市场的发展，否则新发行的证券就会由于缺乏流动性而难以推销，从而导致一级市场萎缩，以致无法存在。

5. 股票发行制度注册制和核准制有何不同？

答：注册制，是指证券监管机构公布发行上市的必要条件，企业只要符合所公布的条件即可发行上市的一种证券发行制度。核准制，是指发行人在申请发行股票时，不仅要充分公开企业的真实财务情况，而且必须符合有关法律和证券监管机构规定的必备条件，证券监管机构有权否决不符合规定条件的股票发行申请的证券发行制度。两者的主要区别有以下几点。

（1）依据不同。注册制依据较完善和健全的法律法规，它充分体现了市场经济条件下"无形之手"自我调节的本质特性。核准制则依据证券主管部门的实质性管理，它更体现了行政权力对股票发行的参与，是"国家之手"管理股票发行的具体体现。

（2）对市场参与者的要求不同。注册制对市场参与主体的综合素质有较高的要求，如发行人和承销商及其他的中介机构要有较强的行业自律能力，投资者要有良好的投资理念，管理层的市场化监管手段较完善。而核准制对以上要求程度较低。

（3）证券监管部门职责不同。在注册制下，证券监管机构的职责是对申报文件的全面性、准确性、真实性和及时性做形式审查，将发行公司股票的良莠留给市场来决定。而在核准制下，证券监管机构除进行注册制所要求的形式审查外，还对发行人的营业性质、财力、素质、发展前景、发行数量和发行价格等条件进行实质审查，并据此做出发行人是否符合发行条件的价值判断和是否核准申请的决定。

（4）管理原则不同。注册制遵循的是强制性信息公开披露原则，核准制遵循的是实质性管理原则。

（5）适用市场不同。注册制适用于市场发展历史较长、市场法规较健全的成熟市场国家或地区。而核准制则适用于市场发展历史较短、市场法规尚待进一步完善的国家或地区。

6. 简述银行同业拆借市场的特点。

答：银行同业拆借市场：是指银行与银行之间或银行与其他金融机构之间，以及其他金融机构之间进行短期临时性资金拆出拆入的市场。它主要满足金融机构之间在日常经营活动中经常发生的头寸余缺调剂的需要。

　　银行同业拆借市场的特点：①融资期限的短期性；②交易的同业性；③交易金额的大宗性和无担保性；④交易简便的无形市场；⑤拆借利率的参考性和政策指导性。

7. 如何理解金融市场上收益与风险的关系？

答：（1）在金融市场上，收益与风险是做任何投资决策时必须考虑的一对矛盾。因为风险与收益是正相关的，高风险则高收益，低风险则低收益。或者说，所有的收益都是要经过风险调整的。

（2）1952 年，经济学家哈里·马科维茨（Harry Markowitz）第一次用比较精确的数学语言刻画了风险与收益，从而为资产定价乃至现代金融理论的发展奠定了基础。

（3）收益是投资者在投资之前对未来各种收益率的综合估计，即预期收益率。预期收益率只是一种期望值，实际收益很可能偏离预期收益，这就是收益的风险问题。

（4）资产预期收益率的风险，是指未来收益的不确定性。它描述的是价格或收益的波动程度，可以用实际收益对预期收益率的偏离程度来反映。

（5）预期收益率的公式：$E(r) = \sum_{i=1}^{n} r_i P(i)$；风险的公式：$\sigma^2 = \sum_{i=1}^{n} [r_i - E(r)]^2 P(i)$。

由上述公式可知，预期收益率 $E(r)$ 越高，$[r_i - E(r)]^2$ 的数值就越大，因而风险就越大。

（6）金融学的一个基础假设是投资者是不喜欢风险的，而降低风险的一种有效方法就是构建多样化的资产组合，或者说"不把所有的鸡蛋放在一只篮子里"。

8. 简述商业票据的特点。

答：商业票据，或称金融票据，是指由资信好的大企业或金融公司等机构以融资为目的而开出的无担保的短期本票。在商业票据的关系中，出票人是资金需求者，是真正的债务人；承兑人和银行则是真正的债权人。

商业票据特点是：第一，商业票据是融通票据，以融资为目的；第二，商业票据期限短，面额大；第三，商业票据市场是一个发行市场，大多数投资者都是将其持有至到期；第四，商业票据采用信用发行方式，无须抵押，发行程序简便；第五，商业票据发行成本低；第六，商业票据有助于提高发行者的信誉。这是因为，只有实力雄厚、信誉卓越、财务状况良好、知名度高的大公司才能进入商业票据市场，商业票据发行本身就是公司实力、信誉良好的证明。

9. 什么是大额存单？其特点和意义有哪些？

答：（1）定义：大额存单，即大额可转让定期存单，是由商业银行或储蓄机构发行，证明某一固定金额的货币存在银行或储蓄机构，可以在市场上流通转让的存款凭证。

（2）大额存单的特点：第一，不记名，不能提前支取，但可以流通转让；第二，按固定单位发行，面额较大；第三，利率多样性，可实现固定利率或浮动利率，以及有多种付息方式。

（3）意义：大额存单的成功不仅有力地支持了银行资产负债业务的扩张，而且使商业银行的经营思想发生变化，开始由注重资产管理转为负债管理。大额存单作为银行主动负债的管理工具，体现着银行负债端的自主定价能力，拓宽了银行负债产品市场化定价范围，是利率市场化推进的关键环节。

10. 回购协议的功能是什么？举例加以说明。

答：（1）定义：回购协议（repurchase agreement，REPO），简称回购，是指证券卖方出售证券时向证券买方承诺在指定日期以约定的价格再买回证券的交易。从买方角度，又叫逆回购协议。

（2）功能：回购交易通过将现货交易与远期交易相结合，以达到融通短期资金的目的。因此，从本质上看，回购协议是一种短期质押贷款协议。

（3）例如，某大型企业在银行账户上有100万元的闲置资金，可以进行一周的贷放。该企业利用这100万元购买银行的国库券，并签订回购协议：银行同意在一周后按照略高于企业购买价格的回购价格购回这些国库券。这个回购协议其实就相当于该企业向银行发放了100万元的质押贷款，质押物是回购中的国库券。企业是投资者，银行是融资者。

11. 国库券有何特点？国库券市场的功能是什么？

答：（1）定义：国库券，简称国债，是指政府为解决财政先支后收的矛盾而发行的短期政府债券。

（2）特点：第一，期限大多在1年以下；第二，大多以贴现折价发行；第三，低风险性，一般被认为没有信用风险，俗称"金边债券"；第四，高流动性，拥有非常发达的二级市场。

（3）功能：第一，它是弥补国家财政赤字的重要场所；第二，它为商业银行的二级准备提供了优良的资产，因为它比现金资产等一级准备具有更高的收益；第三，它为中央银行宏观调控提供了平台，中央银行通过国库券的公开市场操作可以灵活地调控货币供给量；第四，增加了社会投资渠道。国库券信用好、流动性强、收益免税，是机构投资者和居民个人短期投资的理想工具。

12. 商业票据市场和银行承兑汇票市场有何联系与区别？

答：（1）定义（略）

（2）联系：都是重要的货币市场组成部分。

（3）区别：第一，票据类型不同。商业票据是以大型企业为出票人签发的无担保的本票；而银行承兑汇票是商业汇票的一种，是应汇票出票人申请，银行同意在指定日期无条件支付确定金额给收款人或持票人的汇票。第二，签发对象不同。商业票据的签发人是债务人或购货方；银行承兑汇票一般由在银行开立存款账户的存款人签发。第三，承兑对象不同。商业票据可以由任何机构承兑；而银行承兑汇票是由银行承兑的。

13. 简述股票和债券的区别与联系。

答：（1）定义（略）

(2) 联系：都是有价证券，是直接融资工具。

(3) 区别：第一，发行主体不同。作为筹资手段，无论是国家、地方公共团体还是企业，都可以发行债券；而股票则只能是股份制企业才可以发行。第二，收益稳定性不同。债券收益较稳定；股票一般在购买之前不定股息率，股息收入随股份公司的盈利情况变动而变动，波动性大。第三，反映的经济利益关系不同。债券所表示的只是对公司的一种债权；而股票所表示的则是对公司的所有权。第四，风险性不同。债券投资风险相对小于股票投资。第五，投资者权利不同。债券投资者只是公司的债权人；而股票投资者是公司的所有者，理论上具有投票权和发言权。

14. 简述普通股与优先股的概念，并分析它们的特点。

答：(1) 定义（略）

(2) 普通股的特点：第一，股利不稳定；第二，具有对公司剩余财产的分配权；第三，拥有发言权和表决权；第四，拥有优先认股权。

(3) 优先股的特点：第一，股息固定；第二，优先的盈余分配权及剩余资产分配权；第三，无表决权和发言权；第四，不享有优先认股权。

15. 简述公司债券与企业债券的区别。

答：公司债券是公司依照法定程序发行，约定在一定期限还本付息的债务凭证。它反映了发行债券的公司和债券投资者之间的债权债务关系。

企业债券是指企业依照法定程序发行，约定在一定期限内还本付息的有价证券。企业债券是中国金融市场特有的债券产品。

公司债券与企业债券的区别主要体现在以下几方面：

(1) 发行主体不同。公司债券是由股份有限公司或有限责任公司发行的债券。企业债券是由中央政府部门所属机构、国有独资企业或国有控股企业发行的债券。

(2) 发债资金用途不同。公司债券是公司根据经营运作具体需要所发行的债券，发债资金如何使用是发债公司自己的事务，无需政府部门审批。在我国的企业债券中，发债资金的用途主要限制在固定资产投资和技术革新改造方面，并与政府部门审批的项目直接相联。

(3) 信用基础不同。公司债券信用级别差异很大，因发债公司的资产质量、经营状况、盈利水平和可持续发展能力等具体情况不同所决定。我国的企业债券，不仅通过"国有"机制贯彻了政府信用，而且通过行政制度落实了担保机制，因此，企业债券的信用级别与其他政府债券差别不大。

(4) 管制程度不同。在发达国家中，公司债券的发行通常实行登记注册制，即只要发债公司的登记材料符合法律等制度规定，监管机关无权限制其发债行为。公司债券监管机构往往要求严格债券的信用评级和发债主体的信息披露，特别重视发债后的市场监管工作。

而我国企业债券的发行需经国家发展和改革委员会报国务院审批，要求银行予以担保，一旦债券发行，审批部门则不再对发债主体的信息披露和市场行为进行监管。

（5）市场功能不同。在发达国家，公司债券是各类公司获得中长期债务性资金的一个主要方式，在20世纪80年代后期成为推进利率市场化的重要力量。在我国，由于企业债券实际上属政府债券，它的发行受到行政机关的严格控制，其发行数额远低于国债、央行票据和金融债券，也明显低于股票的融资额。

八、 论述题

试述证券交易所和场外交易市场的交易机制特点。

答：（1）证券交易所，是指集中在固定的交易大厅进行证券买卖的场所，是证券交易市场的核心。场外交易市场（OTC市场），是指在证券交易所交易大厅以外进行的各种证券交易活动的总称，又称"店头交易"或"柜台交易"。在OTC市场交易的是未能在证券交易所上市的证券，包括不符合证券交易所上市标准的股票，符合证券交易所上市标准但不愿在交易所上市的股票、债券以及从证券交易所退市的股票、债券等。

（2）证券交易所和场外交易市场的比较：

1）场所物理特性不同。证券交易所是一个有形市场，是专门集中进行证券交易的建筑物。场外交易市场是一个分散的无形市场，它没有固定的、集中的交易场所，而是由许多各自独立经营的证券经营机构分别进行交易，并且主要是依靠电话、电报、传真和计算机网络联系成交的。

2）交易方式不同。证券交易所交易主要采取经纪制，即一般投资者只能委托会员证券公司作为经纪人间接进行交易。场外交易市场不采取经纪制，证券交易通常在证券经营机构之间或是证券经营机构与投资者之间直接进行，不需要中介人。

3）证券交易品种不同。证券交易所交易的证券都是通过严格审核的上市公司证券。场外交易市场是一个拥有众多证券种类和证券经营机构的市场，以未能在证券交易所批准上市的股票和债券为主。由于证券种类繁多，每家证券经营机构只固定地经营若干种证券，规模较小。

4）价格形成机制不同。证券交易所交易的价格是以公开竞价成交机制形成的。在场外交易市场上，证券买卖采取一对一交易方式，不存在公开的竞价机制。

5）管理宽严度不同。一般地，场外交易市场的管理比证券交易所宽松。

第五章
CHAPTER5

金融衍生工具市场

▨ 本章摘要

1. 金融衍生工具，是指一种根据事先约定的事项进行支付的金融合约，其合约价格取决于或派生于原生金融工具或基础资产的价格及其变化。金融衍生工具的基本特征是：杠杆性、虚拟性及高风险性。

2. 远期合约，是指交易双方达成的在未来某一日期（远期）按照约定价格进行某种金融资产交易的协议。远期合约主要有远期利率协议、远期外汇交易。

3. 期货交易，是指交易双方在集中的期货交易市场以公开竞价方式进行标准化远期合约交易的衍生工具交易。金融期货主要包括货币期货、利率期货、股票价格指数期货三个品种。

4. 期权，又称为选择权，是指合约买方向卖方支付一定期权费后，拥有在未来某一特定时间以特定价格买进或卖出一定数量的某种特定商品的权利。期权交易的主要种类有看涨期权和看跌期权、欧式期权和美式期权、交易所期权和柜台期权、股票期权、利率期权和外汇期权。

5. 互换合约也称互换交易，是指当事人以商定的条件在不同货币或同一货币不同利率的资产或债务之间进行交换，以规避利率风险或汇率风险、降低融资成本的一种场外衍生工具交易。互换合约产生的根本动因是交换双方在金融市场上存在比较优势或相对优势。

6. 信用衍生工具是用来分离和转移信用风险的各种工具与技术的统称，其功能是将一方的信用风险转移给另一方，从而使金融机构或投资者能够通过增加或减

少信用风险敞口头寸而达到管理信用风险的目的。信用衍生工具可以归纳为三

种形式：信用违约互换、信用违约期权和信用联结票据。

习题

一、名词解释

1. 金融衍生工具	2. 远期交易	3. 远期利率协议
4. 期货合约	5. 股票价格指数期货	6. 套期保值
7. 期权	8. 欧式期权	9. 美式期权
10. 看涨期权	11. 看跌期权	12. 互换合约
13. 信用衍生工具	14. 信用违约互换	15. 利率上限
16. 利率下限	17. 利率上下限	18. 信用联结票据

二、单项选择

1. 下列不属于股票衍生工具的是（   ）。

A. 股票价格指数期货　　　　　　B. 可转换债券

C. 债券期货　　　　　　　　　　D. 与股权相关的债券

2. （   ）的颁布使美国逐步取消了对定期存款利率和储蓄存款利率的最高限制。

A. 《1980 年银行法》　　　　　　B. Q 条例

C. 《谢尔曼法》　　　　　　　　D. 金融现代化法案

3. 金融衍生工具是一种金融合约，其价值取决于（   ）。

A. 利率　　　　　B. 汇率　　　　　C. 基础资产价格　　　D. 商品价格

4. 利率期货的交易标的物是（   ）。

A. 浮动利率　　　　　　　　　　B. 固定利率

C. 市场利率　　　　　　　　　　D. 固定利率的有价证券

5. 看涨期权又被称为（   ），当标的资产的市场价格（   ）执行价格时，期权买方将选择
   行权。

A. 卖出期权；低于　　　　　　　B. 卖出期权；高于

C. 买入期权；低于　　　　　　　D. 买入期权；高于

6. 下列属于凭证类信用风险缓释工具的是（   ）。

A. 信用联结票据　　　　　　　　B. 信用违约互换

C. 信用违约期权　　　　　　　　D. 信用利差期权

7. 下列金融衍生工具中，实际上是赋予持有人一种权利的是（   ）。

  A. 金融期货   B. 金融期权   C. 金融互换   D. 金融远期

8. 金融衍生工具的首要功能是（　　　）。

  A. 套期保值   B. 投机   C. 价格发现   D. 套利

9. （　　　）推出了第一张抵押债券的利率期货合约。

  A. 纽约商业交易所   B. 芝加哥商业交易所

  C. 芝加哥期货交易所   D. 伦敦国际金融期货交易所

10. 客户未在期货公司要求的时间内及时追加保证金或者自行平仓的，期货公司会将该客户的合约强行平仓，强行平仓的相关费用和发生的损失由（　　　）承担。

  A. 期货公司   B. 期货交易所

  C. 客户   D. 以上三者按一定比例分担

11. 利率上限可以看成一系列（　　　）的组合。

  A. 浮动利率欧式看涨期权   B. 浮动利率欧式看跌期权

  C. 浮动利率美式看涨期权   D. 浮动利率美式看跌期权

12. 有可能使投资者完全规避其资产利率风险和汇率风险的金融衍生产品是（　　　）。

  A. 远期合约   B. 期货合约   C. 期权合约   D. 互换合约

13. 期货交易是指交易双方在集中性的市场以（　　　）的方式进行的期货合约交易。

  A. 自动竞价   B. 公开竞价   C. 自由竞价   D. 非公开竞价

14. 期货交易的首要功能是（　　　）。

  A. 价格发现   B. 投机手段   C. 保值手段   D. 套利手段

15. 以下关于信用违约互换说法正确的是（　　　）。

  A. 信用保护买方发生或有性支付 B. 信用保护卖方发生或有性支付

  C. 针对信用利差而设定   D. 使信用风险从卖方转移到买方

16. 当期货合约临近到期日时，期货价格和现货价格的关系是（　　　）。

  A. 前者大于后者 B. 前者小于后者 C. 两者大致相等 D. 无法确定

17. 以下关于期货合约与远期合约之间的区别描述错误的是（　　　）。

  A. 期货是标准化合约，远期是非标准化合约

  B. 期货不能实现完全套保，远期可以实现完全套保

  C. 期货是场内交易，远期是场外交易

  D. 期货需要实物交割，远期不需要实物交割

18. 利率互换双方（　　　）。

  A. 只交换本金   B. 只交换利息

  C. 交换本金和利息   D. 交换资产

19. 远期利率协议的买方一般是（　　　），其订立远期利率协议的一个主要目的是规避利率

（　　）风险。

    A. 名义贷款人，上升   B. 实际借款人，下降

    C. 名义借款人，上升   D. 实际贷款人，下降

20. 在计算远期利率协议的支付金时采用的贴现率一般是（　　）。

    A. 参考利率   B. 协议利率   C. 回购利率   D. 市场利率

21. 某远期利率协议报价如下："3×9，8%"，其含义是（　　）。

    A. 于3个月后起息的27个月协议利率中间价为8%

    B. 于3个月后起息的6个月协议利率中间价为8%

    C. 于3个月后起息的8个月协议利率中间价为8%

    D. 于9个月后起息的27个月协议利率中间价为8%

22. 一般地，美式期权的期权费比欧式期权的期权费（　　）。

    A. 低   B. 高   C. 费用相等   D. 不确定

23. 我国境内现有的期货交易所不包括（　　）。

    A. 郑州商业交易所   B. 上海期货交易所

    C. 深圳证券交易所   D. 中国金融期货交易所

24. 期权合约买方可能形成的收益或损失状况是（　　）。

    A. 收益无限，损失无限   B. 收益有限，损失无限

    C. 收益有限，损失有限   D. 收益无限，损失有限

25. 下述关于信用违约互换（CDS）描述错误的是（　　）。

    A. CDS是主要的合约类信用风险缓释工具之一

    B. 违约互换的卖方向买方所进行的赔付是一种或有偿付

    C. CDS是最主要的凭证类信用风险缓释工具之一

    D. CDS类似于一份看跌期权

26. 在证券投资中，期权的买方预测未来利率上升时，他会（　　）。

    A. 买入看涨期权   B. 买入看跌期权

    C. 卖出看涨期权   D. 卖出看跌期权

27. 投资者参与科创板股票交易，应当使用（　　）

    A. 衍生品合约账户   B. 沪市A股证券账户

    C. 深市A股证券账户   D. 在证券公司开立信用账户

28. 远期利率是指（　　）

    A. 将来时刻的将来一定期限的利率   B. 现在时刻的现在一定期限的利率

    C. 过去时刻的过去一定期限的利率   D. 现在时刻的将来一定期限的利率

29. 在（　　）期权中，买卖双方可以在到期日前一天行使交割。

A. 欧式期权　　　　B. 美式期权　　　　　　C. 买入看涨期权　　　D. 卖出看跌期权

30. 在利率期权的交易机制中，封顶交易设定的是（　　　），保底交易设定的是（　　　）。

A. 利率上限；利率下限　　　　　　　　B. 利率下限；利率上限

C. 即期利率；远期利率　　　　　　　　D. 远期利率；即期利率

三、多项选择

1. 金融衍生工具的基本特征有（　　　）。

A. 杠杆性　　　　　　B. 虚拟性　　　　　　C. 预测性　　　　　　D. 高风险性

2. 金融衍生工具是在传统金融产品的基础上派生出来的，以下传统金融工具中可以作为基础资产的是（　　　）。

A. 银行活期存款　　B. 股票　　　　　　C. 股票指数　　　　　D. 国库券

3. 期货市场的基本功能是（　　　）。

A. 投机获利　　　　B. 套期保值　　　　C. 价格发现　　　　　D. 投资工具

4. 关于信用违约互换（CDS）正确的说法是（　　　）。

A. 信用违约互换一方当事人向另一方出售的是信用风险

B. 最基本的信用违约互换涉及两个当事人

C. 若参考工具发生规定的信用违约事情，则信用保护卖方必须向买方支付赔偿

D. 若参考工具发生规定的信用违约事情，则信用保护买方必须向卖方支付赔偿

5. 关于信用违约期权（CDO）正确的说法是（　　　）。

A. 买方在签约时向卖方一次性地支付一笔期权费

B. 商业银行在发放贷款的同时，可以出售一个违约期权来规避信用风险

C. 当违约事件发生时，期权卖方只需向买方支付相当于参照资产违约金额的部分

D. 当违约事件发生时，期权买方需要将违约资产以面值卖给期权卖方

6. 下列用来转移或管理信用风险的金融衍生工具有（　　　）。

A. 利率互换　　　　　　　　　　　　　B. 信用违约互换

C. 信用联结票据　　　　　　　　　　　D. 信用违约期权

7. 期权交易双方的损益具有以下特点（　　　）。

A. 期权卖方最大的收益是期权费　　　　B. 期权卖方最大的损失是期权费

C. 期权买方的潜在收益无限大　　　　　D. 期权买方的潜在损失无限大

8. 金融期货交易的类型主要有（　　　）。

A. 外汇期货　　　　　　　　　　　　　B. 利率期货

C. 股票期货　　　　　　　　　　　　　D. 股票价格指数期货

9. 金融互换最常见的形式包括（　　　）。

A. 股票互换　　　B. 货币互换　　　　C. 利率互换　　　　D. 债券互换

10. 下列属于场外金融衍生工具的有（　　）。

A. 远期合约　　　B. 期货合约　　　　C. 期权合约　　　　D. 互换合约

11. 套期保值的基本做法是（　　）。

A. 持有现货空头，买入期货合约　　　B. 持有现货空头，卖出期货合约

C. 持有现货多头，卖出期货合约　　　D. 持有现货多头，买入期货合约

12. 下列关于远期合约交易的描述正确的是（　　）。

A. 集中在交易所进行　　　　　　　　B. 是根据客户需求定制的合约

C. 一般不需要缴纳保证金　　　　　　D. 以实物交割为主

13. 关于远期利率协议特点描述正确的是（　　）。

A. 是一种表外金融衍生工具　　　　　B. 是一个一级市场，合约不可转让

C. 买方支付协议利率　　　　　　　　D. 卖方支付协议利率

14. 若某标的物的市场价格下跌，则可通过（　　）来获利。

A. 买进看跌期权　　　　　　　　　　B. 卖出看涨期权

C. 买进看涨期权　　　　　　　　　　D. 卖出看跌期权

15. 下列属于中国金融期货交易所上市品种的是（　　）。

A. 沪深 300 指数期货　　　　　　　　B. 上证 50 指数期货

C. 5 年期国债期货　　　　　　　　　 D. 8 年期国债期货

16. 衍生金融工具按照基础资产的分类（　　）

A. 股权类衍生工具　　　　　　　　　B. 利率衍生工具

C. 选择权类衍生工具　　　　　　　　D. 货币衍生工具

17. 期货市场形成的价格具有（　　）特性

A. 真实性　　　B. 预期性　　　　　　C. 连续性　　　　　D. 权威性

四、判断并改错

1. 金融衍生工具交易属于表内交易。（　　）

2. 可转换债券通常是指持有者有权在将来可以将一定数量的债券转换为一定数量的优先股。（　　）

3. 远期利率协议的卖方支付以合同利率计算的利息，买方支付以参考利率计算的利息。（　　）

4. 金融期货按标的物被划分的三大类中，以汇率为标的物，主要用以规避汇率风险的是汇率期货。（　　）

5. 我国的外汇期权交易采用美式期权合同方式。（　　）

6. 金融衍生工具产生的最基本原因是规避信用风险。（　　）

7. 对于看跌期权的交易双方来说，当市场价格等于执行价格与期权费之和时，达到盈亏平衡点。
（　　　）

8. 如果 A 公司相对于 B 公司在利率市场上有绝对优势，那么 A 公司没有动机进行利率互换交易。
（　　　）

9. 利率期货以固定利率作为交易标的物。（　　　）

10. 与金融期货相比，金融期权的主要特征在于它仅仅是买卖权利的交易。（　　　）

11. 若某标的物的市场价格上涨，则买进看涨期权或卖出看跌期权者都可获利。（　　　）

12. 对于看涨期权的买方来说，当市场价格高于执行价格时，他会行使卖权。（　　　）

13. 远期合约是标准化的。（　　　）

14. 股票指数期货到期时可选择交割一篮子股票。（　　　）

15. 若价格变动有利于买方，期权买方将选择行权，期权合约执行价格和市场价格之差就是期权买方的净利润。（　　　）

16. 利率越高，利率期货价格越高。（　　　）

17. 信用违约互换一方当事人向另一方出售的是信用。（　　　）

18. 在信用违约期权（CDO）交易中，买方向卖方定期支付期权费。（　　　）

19. 信用联结票据（CLN）的投资者承担的不是票据发行人的风险，而是参照资产的信用风险。
（　　　）

20. 期货交易双方所承担的盈亏风险都是无限的，而期权交易买方的亏损风险是有限的，盈利则可能是无限的。（　　　）

21. 率先推出外汇期货交易，标志着外汇期货正式产生的交易所是纽约证券交易所。（　　　）

22. 中国金融期货交易所上市品种有沪深 300 指数期货、上证 50 指数期货、5 年期国债期货和 15 年期国债期货四个品种。（　　　）

23. 现货价格与其期货价格之间的差额一般叫作价差。（　　　）

24. 看涨期权的买方具有在约定期限内按市场价格买入一定数量金融资产的权利。（　　　）

25. 远期利率协议的支付金计算时采用的贴现率一般是协议利率。（　　　）

五、填空题

1. 2015 年 2 月 9 日在上海证券交易所上市的（　　　）期权，是我国首张正规的交易所股票期权。

2. 股票价格指数期货合约到期只能以（　　　）方式交付而无法以实物交割。

3. 套期保值的原理是通过创造一个（　　　）交易来规避未来价格变动的风险。

4. 期货合约的交割期限、交割地点、交易规模等是由（　　　）确定的。

5. 利率期货是以（　　　）为标的物的期货合约。

6. 看涨期权卖方的最大收益是（　　　）收入。

7. 执行价格是期权合约的（　　）的买卖价格，是协议价格，是固定不变的。

8. 美式期权交易的合约交割日（　　）合约到期日。

9. 互换交易是基于不同投资者在不同的资金市场上的（　　）而产生的。

10. 信用违约互换是将基础资产的（　　）从信用保护买方转移到信用保护卖方的交易。

11. 在期权交易中，买入看涨期权最大的损失是（　　）。

12. 通常利率互换合约中的合约本金称为（　　）。

13. 金融期货交易大多以（　　）方式结束交易。

14. 潜在借款者可以通过远期利率协议规避利率（　　）的风险。

15. 利率下限实际上可以看成是一系列浮动利率（　　）的组合。

16. 利率上限为借款者确保约定时间内所支付的借款利率是当前市场利率与上限利率中的（　　）。

17. 利率互换可以实现降低融资成本和规避（　　）风险的功能。

18. 信用违约互换（CDS）能够将参照资产的（　　）风险，从信用保护买方转移给信用保护卖方。

19. 信用违约期权（CDO）中买方在向卖方支付期权费后，获得了在未来（　　）发生信用事件时要求期权卖方执行赔偿支付的权利。

20. 信用联结票据（CLN）的投资者承担的风险是与该票据相联系的参照资产的（　　）。

21. 金融衍生工具是一种金融合约，其价值取决于（　　）。

六、计算题

1. 假定 A 公司的资金管理人某日预知 3 个月后将有一笔 100 万美元的收入入账，并计划将该笔资金进行 3 个月的短期投资，同时预测未来美元利率将下降。请回答以下问题：

（1）A 公司资金管理人应如何利用远期利率协议规避利率风险？

（2）假定银行报出的 3×6 远期利率协议的协定利率为 5.5% ~ 6.0%。若 3 个月后市场利率下跌为 5.2%，则该远期利率协议的结算金是多少？此时 A 公司的投资收益率是多少？

2. 投资者 A 和 B 分别是欧式看涨期权的买方与卖方，他们就 X 股票达成看涨期权交易，期权协议价格为 50 元/股，期权费为 3 元/股。假定在到期日时 X 股票的市场价格可能为 50 元、53 元、54 元，请分析该期权的执行情况，并用图示表示双方的盈亏情况。

3. A 公司需要浮动利率资金，它可以在信贷市场上以半年 LIBOR 加上 20 个基点或在债券市场上以 11.05% 的年利率筹措长期资金。与此同时，B 公司需要固定利率资金，它能够在信贷市场上以半年 LIBOR 加上 30 个基点或在债券市场上以 11.75% 的年利率筹措长期资金。试分析这两家公司是否存在利率互换交易的动机，如何互换，互换交易的总收益是多少？

七、 简答题

1. 简述金融期货合约和远期合约的区别。

2. 期权买方和卖方在收益与风险上各有何特点？

3. 简述套期保值的基本原理。

4. 金融期货交易的主要种类有哪些？

5. 描述金融期货的主要功能。

6. 投资者如何通过信用违约互换（CDS）规避债券投资的信用风险？

八、 论述题

试述几种主要的信用衍生工具的避险原理。

参考答案

一、名词解释

1. 金融衍生工具

答：金融衍生工具，又称金融衍生产品，是指一种根据事先约定的事项进行支付的金融合约，其合约价格取决于或派生于原生金融工具或基础资产的价格及其变化。它主要包括远期、期货、期权和互换等交易，其基本特征为：杠杆性、虚拟性及高风险性。

2. 远期交易

答：远期交易，是远期合约交易的简称，是指交易双方达成的在未来某一日期（远期）按照约定价格买卖约定数量相关资产的一种协议。远期合约交易一般是在场外市场进行的非标准化合约交易，合约内容是由交易双方自行协商确定的，主要有远期利率协议和远期外汇交易两类。

3. 远期利率协议

答：远期利率协议（forward rate agreements，FRA），是关于利率交易的远期合约，是指协议双方约定在未来某一日期，根据名义本金进行现在时刻的将来一定期限的协议利率与参照利率差额支付的远期合约。协议利率为双方在合同中约定的固定利率，买方支付以协议利率计算的利息，卖方支付以参照利率计算的利息。

4. 期货合约

答：期货合约，简称期货，是指由期货交易所统一制定的，规定在将来某一特定时间和地点交割一定数量标的物的标准化远期合约。期货合约交易是证券交易者进行风险规避的一种重要方式。

5. 股票价格指数期货

答：股票价格指数期货是金融期货的一种，是指以股价指数为标的物的标准化期货合约。交易双方约定在未来的某个特定日期，按照事先约定的股价指数的大小进行标的指数的买卖，到期后通过现金结算差价来进行交割。特点是：第一，其标的物并非实际存在的金融资产，而是一种价格指数，其价值以指数点的若干倍来计量。第二，其交割采取现金交割方式。若股指价格高于期货价格，则卖者向买者支付现金差额；反之，则买者向卖者支付现金差额。

6. 套期保值

答：所谓套期保值，是指投资者在现货市场和期货市场，对同一种类的金融资产同时进行数量相等但方向相反的买卖活动，即在买进或卖出金融资产现货的同时，卖出或买进同等数量的该种金融资产期货，使两个市场的盈亏大致抵消，以达到防范价格波动风险目的的一种投资行为。

7. 期权

答：期权（option）是一种选择权交易，即合约买方向卖方支付一定期权费后，拥有在未来某一特定时间以特定价格买进或卖出一定数量的某种特定商品的权利。基本特征是：买方和卖方收益与风险的不对称性，即期权买方的损失是确定的期权费，而收益却可能是无限的；反之，期权卖方的收益是确定的期权费，而损失可能是无限的。

8. 欧式期权

答：欧式期权是指期权买方只能在期权到期日当天行使其选择权利的期权，因此在欧式期权交易中，合约交割日等于合约到期日。

9. 美式期权

答：美式期权是指期权买方可以在期权到期日之前的任何一个营业日行使其权利的期权。因此，美式期权交易的合约交割日早于或等于合约到期日。

10. 看涨期权

答：看涨期权（call option），也称买入期权，是指期权买方支付一定期权费后，拥有在规定时间，以执行价格从期权卖方手中买入一定数量标的资产的权利。当标的资产的市场价格上升到高于期权执行价格时，期权买方就选择执行期权，赚取价差。相反，当标的资产的市场价格下降到低于期权执行价格时，期权买方就选择放弃执行期权合约，则仅损失期权费。

11. 看跌期权

答：看跌期权（put option），又称卖出期权，是指期权买方支付一定期权费后，拥有在规定时间以执行价格向期权卖方出售一定数量标的资产的权利。当标的资产的市场价格下降到低于期权执行价格时，期权买方就选择执行期权，赚取价差。相反，当标的资产的市场价格上升到高于期权执行价格时，期权买方就选择放弃执行期权合约，仅损失期权费。

12. 互换合约

答：互换合约，也称互换交易（swap transaction，swaps），是指当事人以商定的条件在不同货币或同一货币不同利率的资产或债务之间进行交换，以规避利率风险或汇率风险、降低融资成本的一种场外衍生工具交易。最常见的互换交易是利率互换和货币互换。

13. 信用衍生工具

答：信用衍生工具，是用来分离和转移信用风险的各种工具与技术的统称，其功能是将一方的信用风险转移给另一方，从而使金融机构或投资者能够通过增加或减少信用风险敞口头寸而达到管理信用风险的目的。

14. 信用违约互换

答：信用违约互换是一种金融合约，双方约定在未来一定期限内，信用保护买方按照约定的标准和方式向信用保护卖方支付信用保护费用，由信用保护卖方就约定的一个或多个参考实体的信用事件向信用保护买方提供信用风险保护。因此，信用违约互换就是将基础资产的信用风险从信用保护买方转移给信用保护卖方的一种合约类信用风险缓释工具。

15. 利率上限

答：利率上限（interest rate cap），又称利率封顶，是指客户与银行达成一项协议，双方确定一个利率上限水平。利率上限的买方支付一定的期权费后，卖方承诺：在规定期限内，如果市场利率（参考利率）高于协定利率上限，则卖方向买方支付差额部分；如果市场利率低于或等于协定利率上限，则卖方无任何支付义务。因此，利率上限实际上可以看成一系列浮动利率欧式看涨期权的组合，可以保证浮动利率借款的利率不超过某一确定的水平（上限利率）。

16. 利率下限

答：利率下限（interest rate floor），又称利率保底，是指客户与银行达成一个协议，双方规定一个利率下限。利率下限的买方支付一定的期权费后，卖方承诺：在规定期限内，如果市场利率低于协定利率下限，则卖方向买方支付差额部分；若市场利率大于或等于协定利率下限，则卖方没有任何支付义务。因此，利率下限实际上可以看成一系列浮动利率欧式看跌期权的组合，可以保证浮动利率贷款的利率不低于某一确定的水平（下限利率）。

17. 利率上下限

答：利率上下限（interest rate collar），又称利率两头封，是指将利率上限和利率下限两种金融工具结合起来使用的一种特殊期权。具体地说，在买进（卖出）一个利率上限的同时卖出（买入）一个利率下限，以收取的手续费来部分抵消需要支出的手续费，从而达到既防范利率风险，又降低费用成本的目的。

18. 信用联结票据

答：信用联结票据（credit-linked note，CLN），是为特定目的发行的一种有价证券。该票据的本金偿还和利息支付取决于约定的基础资产的信用状况，是一种凭证类信用风险缓释工具。

二、单项选择

1. C 2. A 3. C 4. D 5. D 6. A 7. B 8. A 9. C 10. C 11. A

12. A 13. B 14. C 15. B 16. C 17. D 18. B 19. C 20. A 21. B 22. B

23. C 24. D 25. C 26. B 27. B 28. D 29. B 30. A

三、多项选择

1. ABD 2. BCD 3. BC 4. ABC 5. AD 6. BCD 7. AC 8. ABD

9. BC 10. AD 11. AC 12. BCD 13. ABC 14. AB 15. ABC 16. ABD

17. ABCD

四、判断并改错

1. （×）将"内"改为"外"

2. （×）将"优先股"改为"普通股"

3. （×）将"合同利率"与"参考利率"对调；或将"买方"与"卖方"对调

4. （×）将"汇率期货"改为"货币期货"

5. （×）将后一个"美式期权"改为"欧式期权"

6. （×）将"信用风险"改为"价格或利率风险"

7. （×）将"和"改为"差"；或将"看跌期权"改为"看涨期权"

8. （×）将"没有"改为"也有"

9. （×）将"固定利率"改为"固定收益证券"

10. （√）

11. （√）

12. （×）将"卖权"改为"买权"

13. （×）将"远期合约"改为"期货合约"；或将"是标准化的"改为"不是标准化的"

14. （×）将"可选择一篮子股票"改为"只能现金交割"

15. （×）还要扣除期权费

16. （×）将第二个"高"改为"低"

17. （×）将"信用"改为"信用风险"

18. （×）将"定期"改为"一次性"

19. （√）

20. （√）

21. （×）将"纽约证券"改为"芝加哥期货"

22. （×）将"15年"改为"10年"

23. （×）将"价差"改为"基差"

24. （×）将"市场价格"改为"协议价格"

25. （×）将"协议利率"改为"参照利率"

五、填空题

1. 上证50ETF

2. 现金交割

3. 反向

4. 期货交易所

5. 固定收益证券或利率资产

6. 期权费

7. 标的资产

8. 早于等于

9. 比较优势或相对优势；或信用级差

10. 信用风险；违约风险

11. 期权费

12. 名义本金

13. 对冲或平仓

14. 上升

15. 欧式看跌期权

16. 较小者

17. 利率

18. 信用

19. 参照资产

20. 信用状况或信用风险

21. 基础资产价格

六、计算题

1. 假定A公司的资金管理人某日预知3个月后将有一笔100万美元的收入入账，并计划将该笔资金进行3个月的短期投资，同时预测未来美元利率将下降。请回答以下问题：

（1）A公司资金管理人应如何利用远期利率协议规避利率风险？

（2）假定银行报出的3×6远期利率协议的协定利率为5.5%~6.0%。若3个月后市场利率下跌为 5.2%，则该远期利率协议的结算金是多少？此时 A 公司的投资收益率是多少？

答：（1）根据远期利率协议的功能，该公司担心未来利率下降，因此，建议作为远期利率协议的卖方，卖出远期利率协议，以规避美元利率下降的风险。

（2）远期利率协议的协议利率为 5.5%（客户卖出利率，就为银行买入利率），市场价格为 5.2%。因此，3 个月后的结算日，银行作为买方应向该公司支付的结算金为：

$$结算金 = \frac{(5.2\% - 5.5\%) \times 100\ 万 \times \frac{90}{360}}{1 + 5.2\% \times \frac{90}{360}} \approx -740(美元)$$

此时，A 公司的投资收益是：

$$3 个月投资收益 = 100\ 万 \times 5.2\% \times \frac{90}{360} = 13\ 000(美元)$$

再加上远期利率协议收益 740 美元，合计 13 740 美元。

实际投资收益率约为 5.5%，这就是远期利率协议的协议利率。

2. 投资者 A 和 B 分别是欧式看涨期权的买方与卖方，他们就 X 股票达成看涨期权交易，期权协议价格为 50 元/股，期权费为 3 元/股。假定在到期日时 X 股票的市场价格可能为 50 元、53 元、54 元，请分析该期权的执行情况，并用图示表示双方的盈亏情况。

解：期权执行情况表（协议价格 50 元/股，期权费 3 元/股）如表 5-1 所示：

表 5-1　期权执行情况表

市场价格状况	期权执行情况	买方盈亏情况	卖方盈亏情况
50	放弃/执行	-3 元/股	3 元/股
53	执行	0 元/股	0 元/股
54	执行	1 元/股	-1 元/股

图示（略）

3. A 公司需要浮动利率资金，它可以在信贷市场上以半年 LIBOR 加上 20 个基点或在债券市场上以 11.05% 的年利率筹措长期资金。与此同时，B 公司需要固定利率资金，它能够在信贷市场上以半年 LIBOR 加上 30 个基点或在债券市场上以 11.75% 的年利率筹措长期资金。试分析这两家公司是否存在利率互换交易的动机，如何互换，互换交易的总收益是多少。

答：根据条件，A 公司在两个市场上都具有绝对优势，但在债券市场上却具有更大的相对优势。因为，二者在债券市场的利差为 0.7%，而在信贷市场上的利差只有 0.10%。利率互换动机存在。

互换交易内容：A 公司以 11.05% 的年利率发行长期债券，B 公司以半年 LIBOR 加 30 个基点的利息成本在信贷市场上借入长期资金，二者之间通过银行进行互换交易。假定：A 公司向银行支付半年 LIBOR 并从银行收取 11.05% 的固定利率，B 公司向银行支付 11.25% 的固定利率，并从银行收取浮动利率 LIBOR。

这样，互换交易的收益表现为：A 公司在固定利率上不亏不赚，但在浮动利率上节约了 0.20%。B 公司在浮动利率上亏损了 0.30%，但在固定利率上节约了 0.50%，所以，互换交易使其节约了成本 0.20%。互换交易中的银行在浮动利率上不亏不赚，但在固定利率上赚了 0.20%。最终结果是，A 公司以 LIBOR 筹措到长期浮动利率资金，比直接进入信贷市场筹资便宜 20 个基点；B 公司以 11.25% 加上 30 个基点筹措到长期固定利率资金，比直接进入债券市场筹资便宜 20 个基点；银行作为中介人的中介费为 20 个基点。

所以，这笔互换交易的总收益为 0.6%，这个值正好等于固定利率利差（0.7%）减去浮动利率利差（0.1%）。

七、简答题

1. 简述金融期货合约和远期合约的区别。

答:（1）定义。金融远期合约是指交易双方达成的在未来某一日期按照约定价格买卖约定数量的相关金融资产的一种合约。金融期货合约，是指协议双方同意在约定的将来某个日期按约定的条件买入或卖出一定标准数量的某种金融工具的标准化远期合约。

（2）远期合约和期货合约都是交易双方在未来某一日期按约定价格完成交易的一种合约，但二者的区别是显著的。

1）合约内容是否标准化。远期合约是非标准化的，期货合约则是标准化的。

2）交易场所不同。远期合约是在场外市场进行的交易，而期货合约在有组织的交易所交易。

3）结算方式不同。远期合约签订后，只有到期才进行一次性交割清算；期货交易是每天进行结算，而不是到期一次性进行的。

4）是否需要保证金。一般地，远期交易仅以签约双方的信誉为担保，无须缴纳保证金；期货交易则是通过交易双方在经纪公司开立专门的保证金账户进行的。

5）当事人不同。远期合约是买方与卖方两方的直接交易，并不涉及第三方；期货合约是通过交易所进行的，交易双方各自跟交易所的清算部或专设的清算公司进行交易，因此涉及买方、卖方和交易所三方当事人。

6）是否进行实物交割。远期合约只能通过到期实物交割来履行合约；期货合约的买方或卖方可在交割日前采取对冲交易以结束其期货头寸（即平仓），而无须进行最后的实物交割。

7）违约风险状况不同。由于远期合约必须进行实物交割，因此合约中买卖双方都面临对方违约的风险；而期货合约的履行由交易所或清算公司负责，不取决于对方的信用度，因此不存在违约风险问题。

2. 期权买方和卖方在收益与风险上各有何特点？

答：（1）期权交易是一种选择权交易，是指合约买方向卖方支付一定期权费后，拥有在未来某一特定时间以特定价格买进或卖出一定数量的标的物（实物商品、证券或期货合约）的权利。

（2）按期权买方的权利，期权可分为看涨期权和看跌期权。看涨期权是买入期权，是指期权买方拥有按执行价格买进一定数量标的物的权利；看跌期权是卖出期权，是指期权买方拥有按执行价格卖出一定数量标的物的权利。

（3）期权交易双方在收益与风险上的不对称性。期权买方的损失是支付确定的期权费，但收益却可能是无限的。期权卖方的收益是收取确定的期权费，损失却可能是无限的。

（4）看涨期权交易双方的盈亏分析。对于看涨期权的买方而言，当市场价格高于执行价格时，他会行使买权，取得收益；当市场价格低于执行价格时，他会放弃权利，所亏损的只限于支付的期权费。当市场价格等于执行价格与期权费之和时，双方处于盈亏平衡点上（见图 5-1）。

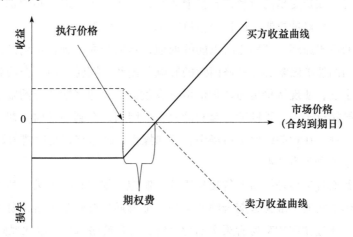

图 5-1　看涨期权双方可能的损益

（5）看跌期权交易双方的盈亏分析。对于看跌期权的买方而言，当市场价格低于执行价格时，他会行使卖权，取得收益；当市场价格高于执行价格时，他会放弃权利，所亏损的只限于支付的期权费。当市场价格等于执行价格减去期权费之差时，双方处于盈亏平衡点上（见图 5-2）。

3. 简述套期保值的基本原理。

答：（1）定义：套期保值是指投资者在现货市场和期货市场，对同一种类的金融资产同时进行数量相等但方向相反的交易，而达到为其现货保值目的的交易方式。

（2）套期保值的中心思想是：创造一个反向交易来规避未来价格波动的风险。在现货市场和期货市场对同一种类的商品同时进行数量相等但方向相反的买卖活动，即在买进或卖出

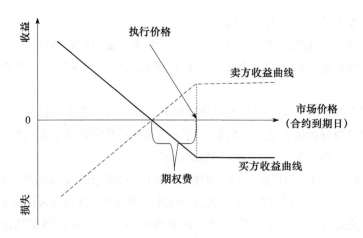

图 5-2　看跌期权双方可能的损益

现货的同时，卖出或买进同等数量的期货，经过一段时间，当价格变动使现货买卖出现盈亏时，可由期货交易的亏盈得到抵消或弥补，从而在"现"与"期"之间、近期和远期之间建立一种对冲机制，以使价格风险降低到最低限度。

（3）套期保值的逻辑原理。套期之所以能够保值，是因为同一种特定商品的期货和现货的价格，受相同的经济因素和非经济因素的影响与制约。同时，期货合约到期必须进行实物交割的规定性，使现货价格与期货价格具有收敛性，即当期货合约临近到期日时，两者价格的差异接近于零，否则就有套利的机会。因而，在到期日前，期货和现货价格具有高度的相关性。在相关的两个市场中，反向操作，必然有相互冲销的效果。

4. 金融期货交易的主要种类有哪些？

答：（1）定义：金融期货交易是指由期货交易所统一制定，规定在将来某一特定时间和地点交割一定数量标的物的标准化远期合约的交易。金融期货合约是金融期货交易的对象，期货交易参与者通过在期货交易所买卖期货合约，转移价格风险，获取风险收益。

（2）种类：金融期货基本上可分为三大类，即货币期货、利率期货和股票价格指数期货。

（3）货币期货（foreign exchange futures），也叫外汇期货，是指交易双方约定在未来某一时间，依据现在约定的汇率以一种货币交换另一种货币的标准化合约的远期交易。主要用来规避汇率风险，是金融期货中最早出现的品种。目前，货币期货交易的主要品种有美元、英镑、欧元、日元、瑞士法郎、加拿大元、澳大利亚元等。

（4）利率期货（interest rate futures），是指交易双方约定在未来某一日期，按约定条件买卖一定数量的某种长短期信用工具的标准化期货合约交易。利率期货交易的对象有长期国库券、政府住宅抵押证券、中期国债、短期国债等。由于这些标的物都是固定收益证券，其价格与市场利率密切相关，故称为利率期货。

（5）股票价格指数期货，简称股指期货，是指交易双方约定在未来某个特定日期，按约定的价格买卖某种标的股指，到期后通过现金结算差价交割的标准化期货合约。

5. 描述金融期货的主要功能。

答：（1）定义（略）

（2）金融期货主要功能：套期保值和价格发现。

（3）套期保值的作用。在买进或卖出实际的现货金融工具的同时，在期货市场上卖出或买进相同数量的期货合同。在合同到期后，因价格变动而在现货买卖上所造成的盈亏，可由期货合同交易上的亏盈得到弥补或抵消。

（4）价格发现，也称价格形成，是指在一个公开、公平、高效、竞争的期货市场上，通过期货交易形成的期货价格，具有真实性、预期性、连续性和权威性的特点，能够比较真实地反映出未来商品价格变动的趋势。期货市场之所以具有价格发现功能，是因为期货价格的形成具有公正性、预期性与连续性的特征。

6. 投资者如何通过信用违约互换（CDS）规避债券投资的信用风险？

答：（1）定义（略）

（2）债券持有者可以通过购买CDS，定期向CDS的出售者支付一定费用（称为信用违约互换点差）后，一旦出现债券发行主体无法偿付，则投资者将有权将债券以面值递送给违约互换卖方而获得赔付，从而有效规避债券投资的信用风险。

（3）CDS之所以可以帮助投资者规避信用风险，是因为CDS类似于针对债券违约的保险，可以在保留资产所有权的前提下向交易对手出售资产所包含的信用风险，进而对冲信用风险。同时，CDS也可以看作一份看跌期权，CDS卖方赚取的是参考资产按时还款时的期权费用（即CDS合约金）。

（4）因此，对于投资者而言，一种规避信用风险的方法就是购买诸如信用违约互换等信用衍生品。尤其是当投资组合中企业债券数目不多，行业集中度高，不能有效分散信用风险时，购买信用违约互换即成为更现实的做法，产生与通过分散资产来降低组合风险的同等作用。

八、 论述题

试述几种主要的信用衍生工具的避险原理。

答：（1）信用衍生工具，也称信用衍生产品，根据国际互换与衍生产品协会给出的定义，信用衍生产品是用来分离和转移信用风险的各种工具与技术的统称，其功能是将一方的信用风险转移给另一方，从而使金融机构或投资者能够通过增加或减少信用风险敞口头寸而达到管理信用风险的目的。

（2）具体地，信用衍生产品是以贷款或债券的信用状况作为基础资产的金融衍生工具，其实质是一种双边金融合约安排。在这一合约下，交易双方对约定金额的支付取决于贷款或债券支付的信用状况。信用状况一般与违约、破产、拒付、信用等级下降等情况相联系。

（3）下面介绍三种主要的信用衍生产品转移、分散和规避信用风险的内在机理，即信用违约互换、信用违约期权和信用联结票据。

信用违约互换（CDS），是将基础资产的信用风险从信用保护买方转移给信用保护卖方的一种金融合约，信用保护买方定期支付一定费用，以换取信用保护卖方由违约事件引发的或有性支付。债券持有者通过购买 CDS，定期向 CDS 的出售者支付一笔费用，而一旦出现债券发行者无法偿还事件，CDS 的购买者有权将债券以面值递送给违约互换出售者而获得赔付，从而有效规避债券投资的信用风险。

信用违约期权（CDO），是以违约事件的发生与否作为标的物的期权合约。其中，期权的买方（即风险规避者）通过向卖方交付一笔期权费，来获得在未来规定日期将信用风险引起的损失转移给期权卖方的权利。例如，银行可以在发放贷款时购买一个违约期权，与该笔贷款的面值相对应。当贷款违约事件发生时，期权出售者向银行支付违约贷款的面值；假如贷款按照贷款协议得以清偿，那么违约期权就自动终止。因此，银行的最大损失就是从期权出售者那里购买信用违约期权所支付的价格。

信用联结票据（CLN），是为特定目的发行的一种有价证券，其特性体现在，该工具在发行时注明其本金的偿还和利息的支付取决于约定的参考资产的信用状况。也就是说，信用保护买方向投资者发行与信用风险相联系的票据，投资者为获得高额收益率而承诺承担信用保护的责任。如在到期时，对应信用违约事件没有发生，信用保护方需支付票据的票面价值及利息；如发生信用违约事件，则只偿还部分金额。

第六章
CHAPTER6

商业银行及经营管理

▨ 本章摘要

1. 银行业起源于货币经营业，它是在货币保管业务的基础上发展演变而来的。

2. 商业银行的组织制度有：单一银行制、总分行制或分支行制、银行控股公司制、连锁银行制及代理银行制。

3. 商业银行是特殊的金融企业，它履行着信用中介、支付中介、信用创造、金融服务及经济调节的职能。

4. 商业银行的资产负债表业务：负债业务主要包括吸收存款、借款；资产业务主要包括现金资产、证券投资和贷款；所有者权益包括实收资本或股本、资本公积金、盈余公积金和未分配利润。

5. 资产证券化是银行的资产创新业务。它是指将已经存在的信贷资产集中起来，通过一定的结构安排，对资产中的风险与收益要素进行分离与重组，进而转换成为在金融市场上可以出售的流通证券的过程，因此，资产证券化的本质是将贷款或应收账款转换为可流通的金融工具的过程，也就使信贷资产的流动性提高了。

6. 商业银行表外业务，是指商业银行从事的按照现行的会计准则不计入资产负债表内，不形成现实资产负债，但能够引起当期损益变动的业务。根据巴塞尔银行监管委员会的相关界定，表外业务一般分为以下四大类：承诺类、金融担保类、贸易融资类和金融衍生工具业务类。

7. 商业银行的经营管理原则有安全性、流动性和盈利性原则。它们之间是辩证统一的关系。

8. 商业银行的资产管理理论侧重于流动性管理，先后经历了商业贷款理论、可转换理论和预期收入理论三个发展阶段。

9. 商业银行的负债管理理论认为，银行可以通过主动借入资金来保持流动性，先后经历了传统的银行券理论和存款理论，现代的购买理论和销售理论的演变与发展过程。

10. 资产负债综合管理的基本思想是将资产和负债两个方面加以对照并做对应分析。缺口管理法日益成为各国商业银行普遍采用的综合管理技术，其中又有利率敏感性缺口管理法和久期缺口管理法。利率敏感性缺口可以表示为，利率敏感性资产与利率敏感性负债之差。久期缺口表示为

$$D_{gap} = D_A - D_L \times \frac{P_L}{P_A}$$，即久期缺口＝资产加权平均久期－负债加权平均久期×（负债总额÷资产总额）。

11. 利率敏感性缺口管理法认为，当预测利率上升时，银行应尽量保持资产缺口或利率敏感性正缺口；反之，当预测利率下降时，银行应尽量保持负债缺口或利率敏感性负缺口。久期缺口法认为，当预期利率上升时，银行应尽量使久期缺口更接近负缺口；而当预期利率下降时，银行应将久期缺口向正缺口调整。

习题

一、名词解释

1. 银行控股公司制	2. 可转让支付命令账户	3. 自动转账服务账户
4. 利率敏感性缺口	5. 绿色金融	6. 法定存款准备金
7. 银行信用	8. 资本性债券	9. 贷款承诺
10. 票据发行便利	11. 商业信用证	12. 备用信用证
13. 银行保函	14. 资产证券化	15. 表外业务
16. 自偿性贷款	17. 久期	

二、单项选择

1. 下列不属于总分行制优点的是（　　　）。

   A. 便于商业银行吸收存款，扩大经营规模

   B. 便于中央银行宏观管理

   C. 有利于银行业自由竞争

   D. 可避免过多的行政干预

2. 银行持有的流动性很强的短期有价证券是商业银行经营中的（　　　）。

   A. 第一道防线　　　B. 第二道防线　　　　C. 第三道防线　　　　D. 第四道防线

3. 银行在大城市设立总行，在本市及国内外各地普遍设立分支行的制度是（   ）。

    A. 单一银行制　　　　B. 总分行制　　　　C. 持股公司制　　　　D. 连锁银行制

4. 1694 年，（   ）的成立标志着现代商业银行制度的建立。

    A. 威尼斯银行　　　　　　　　　　　　B. 阿姆斯特丹银行

    C. 汉堡银行　　　　　　　　　　　　　D. 英格兰银行

5. 在国际银行业，被视为银行经营管理三大原则之首的是（   ）。

    A. 盈利性原则　　　　B. 流动性原则　　　　C. 安全性原则　　　　D. 效益性原则

6. 商业银行三大经营原则中流动性原则是指（   ）。

    A. 资产流动性　　　　　　　　　　　　B. 负债流动性

    C. 资产和负债流动性　　　　　　　　　D. 贷款和存款流动性

7. 下列哪种不属于可管理的负债（   ）。

    A. 可转让存单　　　　　　　　　　　　B. 支票存款

    C. 同业拆借　　　　　　　　　　　　　D. 向中央银行借款

8. 两家以上商业银行受控于同一个人或同一集团但又不以股权公司的形式出现的制度，称为
（   ）。

    A. 代理银行制　　　　　　　　　　　　B. 总分行制

    C. 连锁银行制　　　　　　　　　　　　D. 银行控股公司制

9. 下列不属于大额可转让定期存单（CDs）特点的是（   ）。

    A. 不记名　　　　　　　　　　　　　　B. 面额为整数

    C. 可流通转让　　　　　　　　　　　　D. 利率低于同期银行定期存款利率

10. 被称为商业银行二级准备资产的是（   ）。

    A. 在央行存款　　　　　　　　　　　　B. 在同业存款

    C. 短期政府债券　　　　　　　　　　　D. 库存现金

11. 1897 年在上海成立的（   ）标志着中国现代银行的产生。

    A. 交通银行　　　　　　　　　　　　　B. 浙江兴业银行

    C. 中国通商银行　　　　　　　　　　　D. 北洋银行

12. 下列银行资产中流动性最高的是（   ）。

    A. 结算过程中占用的现金　　　　　　　B. 消费贷款

    C. 政府债券　　　　　　　　　　　　　D. 准备金存款

13. 一般地，当一家商业银行面临准备金不足时，它首先会（   ）。

    A. 回收贷款　　　　　　　　　　　　　B. 向央行借款

    C. 出售债券　　　　　　　　　　　　　D. 向同业拆借

14. 利率敏感性资产与利率敏感性负债的差额称为（   ）。

A. 持续期缺口　　　　　　　　　　　　B. 利率敏感性指数

C. 利率风险指数　　　　　　　　　　　D. 利率敏感性缺口

15. 商业银行把资金从盈余者手中转移到短缺者手中，使闲置资金得到充分的运用，这种职能被称为商业银行的（　　）职能。

A. 信用中介　　　　B. 支付中介　　　　C. 信用创造　　　　D. 金融服务

16. 如果银行的资产平均久期为 4 年，则根据久期分析法，当利率上升 2% 时，银行资产的价值会（　　）。

A. 上升 8%　　　　B. 下跌 8%　　　　C. 上升 2%　　　　D. 下跌 2%

17. 下列不属于负债管理理论的是（　　）。

A. 预期收入理论　　　　　　　　　　　B. 存款理论

C. 银行券理论　　　　　　　　　　　　D. 销售理论

18. 下列说法中正确的是（　　）。

A. 股本乘数越大，银行倒闭风险越低

B. 股本乘数与银行资产负债率呈负相关

C. A、B 都正确

D. 在资产回报率一定时，股本乘数与股本回报率呈正相关

19. （　　）实现了商业银行资产的多元化，并促成了商业银行二级准备资产的形成。

A. 可转换理论　　　　　　　　　　　　B. 预期收入理论

C. 银行券理论　　　　　　　　　　　　D. 商业性贷款理论

20. 下列不属于一般性金融债券的是（　　）。

A. 信用债券　　　　B. 普通金融债券　　　C. 资本性债券　　　D. 担保债券

21. 下列属于商业银行被动负债的是（　　）。

A. 发行债券　　　　B. 吸收存款　　　　C. 同业拆借　　　　D. 再贷款

22. 银行允诺对顾客未来交易承担某种信贷义务的业务是（　　）业务。

A. 担保　　　　B. 贷款承诺　　　　C. 期货　　　　D. 远期利率协议

23. 下列不属于货币市场存款账户特点的是（　　）。

A. 企业和个人均可开户　　　　　　　　B. 无利率上限限制

C. 不能转账结算　　　　　　　　　　　D. 有存款限额规定

24. 银行资产总额与银行股本总额之比，称为（　　）。

A. 资产收益率　　　　B. 股本收益率　　　　C. 股本杠杆率　　　　D. 股本乘数

25. 支持银行发放助学贷款的理论是（　　）。

A. 商业贷款理论　　　　　　　　　　　B. 可转换理论

C. 预期收入理论　　　　　　　　　　　D. 资产负债综合理论

26. 下列可以帮助银行规避限制开设分支机构的法律规定的金融创新是（　　　）。

    A. 期权
               B. 资产证券化

    C. 银行持股公司
           D. 货币市场存款账户

27. 1933 年美国《格拉斯 - 斯蒂格尔法》的作用是（　　　）。

    A. 建立了联邦储备体系
      B. 将国民银行的业务与州银行分离开来

    C. 将商业银行业务与证券业务分离开来
    D. 将商业银行的业务与储蓄机构分离开来

28. 如果储户因找到更具盈利性的替代品，而不将资金存入银行或是将资金从银行中提取出来，意味着出现了（　　　）。

    A. 证券化
    B. 范围经济效应
    C. 金融创新
    D. 脱媒现象

29. 将一揽子抵押贷款或学生贷款打包成可流通的资本市场工具，这个过程称为（　　　）。

    A. 计算机化
    B. 并购
    C. 范围经济
    D. 证券化

30. 可以帮助借款人短借长用的是（　　　）。

    A. 大额可转让存单
           B. 证券化

    C. 票据发行便利
           D. 备用信用证

31. $ROE = ($　　$) \times$ 股本乘数（EM）。

    A. 资产利息收益率
           B. 资产回报率

    C. 净利润率
             D. 资产非利息收益率

三、多项选择

1. 资产管理理论包括（　　　）。

    A. 生命周期理论
           B. 可转换理论

    C. 预期收入理论
           D. 商业贷款理论

2. 下列属于银行调查分析客户信用状况 6C 指标的有（　　　）。

    A. 品德
    B. 经营能力
    C. 资本
    D. 成本

3. 当预期未来利率上升时，银行应该更偏向于（　　　）。

    A. 发放短期贷款
           B. 买入长期债券

    C. 买入短期债券
           D. 发放长期贷款

4. 下列属于银行负债业务创新的是（　　　）。

    A. CDs
    B. ATS
    C. NOW 账户
    D. MBS

5. 构成商业银行一级准备资产的是（　　　）。

    A. 库存现金
    B. 同业存款
    C. 资本
    D. 存款准备金

6. 下列记入在银行资产负债表的资产方的是（　　　）。

    A. 向央行再贴现
           B. 借款

C. 国库券　　　　　　　　　　　　D. 贷款

7. 当一家商业银行面临准备金不足时，它可以通过以下方式得到满足（　　　　）。

   A. 向央行借款　　　　　　　　　　B. 向其他银行借款

   C. 出售二级准备　　　　　　　　　D. 吸收存款

8. 下列属于商业银行表外业务中承诺性业务的是（　　　　）。

   A. 债券承销　　　B. 贷款承诺　　　C. 票据发行便利　　　D. 信用卡业务

9. 西方商业银行经营管理的基本原则是（　　　　）。

   A. 安全性　　　　B. 流动性　　　　C. 效益性　　　　D. 盈利性

10. 当银行资产负债处于正缺口时，以下论述正确的是（　　　　）。

   A. 市场利率上升时，银行收益上升　　B. 市场利率上升时，银行收益下降

   C. 市场利率下降时，银行收益上升　　D. 市场利率下降时，银行收益下降

11. 商业银行证券投资具有以下几个功能（　　　　）。

   A. 分散风险　　　B. 保持流动性　　　C. 规避监管　　　D. 合理避税

12. 我国商业银行法规定，商业银行不得（　　　　）。

   A. 从事信托投资业务　　　　　　　B. 投资非自用不动产

   C. 从事股票业务　　　　　　　　　D. 从事公司债券投资

13. 各国商业银行的传统存款业务有（　　　　）。

   A. 活期存款　　　B. 定期存款　　　C. 储蓄存款　　　D. 可转让定期存单

14. 下列属于商业银行第二准备金的是（　　　　）。

   A. 短期国库券　　B. 地方政府债券　　C. 银行承兑汇票　　D. 长期债券

15. 下列业务中属于商业银行负债业务创新的有（　　　　）。

   A. 贷款证券化　　　　　　　　　　B. 备用信用证

   C. 可转让支付命令账户　　　　　　D. 自动转账服务账户

16. 下列属于银行负债管理理论的有（　　　　）。

   A. 银行券理论　　B. 存款理论　　　C. 购买理论　　　D. 商业票据理论

17. 信贷资产证券化的优点在于（　　　　）。

   A. 减少银行风险过度集中的风险　　B. 有助于银行实行规模效应

   C. 降低银行融资成本　　　　　　　D. 降低银行资本充足率

18. 下列关于久期缺口管理的理解，正确的有（　　　　）。

   A. 久期缺口为正值时，如果市场利率下降，银行的市场价值将增加

   B. 久期缺口为负值时，如果市场利率下降，银行的市场价值将减少

   C. 久期缺口为负值时，如果市场利率下降，银行的市场价值将增加

   D. 久期缺口的绝对值越小，银行对利率的变化越敏感

19. 下列说法正确的是（　　）。

　　A. 利率上升时，银行应保持利率敏感性正缺口

　　B. 利率下降时，银行应保持利率敏感性负缺口

　　C. 利率下降时，银行应保持利率敏感性正缺口

　　D. 利率上升时，银行应保持利率敏感性负缺口

20.《中华人民共和国商业银行法》（2015 年修订）规定，我国商业银行的经营原则是（　　）。

　　A. 安全性　　　　　　B. 流动性　　　　　　C. 盈利性　　　　　　D. 效益性

四、判断并改错

1. 银行承诺是典型的含有互换性质的表外业务。（　　）

2. 代理银行制是指两家以上商业银行受控于同一个人或者同一集团，但又不以股权公司的形式出现的银行制度。（　　）

3. 久期缺口的绝对值越大，利率变化对商业银行的资产和负债的影响越小。（　　）

4. 最早的银行资产管理理论是银行券理论。（　　）

5. 银行的资产负债表中，资产总额等于负债总额和银行资本之差。（　　）

6. 商业银行次级债券的本息清偿顺序先于存款负债而后于股本红利。（　　）

7. 一般来说，商业银行的资金来源中自有资本所占比重较大。（　　）

8. 商业银行传统的管理思想是负债管理思想。（　　）

9. 支付中介职能是商业银行最基本也是最能反映其经营特征的职能。（　　）

10. 商业银行向中央银行借款主要有再贴现和发行金融债券两种形式。（　　）

11. 可转让大额定期存单是由汇丰银行率先创新的金融工具。（　　）

12. 商业银行的证券类资产被称为"一级准备资产"。（　　）

13. 银行所承受的最大资产损失是银行的库存现金。（　　）

14. 可转让支付命令账户是以支付命令书代替支票进行转账结算的。（　　）

15. 可转换理论认为，银行能否保持其资产的流动性，关键在于负债的变现能力。（　　）

16. 银行的流动性要求主要来自负债方面的要求。（　　）

17. 购买理论认为，银行可以推销其金融产品以获取资金。（　　）

18. 银行的利率敏感性资产与利率敏感性负债的差额称为流动性缺口。（　　）

19. 根据久期缺口管理思想，当利率上升时，为使银行净值增加，必须使银行的久期缺口为正值。（　　）

20. 根据利率敏感性缺口分析，当银行处于资产缺口时，利率下降将会使银行的收入增加。（　　）

五、填空题

1. 商业银行的表内业务可以分为（　　）和（　　）。

2. 商业银行的经营原则是（　　）、（　　）和（　　）。

3. 早期商业银行奉行的资产管理理论是（　　）。

4. 1994年，为适应金融机构体系改革的需要，使政策性金融业务与商业性金融业务相分离，我国相继成立了（　　）、（　　）和（　　）三家政策性银行。

5. 当一家银行拥有的利率敏感性资产大于负债时，利率上升将会导致银行利润（　　）。

6. 大额可转让定期存单是1961年由（　　）银行推出的定期存款创新。

7. 同业拆借是商业银行（　　）的重要渠道。

8. 根据可转换理论，商业银行的资产范围从短期周转贷款扩展到了（　　）。

9. 发行次级债券可以作为商业银行补充（　　）的重要途径。

10. 票据贴现是商业银行的（　　）业务。

11. 历史上最早的股份制商业银行（　　）诞生于（　　）年。

六、计算题

1. 已知某商业银行的简化资产负债表（见表6-1）。

表6-1　某商业银行简化资产负债表

	资产	负债
利率敏感性	20亿元	50亿元
固定利率	80亿元	50亿元

请计算：

（1）如果利率上升5%，即从10%上升到15%，那么银行利润将如何变化？

（2）假定银行资产的平均持续期为5年，而负债的平均持续期为3年，则当利率上升1%时，将导致银行净财富如何变化？该变化相当于原始资产总额的百分比是多少？

（3）该银行应如何避免利率风险？

2. 假设某息票债券的票面额为1 000美元，期限5年，息票利率为5%。当市场利率为10%时，该债券的久期是多少？

3. 假定某银行拥有3 500万元固定利率资产、5 000万元利率敏感性资产、4 500万元固定利率负债和4 000万元利率敏感性负债。请对该银行进行缺口分析，并说明当利率下降0.5%时，该银行的利润将如何变化，你可以采取哪些行动来降低该银行的利率风险？

4. 假定某银行拥有1 000亿美元的资产，其平均久期为4年，拥有900亿美元的负债，其平均久期为6年。请对该银行进行久期分析，说明如果利率上升0.5%，银行的净值如何变化，你可以采取哪些行动来降低银行的利率风险？

七、简答题

1. 简述商业银行的组织结构类型。

2. 简述商业银行存款业务的创新品种。

3. 简述商业银行经营管理的基本原则。

4. 简述商业贷款理论。

5. 简析购买理论产生的背景和意义。

6. 如何理解商业银行的性质？

7. 商业银行的主要职能有哪些？

8. 简述商业银行的主要负债业务。

9. 商业银行的资产业务有哪些？

10. 什么是信贷资产证券化？资产证券化对商业银行有何意义？

11. 简述商业银行所有者权益的构成。

12. 比较商业银行贴现业务与贷款业务的异同。

13. 简述商业银行贷款"6C"原则的主要内容。

14. 简述商业银行证券投资业务的特点。

15. 简述商业银行的表外业务特点及其主要种类。

16. 当预测利率处于不同的波动阶段时，银行应如何配置利率敏感性资金？为什么？

17. 简述负债管理理论的发展演变过程及意义。

18. 什么是久期缺口管理法？

八、论述题

试述商业银行经营管理理论的发展脉络。

参考答案

一、名词解释

1. 银行控股公司制

答：银行控股公司制又称集团银行制，是指由某一银行集团成立股权公司，再由该公司控制或收购两家以上的若干银行而建立的一种银行制度。1999 年，美国颁布的《金融服务现代化法》在法律上确立了银行控股公司制度的地位。

2. 可转让支付命令账户

答：可转让支付命令账户（negotiable order of withdrawal account，NOW 账户），是银行负债业务的一种创新，该账户主要针对个人和非营利机构，是客户可以运用支付命令书进行支付和提现的储蓄存款账户。可转让支付命令账户的出现，打破了商业银行对支票账户的长期垄断，也是对长期以来活期存款不付息制度的一次突破。

3. 自动转账服务账户

答：自动转账服务账户（automatic transfer service account，ATS 账户），是最早产生于美国的一种创新性负债业务。它是将两个账户自动联结在一起的存款创新业务，存户同时在银行开立两个子账户：活期存款账户和储蓄存款账户，并保证活期存款账户上的余额始终在 1 美元以上。银行收到存户所开出的支票需要付款时，可将支付款项从储蓄存款账户转到活期存款账户上，进行转账结算。开立自动转账服务账户，存户要支付一定的服务费。

4. 利率敏感性缺口

答：利率敏感性缺口，是指银行的利率敏感性资产与利率敏感性负债之间的差额。利率敏感性资产大于利率敏感性负债称为正缺口，此时银行的收益与利率呈正向变化关系；利率敏感性资产小于利率敏感性负债称为负缺口，此时银行收益与利率呈反向变化关系。零缺口是指利率敏感性资产等于利率敏感性负债，理论上说，此时银行收益不受利率波动的影响。

5. 绿色金融

答：绿色金融，是指金融部门把环境保护作为一项基本的贷款政策，把与环境条件相关的潜在回报、风险和成本融合进银行的信贷决策中，通过对社会经济资源的引导，促进社会可持续发展的一种融资模式。在我国，它是指对环保、节能、清洁能源、绿色交通、绿色建筑等领域的项目投融资、项目运营、风险管理等所提供的金融服务。

6. 法定存款准备金

答：在实行中央银行制度的国家，为了确保商业银行的支付能力，也为了便于货币政策的实施，通常要求吸收存款的银行必须按一定法定比率缴存资金于中央银行，这部分资金被称为法定存款准备金。

7. 银行信用

答：银行信用是商业银行发挥"信用中介职能"的具体体现，是指银行及其他金融机构以货币形式，通过存款、贷款等业务活动提供的信用。银行信用是现代信用经济中的重要形式，银行信用的产生标志着一国信用制度的发展与完善。

8. 资本性债券

答：资本性债券，又称次级债券，是商业银行为解决其资本金不足而发行的，可记入附属资本的长期次级债券。其偿还顺序落后于一般性债券或高级债券，但优先于股本。资本性债券是商业银行补充资本金的方法之一。

9. 贷款承诺

答：贷款承诺是商业银行的表外业务形式之一，是指商业银行与客户达成的一种具有法律约束力的承诺协议，银行承诺在未来某一时期，按照约定条件提供贷款给借款人，并向借款人收取一定比例承诺费的一种授信业务。贷款承诺在信贷市场中扮演着重要的角色。

10. 票据发行便利

答：票据发行便利（note-issuance facilities，NIFs），又称票据发行融资安排，是指商业银行与客户之间签订一项具有法律约束力的中期循环融资保证协议，期限一般为 5～7 年，银行保证客户以自己的名义发行系列短期票据，银行则负责包销或提供未销售部分的等额贷款的一种表外业务。票据发行便利是 1981 年在欧洲货币市场上基于传统的欧洲银行信贷风险分散的要求而产生的一种金融创新工具。

11. 商业信用证

答：商业信用证（letter of credit，LC），是在国际贸易中，银行应进口方的请求向出口方开立的在一定条件下保证付款的凭证，通常简称信用证。信用证既是客户的结算工具，又是开证银行的书面承诺付款文件，因而属于银行担保类表外业务的一种。

12. 备用信用证

答：备用信用证（standby credit letter，SCL），是指开证行保证在开证申请人未能履行其应履行的义务时，受益人凭备用信用证的规定向开证行开具汇票，并随附开证申请人未履行义务的声明或证明文件，即可得到开证行偿付的一种担保信用证。备用信用证通常用作投标、还款、履约保证金的担保业务。

13. 银行保函

答：银行保函，又称银行保证书，是指银行（保证人）应申请人的请求，向第三人（受益人）开立的一种书面担保凭证，保证在申请人未能按双方协议履行其责任或义务时，由银行代其履行某种支付责任或经济赔偿责任。

14. 资产证券化

答：资产证券化，是指将已经存在的信贷资产集中起来，通过一定的结构安排，对资产中的风险和收益要素进行分离与重组，进而转换成在金融市场上可流通证券的过程。因此，资产证券化的本质是将贷款或应收账款转换为可流通的金融工具的过程。信贷资产证券化包括住房抵押贷款支持的证券化（MBS）和资产支持的证券化（ABS）两大种类。

15. 表外业务

答：表外业务，是指商业银行从事的按照现行的会计准则不计入资产负债表内，不形成现实资产负债，但能够引起当期损益变动的业务。这类业务对银行的资产负债表没有直接影响，但与表内的资产、负债业务关系密切，并在一定条件下会转为表内资产、负债业务的经营活动。

16. 自偿性贷款

答：所谓自偿性贷款，是指在生产或购买商品时所借的款项，可以用生产出来的商品或出售商品的款项予以偿还，如票据贴现和商品抵押贷款。在传统的真实票据说看来，只有发放自偿性贷款才能保证银行资产的安全性和流动性。

17. 久期

答：久期，也称持续期，是由美国经济学家弗雷德里克·麦考利（F. Macaulay）于 1936 年提出的，是指在一定的利率水平下，银行实际收回某种金融工具的投资本金和利息的时间。它等于金融工具各期现金流发生的时间乘以各期现金流现值与该金融工具现值总和的商，即相当于用每年现金流现值与总现金流现值之比作为权数，对现金流量发生的时间进行加权。久期概念在商业银行的资产负债综合管理中应用广泛。

二、单项选择

1. C　　2. B　　3. B　　4. D　　5. C　　6. C　　7. B　　8. C　　9. D　　10. C　　11. C

12. D　　13. D　　14. D　　15. A　　16. B　　17. A　　18. D　　19. A　　20. C　　21. B　　22. B

23. C　　24. D　　25. C　　26. C　　27. C　　28. D　　29. D　　30. C　　31. B

三、多项选择

1. BCD　　2. ABC　　3. AC　　4. ABC　　5. ABD　　6. CD　　7. ABC　　8. BC

9. ABD　　10. AD　　11. ABD　　12. ABC　　13. ABC　　14. ABC　　15. ACD　　16. ABCD

17. ABC　　18. AB　　19. AB　　20. ABD

四、判断并改错

1. （×）将"互换"改为"期权"

2. （×）将"代理"改为"连锁"

3. （×）将"影响越小"改为"影响越大"

4. （×）将"资产"改为"负债"

5. （×）将"差"改为"和"

6. （×）改为"后于存款负债而先于股本红利"

7. （×）将"大"改成"小"

8. （×）将"负债"改成"资产"

9. （×）将"支付中介"改为"信用中介"

10. （×）将"发行金融债券"改为"再贷款或直接借款"

11. （×）将"汇丰"改为"花旗"

12. （×）将"一级"改为"二级"

13. （×）将"库存现金"改为"资本总额"

14. （√）

15. （×）将"负债"改为"资产"

16. （×）在"负债"后面加上"和资产"

17. （×）将"购买理论"改为"销售理论"

18. （×）将"流动性"改为"利率敏感性"

19. （×）将"正"改为"负"

20. （×）将"利率下降"改为"利率上升"；或者将"收入增加"改为"收入减少"

五、填空题

1. 资产业务 负债业务

2. 安全性 流动性 盈利性

3. 商业贷款理论或真实票据说

4. 国家开发银行 中国进出口银行 中国农业发展银行

5. 增加

6. 花旗

7. 解决短期资金余缺

8. 证券资产

9. 资本；或附属资本

10. 资产

11. 英格兰银行 1694 年

六、 计算题

1. 已知某商业银行的简化资产负债表（见表6-2）。

表6-2 某商业银行简化资产负债表

	资产	负债
利率敏感性	20 亿元	50 亿元
固定利率	80 亿元	50 亿元

请计算：

（1）如果利率上升5%，即从10%上升到15%，那么银行利润将如何变化？

（2）假定银行资产的平均持续期为5年，而负债的平均持续期为3年，则当利率上升1%时，将导致银行净财富如何变化？该变化相当于原始资产总额的百分比是多少？

（3）该银行应如何避免利率风险？

答：（1）由于该银行有30(20−50 = −30)亿元的负缺口，所以，当利率上升5%时，银行利润会下降1.5(−30×5% = −1.5)亿元。

或者：当利率上升5%时，资产收益上升1(= 20×5%)亿元，负债支出上升2.5(50×5% = 2.5)亿元，所以，银行利润减少1.5(1−2.5 = −1.5)亿元。

（2）当利率上升1%时，银行资产价值下降 = 100×(−1%)×5 = −5(亿元)，银行负债支出

下降 $=100 \times (-1\%) \times 3 = -3$（亿元）。所以，银行净财富将会下降2亿元，该损失相当于原始资产总额的2%。

(3) 为了避免利率风险，银行可以缩短资产的持续期至3年，或者延长资产的持续期至5年，以实现资产与负债持续期的匹配。

2. 假设某息票债券的票面额为1000美元，期限5年，息票利率为5%。当市场利率为10%时，该债券的久期是多少？

解：根据久期定义得到如表6-3所示的结果。

表6-3　久期计算表

(1)　年	(2)　息票现金流	(3)　现值（$i=10\%$）	(4)　权重% $=\dfrac{PV_t}{\sum PV}$	(5)　加权久期$=(1) \times (4)$
1	50	45.45	5.608	0.056 08
2	50	41.32	5.098	0.101 96
3	50	37.57	4.636	0.139 08
4	50	34.15	4.214	0.168 56
5	50	31.05	3.831	0.191 55
5	1 000	620.92	76.613	3.830 65
合计		810.46		4.487 88

答：该债券的久期为4.487 88年，或约4.5年。

3. 假定某银行拥有3 500万元固定利率资产、5 000万元利率敏感性资产、4 500万元固定利率负债和4 000万元利率敏感性负债。请对该银行进行缺口分析，并说明当利率下降0.5%时，该银行的利润将如何变化，你可以采取哪些行动来降低该银行的利率风险？

解：利率敏感性缺口=利率敏感性资产-利率敏感性负债=5 000-4 000=1 000（万元）

即存在利率敏感性正缺口。

当利率下降时，银行将面临盈利下降的风险。

当下降0.5%时，银行盈利下降：$1 000 \times (-0.5\%) = -5$（万元）

答：银行的利润下降5万元。建议当预测利率下降时，银行应尽量保持负缺口，即减少利率敏感性资产总额、增加利率敏感性负债总额。

4. 假定某银行拥有1000亿美元的资产，其平均久期为4年，拥有900亿美元的负债，其平均久期为6年。请对该银行进行久期分析，说明如果利率上升0.5%，银行的净值如何变化，你可以采取哪些行动来降低银行的利率风险？

解：

$$久期缺口 = D_{gap} = 4 - 6 \times \frac{900}{1\ 000} = -1.4$$

即久期缺口为负。

如果利率上升0.5%，则银行净值变化为

$$\Delta P_E = (-\Delta r) \times \frac{1}{1+r} P_A \times D_{gap} = (-0.5\%) \times \frac{1}{1+5\%} \times 1\,000 \times (-1.4)$$
$$= 6.67(亿美元)$$

答：在久期缺口为负时，利率上升增加了银行净值。

当然，如果利率下降，将导致银行净值减少。

所以，根据久期缺口管理思想，当久期缺口为正值时，银行净值与市场利率呈反方向变动，即银行净值随着利率的上升而下降，随着利率的下降而上升；当久期缺口为负值时，银行净值与市场利率呈同方向变动；当久期缺口为零时，银行净值免遭利率波动的影响。而且，久期缺口的绝对值越大，银行净值对利率的变化就越敏感，银行的利率风险也就越大。

银行可根据这一原理，在对利率进行预测的基础上，适当调整其资产负债的久期结构，以适应利率变化的要求，扩大资产收益或减少损失，实现银行股东收益最大化。比如，当预期利率上升时，银行应尽量减小资产久期，扩大负债久期，使银行持有久期负缺口；而当预期利率下降时，银行则应将久期缺口向正缺口调整。

七、简答题

1. 简述商业银行的组织结构类型。

答：商业银行的组织结构类型包括五种，分别是：单一银行制、总分行制、银行控股公司制、连锁银行制、代理银行制。其中，总分行制是目前世界上大多数国家商业银行的组织结构类型。

(1) 单一银行制，是指银行业务只由各个相互独立的商业银行本部经营而不设立分支机构的银行组织制度。目前只有美国还有部分地区存在这种模式。

(2) 总分行制，又称为分支行制，是指在大城市设立总行，并在该市及国内外各地根据需要设立分支机构的银行制度。在这种制度下，分支行的业务和内部事务统一遵照总行的规章与指示办理。目前，世界各国一般都采取这种银行组织模式。

(3) 银行控股公司制，也有银行持股公司制之称，是指由某一银行集团成立股权公司，再由该公司控制或收购两家以上的若干银行而建立的一种银行制度。

(4) 连锁银行制，是指两家以上商业银行受控于同一个人或同一集团，但又不以股权公司的形式出现的银行制度。连锁银行的成员多是形式上保持独立的小银行，它们围绕在一家主要银行的周围，其中的主要银行为集团确立银行业务模式，并以它为核心，形成集团内部的各种联合。

(5) 代理银行制，也有往来银行制之称，指银行相互间签订代理协议，委托对方银行代办指定业务的银行制度。

2. 简述商业银行存款业务的创新品种。

答：商业银行存款业务的创新品种包括以下几种：

(1) 大额可转让定期存单（CDs）。它是 1961 年由美国花旗银行推出的定期存款创新：不记名并可流通转让；有存款起点的限制；不能提前支取，但可在二级市场流通转让；既可采用固定利率，也可采用浮动利率计算。

(2) 可转让支付命令账户（NOW）。它是 1972 年由美国马萨诸塞州储蓄银行推出的一种新型存款账户。该账户主要针对个人和非营利机构，客户可以使用支付命令书进行转账支付和提现。

(3) 自动转账服务账户（ATS）。它产生于 20 世纪 70 年代。其主要方法是，存户在银行开立活期存款账户和储蓄存款账户两个账户，并同时保证活期存款账户的余额始终保持在 1 美元或以上。银行收到存户所开出的支票需要付款时，自动将款项从储蓄存款账户转到活期存款账户上，以便支票结算。开立自动转账服务账户，存户要向银行支付一定的服务费。

(4) 货币市场存款账户（MMDA）。它产生于 20 世纪 80 年代初，其实质是处于银行内的货币市场共同基金（MMMF）。其特点是：①不限定开户对象，企业和个人均可开户，有存款限额规定，但起点不高，最低为 2 500 美元。②没有利率上限的约束。③可通过签发支票或电话通知向第三者支付，每月不得超过 6 次。

(5) 协定账户（AA）。这是一种存款可在储蓄存款账户、支票存款账户、货币市场存款账户之间自动转账的账户。对储蓄存款账户或支票存款账户规定一个最低的余额，超过最低余额的款项由银行自动转到货币市场存款账户，以获取较高的投资收益。

3. 简述商业银行经营管理的基本原则。

答：商业银行经营管理的基本原则，简称"三性"原则，就是保证资金的安全性，保持资产的流动性，争取最大的盈利性。

(1) 安全性原则。安全性，是指银行资产免遭损失、保障安全的可靠性程度。安全性原则对于商业银行的经营管理具有特殊的作用。第一，由商业银行的负债经营特点所决定。商业银行的资金主要来自社会公众的负债，一旦发生资产损失，就只能用有限的资本来冲销。第二，由商业银行资产负债的约束不匹配性所决定。负债方面，银行对存款人负有到期偿还的责任和义务；资产方面，如果借款人到期不能偿还，银行只能承受这一损失。第三，由商业银行经营的高风险性所决定。商业银行的上述经营特点使其面临着比一般企业更大的风险。因此，安全性原则不仅是银行盈利的客观前提，也是银行生存和发展的基础。

(2) 流动性原则。流动性，是指商业银行能够随时应付客户的提款，满足必要贷款的能力。银行的流动性要求来自于负债和资产两个方面。①从负债方面看，银行的负债主要来源于存款，当存款客户大量要求提款时，银行如果拿不出现金，就可能引起恐慌，严重的还可能会引起存款者的"挤兑"风潮，导致银行停业或破产。②从资产方面看，银行需要保持一定的流动资金满足老客户的贷款需求，以此发挥老客户的"示范效应"。

为了保证流动性，银行在经营活动中，一方面要力求使资产具有较高的流动性，另一方面也要使负债业务结构合理并保持有较多的融资渠道和较强的融资能力。

（3）盈利性原则。盈利性，是指银行为其所有者追求利润最大化。商业银行作为经营性企业，获取利润是其最终目标，也是其生存的必要条件，因为只有获取了足够的利润，银行才能扩大自身规模，巩固自身信誉，提高自身竞争力，在激烈的市场竞争中立于不败之地。

4. 简述商业贷款理论。

答：（1）商业贷款理论是西方商业银行发放贷款的一个很古老的原则。该理论认为，银行的主要资金来源是流动性最高的活期存款，这种来源是外生的，商业银行本身无法控制。因此，为了保持资金的高度流动性，银行只能发放短期的工商企业周期贷款。这种贷款以真实的商业票据为贷款抵押，票据到期后会形成资金自动偿还。所以，这种理论又被称为真实票据说。

（2）这种贷款理论的贡献：①该理论反映了信用不发达经济条件下，商品交易对银行信贷的真实需求。该理论有助于银行稳健、安全地经营。②该理论指出了商业银行资产流动性与负债流动性之间的关系，有利于防止银行因盲目贷款而造成的流动性风险。③该理论为商业银行从事贴现业务提供了理论依据。

（3）这种贷款理论的弊端：①没有考虑客户贷款要求的多样化；②忽视了银行存款的相对稳定性；③没有考虑到贷款清偿的外部条件。

5. 简析购买理论产生的背景和意义。

答：（1）购买理论，是商业银行负债管理理论之一。它产生于20世纪五六十年代，该理论产生的背景是基于金融工具的创新，货币市场的发展，金融管制和金融业竞争的加剧，从而促使商业银行主动争取其他存款和借款。

（2）该理论将资金视为产品，认为银行可以主动从外界购买资金作为增加流动性的手段；认为购买行为比资产管理行为更加主动和灵活；特别是在通货膨胀条件下，以高价购入资金的真实成本并不高。同时，由于无须经常保有大量的高流动性资产，资金可以投入到更有利可图的资产上，这对银行的盈利无疑是有好处的。

（3）购买理论开创了保持银行流动性的新途径：这种理论强调，只要资产收益大于负债成本，就应该进行主动负债，以获取利差收入。

6. 如何理解商业银行的性质？

答：商业银行是以盈利为目的，以多种金融负债筹集资金，以多种金融资产为经营对象，具有信用创造功能的金融机构。商业银行不同于其他经济主体的性质表现在以下三点。

（1）商业银行是企业。商业银行与一般工商企业一样，是以盈利为目的的企业。它具有从事业务经营所需要的自有资本，依法经营，照章纳税，自负盈亏。

（2）商业银行是特殊的企业，其特殊性具体表现在经营对象的特殊性和企业责任的特殊性上。

（3）商业银行是特殊的金融企业。不同于专业银行，商业银行有"金融百货公司"和"万能银行"之称。

7. 商业银行的主要职能有哪些？

答：商业银行具有以下五个基本职能。

（1）信用中介职能：体现为银行为客户办理存款、贷款业务等职能。信用中介职能是商业银行最基本、最能反映其经营活动特征的职能。

（2）支付中介职能：通过转换结算成为社会经济活动中的出纳中心和支付中心。

（3）信用创造职能：在支票流通和转账结算的基础上，贷款转化为存款，产生出派生存款，从而增加银行体系的资金来源。

（4）金融服务职能：商业银行利用自身优势为客户提供多种金融服务，主要包括各种代理、信息咨询、融资服务、财务管理、信托等不影响资产负债表的业务，一般称之为"表外业务"。

（5）经济调节职能：商业银行作为特殊的企业，还负担着调节经济的职能。商业银行通过其信用中介活动，调剂社会各部门的资金短缺，同时在央行货币政策和其他国家宏观政策的指引下，实现经济结构与产业结构等方面的调整。此外，商业银行通过其在国际市场上的融资活动，还可以调节本国的国际收支状况。

综上，商业银行因其广泛的职能，对整个社会经济活动的影响十分显著，在整个金融体系乃至国民经济中位居特殊而重要的地位。

8. 简述商业银行的主要负债业务。

答：商业银行的负债主要是由存款和非存款性的借债组成的，其中存款又占绝大部分。

（1）存款业务：是银行的"被动型负债"业务，是指银行接受客户存入的货币款项，存款人可随时或按约定时间支取款项的一种负债业务，在负债业务中占最主要的地位。传统的分类方法是将存款分为活期存款、定期存款和储蓄存款三大类。

（2）存款业务的创新：如可转让支付命令账户、自动转账服务账户、货币市场存款账户、大额可转让定期存单等（定义略）。

（3）借款业务：通常被称为"主动型负债"，是商业银行以各种方式从金融市场上借入款项获得资金的负债业务。

1）从中央银行借款：中央银行是商业银行的最后贷款人。商业银行资金不足时，可以向中央银行借款，其主要有两种形式，即再贴现和再贷款。

2）金融机构之间的借款：共有三种方式，一是同业拆借，是指金融机构之间临时性的

　　资金融通行为，主要用于维持日常性的资金周转。它是商业银行解决短期资金余缺。二是转贴现，是指金融机构为了取得资金，将未到期的已贴现商业汇票再以贴现方式向另一金融机构转让的票据买卖行为。三是回购协议，是指银行通过出售金融资产获得资金的同时，确定一个在未来某一时间、按一定价格购回该项资产的协议。出售和回购的对象一般是国库券。

3）发行金融债券：发行金融债券是商业银行筹集长期资金的重要途径。从发行目的看，金融债券可分为一般性债券和资本性债券。一般性债券，是商业银行为了解决其中长期资金来源而发行的，以其自身资本做抵押的担保债券，或以自身信用为保证发行的信用债券。资本性债券，也称次级债券，是商业银行为解决其资本金不足而发行的，可记入附属资本的长期次级债券。

4）从国际金融市场贷款：商业银行可在国际金融市场上通过吸收存款，发行 CDs、商业票据、金融债券等方式获取资金。其中，欧洲美元借款是主要融资方式。

9. 商业银行的资产业务有哪些？

答：商业银行的资产业务，是指商业银行对资金加以运用的业务，是银行获取收益的主要途径。从商业银行的资产负债表中可以看出，银行的资产业务主要包括现金资产、贷款和证券投资三大类。

（1）现金资产：是银行资产中流动性最高的部分，通常并不给银行带来直接的收益，但它是银行维持正常经营所必需的。现金资产由库存现金、在中央银行存款、同业存款和在途资金组成。

（2）贷款：又称放款，是银行将其所筹集的资金按一定的利率贷放给客户，并按约定期限收回的资产业务。贷款是银行最重要的资产业务。按贷款有无抵押品来划分，贷款方式可分为担保贷款和信用贷款。商业银行的另外一种特殊的贷款方式是票据贴现，它是商业银行传统的信贷业务，是指银行买进客户未到期的合格票据，扣除一定的贴息，把余下资金融通给客户的业务。贴现本质上相当于以票据为抵押的贷款，因而也被称为"贴现贷款"。

（3）证券投资：商业银行的证券投资业务，是指商业银行将资金用于购买有价证券的活动。商业银行证券投资的主要对象是信用可靠、风险较小、流动性较强的政府及其所属机构的证券，如公债券、国库券、市政债券及一些财务实力雄厚、信誉较高的公司债券等。

10. 什么是信贷资产证券化？资产证券化对商业银行有何意义？

答：（1）信贷资产证券化是指将已经存在的信贷资产集中起来，通过一定的结构安排，对资产中的风险和收益要素进行分离与重组，进而转换成在金融市场上可以出售的流通证券的过程，即信贷资产证券化的本质是将贷款或应收账款转换为可流通的金融工具的过程。

（2）信贷资产证券化的种类包括，住房抵押贷款支持的证券化（MBS）和资产支持的证券化

（ABS）。

（3）信贷资产证券化的创新在于使商业银行可以通过盘活存量资产来融资，这样做的好处包括以下五点。

1）有助于减少商业银行信用集中的风险。信贷资产证券化后，通过资产真实地出售给特别目的的公司，并以此为支撑发行证券，一旦债务人违约，承担风险的人就变成了证券投资者、信用增级者与银行（银行通常会回购一定比例的证券），从而降低银行的风险。

2）有助于商业银行实现规模效应。证券化盘活了信贷资产，使应收账款提前变现，从而增加银行可支配资金总额，有助于增加信贷资产规模，实现规模效应。

3）有助于改善商业银行的资产负债表。通过资产证券化，将原来属于应收账款的资产变为现金资产，同时通过真实出售给 SPV，使证券化资产从银行的资产负债表中移出，从而有助于改善银行的资产负债表。

4）有助于降低商业银行融资成本。在证券化过程中，通常要通过信用增级手段来提高证券化信贷资产的信用等级，从而降低票面利率，减少变现成本或融资成本。

5）有助于提高商业银行的资本充足率。资本充足率，是指银行的资本总额与其风险资产总额之比。其中，风险资产等于银行的各项资产余额乘以其对应的风险系数之后的总和。例如，在风险系数的确定上，住房抵押贷款的风险系数是 100%，而现金资产的风险系数是 0%，这就意味着通过资产证券化将资本充足率的分母变小了，从而提高了资本充足率，增强了银行抗风险的能力。

11. 简述商业银行所有者权益的构成。

答：所有者权益，是指银行的自有资本，代表着对商业银行的所有权。与其他企业相同，商业银行所有者权益包括实收资本或股本、资本公积金、盈余公积金、未分配利润。

（1）实收资本或股本，是商业银行最原始的资金来源，是筹建银行时所实缴资本或发行股票面值的合计金额。

（2）资本公积金，包括股票溢价、法定资产重估增值部分和接受捐赠的财产等形式所增加的资本。它可以按照法定程序转增资本，即计提法定公积金。这部分资金不能用于分配股息或红利，只能用于弥补经营亏损，或将其转化为股本。

（3）盈余公积金，是商业银行按照规定从税后利润中提取的用于商业银行自我发展的一种积累，包括法定盈余公积金（达到注册资本金的 50%）和任意盈余公积金。

（4）未分配利润，是商业银行实现的利润中尚未分配的部分，在其未分配前与实收资本和公积金具有同样的作用。

12. 比较商业银行贴现业务与贷款业务的异同。

答：（1）定义：贷款又称放款，是银行将其所筹集的资金按一定的利率贷放给客户，并按约定期限收回的资产业务。贴现即票据贴现，是指银行买进客户未到期的合格票据，扣除一定的贴息，把余下资金融通给客户的业务。贴现对象为商业票据、国库券等。

（2）相同点：二者都是银行传统的资产业务，贴现本质上相当于以票据为抵押的贷款，因而也被称为"贴现贷款"。

（3）区别：第一，利息收取时间不同。贷款是事后收取利息，而贴现实行预收利息的方法，即在买进票据时就从票据面额中预扣利息。第二，借款人身份不同。贷款通常是以购货人（付款人）为借款对象，而贴现通常是以持票人（收款人）为借款对象。第三，融资期限不同。贷款的期限可长可短，而贴现的期限一般较短，通常在一年以下。第四，流动性不同。贷款只有到期才能收回本息，流动性较差。但通过商业银行贴现的票据还可以通过转贴现、再贴现融通资金，流动性较强。第五，风险性不同。在贴现业务中，银行保留了对票据出售人的追索权，实际上是保留了对承兑银行的追索权，因而票据贴现风险较低。在贷款到期时，若借款人无力还贷，银行只能对借款人行使抵押权。一般地，抵押权的行使成本高于追索权，因而贷款的风险高于票据贴现。

13. 简述商业银行贷款"6C"原则的主要内容。

答：（1）贷款又称放款，是银行将其所筹集的资金按一定的利率贷放给客户，并按约定期限收回的资产业务。贷款是银行最重要的资产业务。

（2）银行在办理信贷业务时都要遵循一些基本原则，这些原则对于贷款投向、条件、用途、方式和数额等起着制约作用，这就是贷款原则。

（3）贷款"6C"原则是根据贷款考核的 6 个指标的缩写来命名的，即要审核贷款是否发放时，着重考察借款人的以下 6 个方面：①品德（character），指借款人的作风、观念以及责任心等。借款人过去的还款记录是银行判断借款人品德的主要依据。②能力（capacity），指借款人归还贷款的能力，包括借款企业的经营状况以及企业负责人的才干和个人背景等。③资本（capital），指借款者的自有资本。它是影响借款者偿债能力的重要因素。④担保（collateral），指借款者提供的还款抵押品。银行必须考虑抵押品的价值、保管难易程度及变现能力等。⑤经营条件（condition），指借款者所处的经营环境及其稳定性，包括竞争状况、劳资关系、行业前景及宏观经济和政治形势等。⑥连续性（continuity），指借款人经营前景的发展趋势。

14. 简述商业银行证券投资业务的特点。

答：（1）定义：商业银行的证券投资业务，是指商业银行将资金用于购买有价证券的活动。

（2）商业银行证券投资目的的特殊性：一是为了谋取收益（利息收入和证券增值的收益）；二是为了实现资产多样化，以分散风险；三是为了提高资产的流动性，尤其是投资信用可靠的政府债券及其他货币市场上的短期证券；四是合理避税，各国政府在发行国债和市政债券时，均有税收优惠，银行可以通过合理的证券组合达到有效避税、增加收益的目的。

(3) 商业银行证券投资对象的特殊性：商业银行证券投资的主要对象是信用可靠、风险较小、流动性较强的政府及其所属机构的证券，如公债券、国库券、市政债券及一些财务实力雄厚、信誉较高的公司债券等。

(4) 我国商业银行可以投资的债券有三类：政府债券、金融债券和公司债券。除此之外，其他投资对象还包括商业票据、央行票据、回购协议、银行承兑汇票及创新的金融工具，如期权、期货等。

15. 简述商业银行的表外业务特点及其主要种类。

答：(1) 定义：表外业务，是指商业银行从事的按照现行的会计准则不计入资产负债表内，不形成现实资产负债，但能够引起当期损益变动的业务。这类业务对银行的资产负债表没有直接影响，但与表内的资产、负债业务关系密切，并在一定条件下会转为表内资产、负债业务的经营活动。

(2) 根据巴塞尔银行监管委员会的相关界定和一些西方国家银行业同业协会的建议，表外业务一般分为以下四大类：承诺类、金融担保类、贸易融资类和金融衍生工具业务类。

(3) 承诺类：是指商业银行承诺在未来某一时期内或某一时间，按照事先约定的条件，向客户提供约定的信用业务的一类新型表外业务，如贷款承诺和票据发行便利等。银行承诺是典型的含有期权性质的表外业务，相当于客户拥有一个看涨期权，当其需要资金融通，而此时市场利率高于贷款承诺中规定的利率时，客户就可以要求银行履行贷款承诺，对客户按事先商定的条件发放贷款；反之，则可以选择不要求银行履行贷款承诺。对于银行来说，贷款承诺在贷款被正式提取之前属于表外业务，一旦履行，该笔业务就转化为表内资产业务（贷款业务）。

(4) 金融担保类：是指银行根据交易中一方的申请，为申请人向交易的另一方出具履约保证，承诺当申请人不能履约时，由银行按照约定履行债务或承担责任的行为。担保业务虽不占用银行的资金，但形成银行的或有负债，银行为此要收取一定费用。银行开办的担保类业务主要有商业信用证、备用信用证、银行保函及票据承兑等比较传统的表外业务。

(5) 贸易融资类：是指服务于国际及国内贸易的短期资金融通业务，包括信用证、托收、汇款等业务项下的授信及融资业务等。作为银行表外业务的贸易融资业务，更多的是指结构贸易融资业务，是一种集信息、财务、融资于一体的综合性金融工具。目前国际上常用的工具主要有出口信贷（包括买方信贷、卖方信贷）、银团贷款、银行保函、出口信用保险、福费廷、国际保理等。

(6) 金融衍生工具业务类：是指各类金融衍生工具，如互换、期货、期权、远期合约、利率上下限等。

（7）我国的分类：我国银监会[⊖]在 2016 年 11 月公布的《商业银行表外业务风险管理指引（修订征求意见稿）》中，根据表外业务特征和法律关系，将我国商业银行的表外业务分为担保承诺类、代理投融资服务类、中介服务类及其他等。

16. 当预测利率处于不同的波动阶段时，银行应如何配置利率敏感性资金？为什么？

答：（1）利率敏感性缺口的定义：是指银行资产的利息收入与负债的利息支出受市场利率变化影响的大小，用利率敏感性资产（如浮动利率贷款）与利率敏感性负债（如发行的浮动利率债券）之差表示，即利率敏感性缺口（GAP）＝利率敏感性资产（RSA）－利率敏感性负债（RSL）。也可以用利率敏感性比率来描述，即利率敏感性比率（SR）＝利率敏感性资产（RSA）/利率敏感性负债（RSL）。

（2）利率敏感性缺口的种类：当利率敏感性资产大于利率敏感性负债时，称为正缺口；反之，称为负缺口；当利率敏感性资产等于利率敏感性负债时，称为零缺口。

（3）当预测市场利率上升时，银行尽量持有正缺口。因为当利率果真上升时，银行收益的增加值将大于银行成本的增加值，从而使银行的总体利润水平上升，盈利能力增强。

当预测市场利率下降时，银行尽量持有负缺口。因为当利率果真下降时，银行收益的减少值将小于银行成本的减少值，从而使银行的总体利润水平上升，盈利能力增强。

（4）利率变动、利率敏感性缺口与银行净利息收入的关系如表 6-4 所示。

表 6-4　关系表

利率敏感性缺口	利率变动方向	银行盈利变动情况
正缺口	上升 下降	上升 下降
负缺口	上升 下降	下降 上升
零制品	上升 下降	无变动

17. 简述负债管理理论的发展演变过程及意义。

答：（1）负债管理理论最早出现于 20 世纪 50 年代的美国，在 60 年代快速兴起。该理论的核心是，主张用借入资金的办法来保持银行负债的流动性，从而增加资产业务，提高银行收益。

（2）负债管理理论经历了传统的银行券理论和存款理论，以及现代的购买理论和销售理论的演变与发展过程。

（3）银行券理论和存款理论：银行券理论，是最古老的负债管理理论。该理论认为，商业银行应以贵金属做准备发行银行券，银行券数额与贵金属准备数额之间的比例应视经济形

⊖　现改为银保监会。

势而变动，以避免滥发的后患。这一理论的核心是强调负债的适度性。存款理论的基本思想是，对银行来说，存款始终是具有决定性作用的。银行应尽最大努力去扩大存款，甚至主张"存款立行"。存款理论建议银行要注重稳健经营。

（4）购买理论和销售理论：购买理论将资金视为产品，认为银行可以主动从外界购买资金作为增加流动性的手段，如美国将同业拆借称为"购入联邦基金"（purchased federal fund）就是一例。该理论产生的背景是金融工具的创新、货币市场的发展、金融管制和金融业竞争的加剧，从而促使商业银行主动争取其他存款和借款，以增加负债规模。销售理论则将自己发行的负债凭证作为产品，认为银行可以出售这类产品以获取资金。销售理论产生于 20 世纪 80 年代，它认为银行是金融产品的制造企业。在这种思想的支配下，"银行营销"便成为一个专门性的课程，银行"客户经理制"日益得到重视。在这一原则的支配下，商业银行的理财产品销售业务得以迅速发展。

（5）负债管理理论的评价：积极的负债管理使得银行在遇到存款准备金不足时，可以从负债方面想办法，寻找新的资金来源，而不必受制于现有的资金头寸。因此，这有利于银行管理的灵活性，便于扩大资产规模。但是，积极的负债管理并不是没有缺陷的，突出的表现为：第一，导致银行成本上升；第二，导致风险增加。所以，20 世纪 70 年代以后，兼顾资产和负债两方面的资产负债综合管理理论就产生了。

18. 什么是久期缺口管理法？

答：（1）久期（duration），也称持续期，是由美国经济学家弗雷德里克·麦考利（F. Macaulay）于 1936 年提出的，最初是用来衡量固定收益证券的实际偿还期，也可以用来计算市场利率变化时债券价格的变化程度。20 世纪 70 年代以后，随着西方商业银行面临的利率风险加大，久期概念便应用于商业银行资产负债管理之中。

（2）久期，是指在一定的利率水平下，银行实际收回某种金融工具的投资本金和利息的时间。它等于金融工具各期现金流发生的时间乘以各期现金流现值与该金融工具现值总和的商，相当于用每年现金流现值与总现金流现值之比作为权数，对现金流量发生的时间进行加权，用数学公式表示为：

$$D = \sum_{t=1}^{n} t \times \left[\frac{\dfrac{CF_t}{(1+i)^t}}{\displaystyle\sum_{t=1}^{n} \dfrac{CF_t}{(1+i)^t}} \right]$$

（3）久期缺口：是指银行资产加权久期减去负债加权久期与资产负债率乘积的差，即：

久期缺口 = 资产加权平均久期 - 负债加权平均之期 × (总负债/总资产)

用符号表示为：

$$D_{gap} = D_A - D_L \times \frac{P_L}{P_A}$$

（4）久期缺口对银行净值的影响，用公式表示为：$\Delta P_E = (-\Delta r) \times \dfrac{1}{1+r} \times P_A \times D_{gap}$。

（5）因此，当久期缺口为正值时，银行净值与市场利率呈反方向变动，即银行净值随着利率的上升而下降，随着利率的下降而上升；当久期缺口为负值时，银行净值与市场利率呈同方向变动；当久期缺口为零时，银行净值免遭利率波动的影响。而且，久期缺口的绝对值越大，银行净值对利率的变化就越敏感，银行的利率风险也就越大。

（6）久期缺口管理法的思想：在对利率进行预测的基础上，适当调整其资产负债的久期结构，以适应利率变化的要求，扩大资产收益或减少损失，实现银行股东收益最大化。比如，当预期利率上升时，银行应尽量减小资产久期，扩大负债久期，使银行持有久期负缺口；当预期利率下降时，银行则应将久期缺口向正缺口调整。

八、论述题

试述商业银行经营管理理论的发展脉络。

答：商业银行经营管理理论，是指商业银行为实现安全性、流动性和盈利性三原则的均衡，按一定策略配置资金、管理资产的理论。按其发展脉络，可分为资产管理理论、负债管理理论和资产负债综合管理理论。

（1）资产管理理论，是商业银行的传统管理办法。在 20 世纪 60 年代以前，银行资金来源大多是吸收活期存款。该理论认为，银行资金来源的规模和结构是银行自身无法控制的外生变量，而资产业务的规模和结构则是其自身能够控制的变量。银行应主要通过对资产规模、结构和层次的管理来保持适当的流动性，实现其盈利性目标。资产流动性管理又经历了商业贷款理论、可转换理论、预期收入理论三个发展阶段。

1）商业贷款理论，或称真实票据论，要求贷款应以真实交易背景的商业票据为根据，以保证按期收回贷款。该理论指出了商业银行资产流动性与负债流动性之间的关系，有利于防止银行因盲目贷款而造成的流动性风险。因此，该理论有助于银行稳健、安全地经营。但是它也存在一些弊端：第一，没有考虑贷款要求的多样化；第二，忽视了银行存款的相对稳定性；第三，没有考虑到贷款清偿的外部条件。

2）可转换理论，又称资产转换理论。该理论认为，为了保持流动性，商业银行可以将其资金的一部分投资于具备转让条件的证券上。显然，这种理论是以金融工具和金融市场的发展为背景的。

3）预期收入理论，认为贷款应根据借款人未来收入或现金流量制订的还款计划为基础。只要借款人具有可靠的预期收入，就不至于影响流动性。换言之，这种理论强调的不是贷款能否自偿，也不是担保品能否迅速变现，而是借款人的确有可用于还款的任何预期收入。

（2）负债管理理论，认为银行资产的流动性可以由负债管理提供。该理论产生于 20 世纪 60

年代后期，是在金融创新中发展起来的理论，一方面银行面临资金来源不足的窘境；另一方面为了维持与客户的良好关系，又必须满足客户对贷款的要求。因此，迫使银行不得不以创新方式去获取新的资金来源。该理论的积极意义有：开创了保持银行流动性的新途径，由单靠吸收存款的被动型负债方式，发展成向外借款的主动型负债方式。但积极的负债管理也存在明显缺陷：第一，提高了银行的融资成本，因为一般通过借款融入资金须支付高于一般存款的利息。第二，增加了风险，如果融资成本上升，银行就有可能冒更大的风险，而且借款主要借助金融市场，而市场则是变幻莫测的。负债管理理论经过了传统的银行券理论、存款理论和现代的购买理论和销售理论的演变与发展。（见简答题 17 题，此处略）

（3）资产负债综合管理理论，强调对银行的资产和负债进行全面综合管理。该理论认为，无论是资产管理还是负债管理，都是只侧重一个方面来对待银行的盈利性、流动性和安全性，也很难避免重此轻彼现象的发生，比如，负债管理过分强调依赖外部借款，却增大了银行经营风险。因此，一个能将盈利性、流动性和安全性三者的组合推进到协调得更合理、更有效率的管理，应该是对资产和负债的并重管理、综合性管理。

第七章
CHAPTER7

中央银行

▓ 本章摘要

1. 中央银行的产生是统一货币发行，统一全国票据清算，充当最后贷款人及金融宏观调控的需要。

2. 中央银行所有制形式：全部资本国有，国家资本与民间资本共同组建，私人持有全部股份，无资本金的中央银行，多国共有资本的中央银行。

3. 中央银行成立的途径：一是由股份制商业银行演变而成；二是由政府组建。

4. 1948 年 12 月 1 日，在合并原解放区的华北银行、北海银行和西北农民银行的基础上，于石家庄成立了中国人民银行，1949 年 2 月迁往北平。从 1984 年起，中国人民银行专门行使中央银行职能。1995 年 3 月，《中华人民共和国中国人民银行法》颁布，从法律上进一步明确了中国人民银行作为我国中央银行的性质和基本职能。

5. 从组织结构上看，中央银行可划分为四种类型：单一式中央银行、复合中央银行、跨国中央银行及准中央银行。

6. 中央银行是国家赋予其制定和执行货币政策，对国民经济进行宏观调控和管理监督的特殊的金融机构。这一性质表明，中央银行既是特殊的金融机构，又是特殊的国家机关。

7. 中央银行履行的基本职能有：发行的银行、银行的银行和政府的银行三大类。

8. 中央银行的资产负债表由资产、负债和所有者权益三大项构成。与一般经济体先有资金来源（负债或资本）业务，然后才会发生相应的资产业务迥然不同，中央银行的资产负债表业务的逻辑是先有资产业务，然后才会发生负债业务。

9. 基础货币（base money，通常用 B 表示），是指流通在外的通货（C）和银行准备金存款（R）之和，即 $B = C + R$。基础货币实际上是中央银行对社会大众的负债总额，由于可以支撑数倍的货币供给额，故称为高能货币或强力货币。

10. 中央银行可以通过国外净资产、对其他存款性公司债权、发行债券和政府存款的变动来影响基础货币。

习题

一、名词解释

1. 最后贷款人　　　　2. 准中央银行制度　　　　3. 发行的银行

4. 银行的银行　　　　5. 政府的银行　　　　6. 支付清算体系

7. 发行基金　　　　　8. 基础货币　　　　　9. 外汇占款

二、单项选择

1. 世界各国中央银行的组织形式以（　　）最为流行。

　　A. 单一制　　　　B. 复合制　　　　C. 跨国型　　　　D. 准中央银行制

2. 英格兰银行的建立标志着现代银行业的兴起，它成立于（　　）。

　　A. 1765 年　　　　B. 1921 年　　　　C. 1694 年　　　　D. 1473 年

3. 所谓"国家的银行"是指（　　）。

　　A. 中央银行的所有权属于国家　　　　B. 中央银行代理国库

　　C. 中央银行代表国家办理各项金融事务　　　　D. 中央银行向政府提供信用

4. 美国如今的中央银行联邦储备体系成立于（　　）。

　　A. 1927 年　　　　　　　　　　B. 1913 年

　　C. 1944 年　　　　　　　　　　D. 1973 年

5. 属于准中央银行体制的国家或地区是（　　）。

　　A. 马来西亚　　　　B. 印度尼西亚　　　　C. 缅甸　　　　D. 新加坡

6. 下列国家或地区的中央银行所有制形式属于无资本金类型的是（　　）。

　　A. 韩国　　　　B. 日本　　　　C. 加拿大　　　　D. 瑞士

7. 从（　　）年起，中国人民银行开始专门行使中央银行职能。

　　A. 1983　　　　B. 1985　　　　C. 1984　　　　D. 1986

8. 下列哪项不属于中央银行的业务内容（　　）。

　　A. 发行货币　　　　　　　　　　B. 集中存款准备金

　　C. 吸收个人存款　　　　　　　　D. 管理国家黄金和外汇储备

9. 办理异地跨行清算体现了中央银行的（　　）职能。

    A. 发行的银行　　　B. 银行的银行　　　C. 政府的银行　　　D. 调节

10. 管理外汇和黄金准备体现了中央银行的（　　）职能。

    A. 发行的银行　　　B. 银行的银行　　　C. 政府的银行　　　D. 调节

11. 中国现代化支付系统（China National Advanced Paymeng System，CNAPS）于（　　）启动。

    A. 1994 年　　　　B. 1995 年　　　　C. 1996 年　　　　D. 1998 年

12. 中央银行的业务对象是（　　）。

    A. 工商企业　　　B. 政府　　　　　C. 金融机构　　　D. 城市居民

13. 中央银行最根本的职能是（　　）。

    A. 发行的银行　　　B. 国家的银行　　　C. 银行的银行　　　D. 以上三个都是

14. 在中央银行负债项目中占比最大的项目是（　　）。

    A. 商业银行的准备金存款　　　　　　B. 流通中通货

    C. 政府部门存款　　　　　　　　　　D. 其他负债和资本权益

15. 中央银行的产生（　　）商业银行。

    A. 早于　　　　　B. 晚于　　　　　C. 同时　　　　　D. 不一定

三、多项选择

1. 下列属于建立中央银行的必要性的是（　　）。

    A. 中央集权的需要　　　　　　　　　B. 统一发行货币的需要

    C. 最后贷款人的需要　　　　　　　　D. 票据清算的需要

2. 中央银行的职能可以高度概括为（　　）。

    A. 发行的银行　　　　　　　　　　　B. 管理的银行

    C. 银行的银行　　　　　　　　　　　D. 国家的银行

3. 从组织结构上看，中央银行可以划分的类型有（　　）。

    A. 单一式中央银行　　　　　　　　　B. 复合式中央银行

    C. 跨国中央银行　　　　　　　　　　D. 准中央银行

4. 下列属于中央银行所有制形式的有（　　）。

    A. 全部资本归国家所有的中央银行

    B. 国家资本与民间资本共同组建的中央银行

    C. 全部股份由私人持有的中央银行

    D. 资本为多国所有的中央银行

5. 中央银行作为国家银行，其职能体现在（　　）。

    A. 国库存款　　　B. 企业存款　　　C. 代理政府债券发行　　D. 银行存款

6. 属于准中央银行制度的国家和地区有（   ）。

    A. 中国香港   B. 新加坡   C. 沙特阿拉伯   D. 英国

7. 中国人民银行是在原解放区的（   ）的基础上建立的。

    A. 中国农民银行   B. 北海银行

    C. 华北银行   D. 西北农民银行

8. 中央银行作为银行的银行的职能主要体现在（   ）。

    A. 集中存款准备金   B. 稳定通货

    C. 最终贷款人   D. 组织全国的清算

9. 下列属于中央银行资产负债表中的负债项目的有（   ）。

    A. 再贴现   B. 流通中通货

    C. 政府存款   D. 其他存款性公司存款

10. 中国人民银行在公开市场上买卖的有价证券主要是（   ）。

    A. 中央银行票据   B. 企业债券

    C. 国债   D. 政策性金融债

四、判断并改错

1. 中央银行垄断货币发行权是中央银行区别于商业银行的根本标志。（   ）

2. 成立于1910年的美国联邦储备体系，是第一次世界大战爆发前最后建立的中央银行制度。
（   ）

3. "最后贷款人"意味着中央银行是整个金融机构和非银行社会大众的最后资金提供者。（   ）

4. 中央银行的资本所有制决定其控制权的归属问题。（   ）

5. 中央银行作为国家机器的组成部分，不得在外国设立分支机构。（   ）

6. 在存款准备金制度下，商业银行等金融机构吸收的存款必须按照法定比率提取准备金缴存中央
银行，其余部分才能用于放款或投资。（   ）

7. 当中央银行对金融机构的债权总额大于负债总额时，若其他对应项目不变，其差额部分通常通
过减少货币发行量来弥补。（   ）

8. 中央银行对黄金外汇拥有的经营管理权产生了黄金外汇的买卖业务，成为中央银行重要的负债
项目。（   ）

9. 中央银行通过在一级市场和二级市场上买卖国库券以达到调控货币供应量的目的。（   ）

10. 中央银行在发行货币的同时会形成自身的资产业务。（   ）

11. 再贴现和再贷款业务也是中央银行投放基础货币的重要途径。（   ）

12. 欧洲中央银行属于准中央银行制度。（   ）

13. 中国现代化支付系统（CNAPS）是我国国家级的现代化的支付系统。（   ）

14. 当中央银行发行中央银行票据时，商业银行的超额储备增加，货币供应量增加。（　　）

15. 一般地，中央银行资产业务的增加，会直接导致流通中货币量的减少。（　　）

五、填空题

1. 历史上最早从商业银行中分化出来的中央银行是（　　　）。

2. 在我国最早具有中央银行形态的是清政府时期的（　　　）。

3. 中央银行的性质和宗旨决定了其基本职能是（　　　）、（　　　）和（　　　）。

4. 世界各国的中央银行的组织形式以（　　　）最为流行。

5. 支付清算体系是一个国家或地区对于金融机构及社会经济活动产生的（　　　）进行清偿的系统。

6. 基础货币由（　　　）和（　　　）两部分组成。

7. 中央银行在银行间债券市场买入国债将导致基础货币（　　　）。

8. 中国人民银行资产负债表中资产项主要包括（　　　）、（　　　）、（　　　）和对其他金融性公司债权。

9. 一般地，存款准备金由（　　　）和（　　　）两部分组成。

10. 1773 年在（　　　）诞生了世界上第一家票据交换所，开创了票据集中清算的先河。

六、简答题

1. 简述中央银行的职能。

2. 中央银行制度有哪些类型？这些类型各有哪些代表性国家？

3. 简述中央银行支付清算体系的主要内容。

4. 如何理解"中央银行是特殊的金融机构"？

5. 中央银行为什么要垄断货币发行？

6. 中央银行资产负债表的构成内容有哪些？其特点是什么？

7. 中央银行在一级市场购买国债和在银行间债券市场购买国库券，这两笔交易在央行资产负债表上有何不同？为什么各国法律一般禁止央行的第一种行为？

8. 假定中央银行对商业银行进行再贴现业务，这一交易在央行资产负债表上如何记录？

9. 中央银行的资产业务如何引起基础货币的变动？

10. 影响基础货币的因素有哪些？

七、论述题

试简述中央银行产生的必要性及其发展历程。

参考答案

一、名词解释

1. 最后贷款人

答：最后贷款人是中央银行履行"银行的银行"职能的具体表现，即在商业银行发生资金困难而无法从其他银行或金融市场融资时，由中央银行对其提供资金支持。

2. 准中央银行制度

答：准中央银行制度是指某些国家或地区只设立类似于中央银行的机构，或由政府授权某个或某几个商业银行，行使部分中央银行职能的体制。例如，新加坡中央银行的职能由新加坡金融管理局和新加坡货币局两个法定机构共同承担。

3. 发行的银行

答：发行的银行是中央银行的重要职能之一，指中央银行成为全国唯一的现钞发行机构，具有垄断货币发行权的职能。作为发行的银行，中央银行应及时供应货币，合理调节货币流通数量，加强货币流通管理，促进货币流通的正常秩序。

4. 银行的银行

答：银行的银行是中央银行的重要职能之一，指中央银行为商业银行和其他金融机构服务，具有维持金融稳定，促进金融业发展的职能。具体体现在：第一，吸收和保管存款机构的存款准备金；第二，作为全国票据清算中心；第三，作为最后贷款人，当商业银行和其他金融机构周转不灵时，通过票据贴现等方式为其提供资金支持。

5. 政府的银行

答：政府的银行是中央银行的重要职能之一，指中央银行代表国家从事金融活动，对一国政府提供金融服务，贯彻执行国家货币政策，实施金融监管。具体表现为：①代理国库收支；②代理政府债券的发行；③为政府提供信用；④充当政府的金融代理人，代办各种金融事务。

6. 支付清算体系

答：支付清算体系是指一个国家或地区对于金融机构及社会经济活动产生的债务债权关系进行清偿的系统。这个过程包括清算机构、支付系统及支付清算制度等。其中，清算机构是指提供资金清算服务的中介机构。大部分国家的中央银行作为清算机构的成员直接参与支付清算业务。

7. 发行基金

答：所谓发行基金，是我国中央银行进行货币发行时的发行基金保管库的简称，是指人民银行保管的已印制好而尚未进入流通的人民币票券。发行库在人民银行总行设总库，下设分库、支库，人民币从发行库转移到商业银行基层行处的业务库，即人民币现钞"出库"了，反之就是"入库"了。

8. 基础货币

答：基础货币，又称储备货币（reserve money）、高能货币（high- powered- money），由流通中通货和银行体系准备金存款构成，后者是指其他存款性金融公司在中央银行的法定准备金存款和超额准备金存款。

9. 外汇占款

答：外汇占款，是指本国中央银行通过收购外汇资产而相应投放的本国货币。外汇占款将一国开放经济与本国货币供给联系起来，尤其在本国货币没有完全可兑换的情况下。比如，外汇进入本国后需兑换成当地货币才能进入流通使用，国家为了维持汇率等需要用本国货币购买外汇，因此增加了"货币供给"，从而形成了外汇占款。

二、单项选择

1. A　　2. C　　3. C　　4. B　　5. D　　6. A　　7. C　　8. C　　9. B　　10. C　　11. C
12. C　　13. A　　14. A　　15. B

三、多项选择

1. BCD　　2. ACD　　3. ABCD　　4. ABCD　　5. AC　　6. AB　　7. BCD　　8. ACD
9. BCD　　10. ACD

四、判断并改错

1.（√）

2.（×）将"1910 年"改为"1913 年"

3.（×）中央银行不向非银行社会大众提供资金

4.（×）中央银行的控制权问题不由资本所有制决定

5.（√）

6.（√）

7.（×）将"减少"改为"增加"

8.（×）将"负债"改为"资产"

9.（×）不能在一级市场买卖国债

10.（√）

11.（√）

12.（×）将"准中央银行制"改为"多国共有的中央银行制"

13.（√）

14. （×）将"超额储备增加，货币供应量增加"改为"超额储备减少，货币供给量减少"

15. （×）将"货币量的减少"改为"货币量的增加"

五、填空题

1. 英格兰银行

2. 户部银行

3. 发行的银行　银行的银行　政府的银行

4. 单一式中央银行制

5. 债权债务关系

6. 流通中通货　银行准备金存款

7. 增加

8. 国外净资产　对政府债权　对其他存款性公司债权

9. 法定存款准备金　超额存款准备金

10. 英国伦敦

六、简答题

1. 简述中央银行的职能。

答：中央银行的职能，一般被概括为发行的银行、银行的银行和政府的银行三大类。中央银行正
　　是通过这些职能来影响货币供给量、利率等指标，实现其对金融领域乃至整个经济的调节
　　作用。

（1）发行的银行，是中央银行的重要职能之一，指中央银行成为全国唯一的现钞发行机构，
　　　具有垄断货币发行权的职能。作为发行的银行，中央银行应及时供应货币，合理调节货
　　　币流通数量，加强货币流通管理，促进货币流通的正常秩序。

（2）银行的银行，是中央银行的重要职能之一，指中央银行为商业银行和其他金融机构服
　　　务，具有维持金融稳定，促进金融业发展的职能。具体体现在：第一，吸收和保管存款
　　　机构的存款准备金，以确保存款机构的清偿能力；第二，作为全国票据清算中心，解决
　　　单个银行清算的困难；第三，作为最后贷款人，当商业银行和其他金融机构周转不灵
　　　时，通过票据贴现等方式为其提供资金支持。

（3）政府的银行，指中央银行代表国家从事金融活动，对一国政府提供金融服务，贯彻执行
　　　国家货币政策，实施金融监管。作为政府的银行，主要通过以下方面得到体现：第一，
　　　代理国库收支，即中央银行代理经办政府的财政预算收支，充当政府的出纳。政府的收
　　　入和支出都通过财政部在中央银行开设的各种账户进行。第二，充当政府的金融代理
　　　人，代办各种金融事务。第三，为政府提供信用，这种信贷支持主要有两种方式：一是

直接给国家财政提供贷款；二是购买国家政府债券。通常，中央银行对财政的直接贷款或透支在期限和数额上都受法律的严格限制，以避免中央银行沦为弥补财政赤字的工具，导致货币发行失控。因此，政府弥补赤字的主要手段是发行国债。若中央银行在一级市场上购买国债，资金直接形成财政收入，流入国库；若中央银行在二级市场上购买国债，则资金间接流向财政。第四，代理政府债券的发行。

2. 中央银行制度有哪些类型？这些类型各有哪些代表性国家？

答：中央银行的结构随各国具体国情不同而存在较大差异，根据中央银行组织形式和组织结构的不同，可以将中央银行制度分成四种类型。

(1) 单一式中央银行制度，是最主要的也是最典型的中央银行制度形式。它是指国家设立专门的中央银行机构，使之全面、纯粹地行使中央银行职能的制度。单一式中央银行制度又可分为一元式和二元式两种类型。

1) 一元式中央银行制，是指在一个国家内只设立一家统一的中央银行机构来行使中央银行的权利和履行中央银行的全部职能，一般采取总分行制。目前世界上绝大部分国家，如英国、日本的中央银行都实行这种体制。我国自 1984 年之后也实行这种中央银行制度。

2) 二元式中央银行制，是指在一国国内设立中央和地方两级中央银行机构，中央级机构是最高权力或管理机构，地方级机构要接受中央级机构的监督管理，但它们在各自的辖区内有较大的独立性。实行联邦制的国家多采用这种中央银行制度，如美国、德国等。

(2) 复合中央银行制度，是指在一个国家内不设立专门的中央银行机构，而是由一家大银行集中中央银行职能和一般商业银行职能于一身的银行体制。这种体制主要存在于改革前的苏联和东欧等国。我国在 1983 年以前也实行这种中央银行制度。

(3) 跨国中央银行制度，是指由参加货币联盟的所有成员国联合组成的中央银行制度。如 1998 年 7 月成立的欧洲中央银行，是一家由欧洲经济货币联盟的成员国共同设立的中央银行。

(4) 准中央银行制度，是指某些国家或地区只设立类似中央银行的机构，或由政府授权某个或某几个商业银行，行使部分中央银行职能的体制。例如，新加坡设有金融管理局与货币发行局两个机构来行使中央银行的职能。中国香港的金融管理局是香港的金融监管机构，但不拥有发钞权，发钞权掌握在汇丰、渣打、中国银行手中。

3. 简述中央银行支付清算体系的主要内容。

答：中央银行的支付清算体系通常包括四个内容：票据交换和清算、异地跨行清算、证券和金融衍生工具交易清算、跨国清算。

(1) 票据交换和清算。票据交换是支付清算最基本的手段之一，在有些国家由中央银行负责管理，而在有些国家则交给私营的清算机构组织运行，但最终都要通过各金融机构或清算机构在中央银行开立的账户来完成。

（2）异地跨行清算的业务运行原理是，付款人向其开户行发出支付通知，开户行向当地中央银行地方分支机构发出支付指令，中央银行则将资金从该银行账户中扣除，并向汇入银行所在地中央银行分支机构发出向汇入银行支付的指令，汇入银行所在地中央银行地方分支机构在收到指令后，向汇入银行发出通知，最后由汇入银行告知收款人。

（3）证券和金融衍生工具交易清算。鉴于证券和金融衍生工具交易数量大、不确定因素多、风险较大等特点，很多国家专门为证券和金融衍生工具的交易设立了清算服务体系，有些国家的中央银行也直接参与到支付清算活动中，以便更好地监督管理清算业务。

（4）跨国清算。跨国清算服务具有全局性和涉外性，同时又涉及不同国家的币种、不同的支付清算安排，需要借助跨国支付系统及银行往来账户来实现跨国银行间清算。欧美大银行于1973年开发了SWIFT系统，目前该系统已经成为各国普遍使用的跨国支付清算系统，保证了国家间资金的正常流转和债权债务的及时清偿，促进了各国间经济业务的发展。

4. 如何理解"中央银行是特殊的金融机构"？

答：从中央银行业务活动的特点看，它是特殊的金融机构。（1）业务对象特殊：中央银行业务对象仅限于政府和金融机构。（2）经营目的特殊：中央银行的业务活动是不以盈利为目的。（3）业务性质的特殊：中央银行拥有一系列特有的业务权利，如发行货币、代理国库、保管存款准备金、制定金融政策等。（4）地位的特殊：中央银行是一国国家金融体系的中心环节。

5. 中央银行为什么要垄断货币发行？

答：中央银行产生的推动力之一就是统一银行券发行的需要。因为，由商业银行分散发行银行券存在严重的缺陷：①不利于保证货币流通的稳定，尤其在危机时期，不能兑现的情况非常普遍，从而使货币流通陷入混乱局面；②银行券的优劣不同使银行券流通受到限制，不利于商品流通范围的进一步扩大。

在现代社会下，由中央银行垄断货币发行具有以下好处：①可避免货币分散发行时带来银行倒闭、金融混乱事件的发生，便于商品的流通，保持经济稳定发展；②有利于国家对货币流通的管理，使货币发行便于控制，以保持市场货币流通量与国民经济发展的适当比例，保证通货的稳定；③有利于中央银行加强自身的经济实力；④有利于推行国家货币金融政策，便于政府利用中央银行手中的货币工具来管理和调节国民经济，实现国家的宏观经济目标。

6. 中央银行资产负债表的构成内容有哪些？其特点是什么？

答：中央银行资产负债业务的种类、规模和结构都综合地反映在资产负债表上。中央银行的资产负债表由资产、负债和所有者权益三大项构成。与一般经济体先有资金来源（负债或资本）业务，然后才会发生相应的资产业务迥然不同，中央银行的资产负债表业务的逻辑是先有资产业务，然后才会发生负债业务。

（1）资产项目：

    1）国外资产，包括外汇储备和黄金储备，是稳定币值的重要手段，也是国际间支付的重要储备。

    2）国内资产，①对政府债权，如央行持有的国债；②对其他存款性公司债权，商业银行一般是通过逆回购、再贴现、MLF 等方式向央行融资；③其他资产，如政策性银行向中央银行融资。

（2）负债项目：

    1）储备货币（基础货币）＝货币发行＋其他存款性公司存款。其中，货币发行，主要是指流通中现金；其他存款性公司存款是指银行在央行账户的存款，包括法定存款准备金和超额存款准备金。

    2）不计入储备货币的金融性公司存款，比如证金和券商在央行账户里的存款。

    3）政府存款，财政部在央行里的存款，比如税收、各种罚款等。

    4）发行债券，比如央行发行的票据。

    5）其他负债。

（3）所有者权益项目：即中央银行的自有资本，这部分一般比较稳定。

7. 中央银行在一级市场购买国债和在银行间债券市场购买国库券，这两笔交易在央行资产负债表上有何不同？为什么各国法律一般禁止央行的第一种行为？

答：（1）中央银行证券买卖业务是指一国中央银行在金融市场上买卖有价证券，是中央银行的主要资产业务之一。中央银行买卖的证券主要是政府债券、国库券以及其他高品质的有价证券，其中以国库券为主。

（2）中央银行不能在一级市场上购买国库券，而只能在二级市场上购买。

（3）中央银行在一级市场上购买国库券，在资产负债表上体现为：资产方"对政府债权"增加，负债方"政府存款"增加，这相当于中央银行对政府融通资金，政府再拿这些资金进行行政支出，就会导致货币供给缺乏市场基础，货币发行过多，容易造成通货膨胀。

（4）中央银行在二级市场买卖国库券业务，称为公开市场业务，这一业务的交易主体是国债一级交易商，而不是个人和企业事业单位。因此，当中央银行购买国库券时，在其资产方体现为"对政府债权"增加，在其负债方体现为"准备金存款"增加，因而基础货币增加，最终在商业银行资产业务作用下，货币供给量会增加。

（5）中央银行在二级市场购买国库券，只是对货币供给结构的调整，并不会导致新增货币投放增加，因而成为各国央行货币调控的主要工具之一。市场中的货币量是一定的，当中央银行把手中的国债卖给交易对手时，货币就回笼到中央银行手中，市场中的货币量就减少。反之，当中央银行在市场上购买国债时，原本在中央银行的货币，又重新流入市场，市场中的货币量就增加了。

8. 假定中央银行对商业银行进行再贴现业务，这一交易在央行资产负债表在上如何记录?

答：（1）中央银行的再贴现业务，是指商业银行将通过贴现业务所持有的尚未到期的商业票据向中央银行申请转让，中央银行据此以贴现方式向商业银行融通资金的业务。

（2）一般地，只有在中央银行开立了账户的商业银行等金融机构才能够成为再贴现业务的对象。

（3）假定中央银行对某商业银行进行再贴现，其资产方"对其他存款性公司债权"增加，负债方"其他存款性公司存款"增加，即"准备金存款"增加，基础货币增加。

（4）因此，中央银行可通过再贴现业务调控基础货币，从而影响货币供应量。

9. 中央银行的资产业务如何引起基础货币的变动?

答：中央银行对基础货币变动的影响主要来自三方面的资产业务变化：国外净资产、政府证券及贴现贷款。具体反映在，中央银行通过在公开市场上买卖外汇资产、政府债券及银行贴现贷款的方式对基础货币进行控制。

（1）央行买入外汇资产对基础货币的影响：中央银行在外汇市场上向商业银行买入外汇资产，这一交易的结果是资产方"国外净资产"增加，负债方"准备金存款"也相应增加。由于引起准备金增加，即基础货币增加，这部分基础货币再经由商业银行的信贷投放派生出大量的支票存款和现金货币，从而引起货币供应量的增加。

（2）央行在银行间债券市场买入国债对基础货币的影响：当中央银行在银行间债券市场买入有价证券时，其交易对手是金融机构，买卖的标的一般是国债。所以，在中央银行资产负债表中，资产方"对政府债权"增加，负债方"准备金存款"增加，因此基础货币增加。

（3）央行对银行的再贷款或再贴现对基础货币的影响：当中央银行对商业银行进行再贴现或再贷款时，其资产方"对其他存款性公司债权"增加，负债方"准备金存款"增加，即基础货币发生变动。

10. 影响基础货币的因素有哪些?

答：基础货币，又称高能货币、强力货币，通常由银行体系准备金存款与流通中通货这两部分组成。这两种都是中央银行的负债，所以，基础货币通常可以通过中央银行的资产负债表来分析（见表7-1）。

表7-1　中央银行的资产负债表

资产	负债
A_B：对银行等金融机构的债权	L_C：流通在外的现金
A_G：对政府的债权	L_R：银行准备金
A_F：对国外的债权	L_G：对政府的负债
A_O：其他债权	L_F：对国外的负债
	L_O：其他负债

根据资产等于负债的原理，得：

$$A_B + A_G + A_F + A_O = L_C + L_R + L_G + L_F + L_O$$

整理后得出基础货币的方程式：

$$B = L_C + L_R = A_B + (A_G - L_G) + (A_F - L_F) + (A_O - L_O)$$

因此，基础货币的变化，主要取决于四个因素，其中对商业银行债权的变化是最为重要的。

(1) 对银行等金融机构债权的变动。中央银行对商业银行债权的增加，表明中央银行对商业银行的再贴现或再贷款增加，这种再贴现和再贷款表现为商业银行在中央银行账户上的准备金存款增加，所以中央银行基础货币供给增加。反之，收回贴现贷款则使基础货币减少。

(2) 对政府债权净额的变动。中央银行是以向政府贷款或购买政府债券的形式，来构成对政府的债权的。以购买政府债券为例，若中央银行对政府债权净额增加，表明中央银行对政府债券的直接购买增加，假定这种购买是中央银行以现金方式从公众手中购买，结果通货增加。假定这种购买是中央银行以支票形式从商业银行处购买，结果银行准备金增加，这两种方式都会引起基础货币的增加。

(3) 国外净资产的变动导致黄金外汇储备的变动。国外净资产由外汇、黄金占款和中央银行在国际金融机构的净资产构成。这些资产是中央银行用基础货币收购的，其数量的增加相对应地是中央银行基础货币供给的增加。如果中央银行直接向居民和企业收购外汇，则会使居民和企业的银行存款增加，从而银行在中央银行的准备金存款也会增加，基础货币增加。

(4) 其他项目净值的变动。其他项目净值主要是指固定资产的增减变化以及中央银行在资金清算过程中应收应付的增减变化，它们都会在不同程度上影响基础货币量的变化。

七、论述题

试简述中央银行产生的必要性及其发展历程。

答：中央银行是国家赋予其制定和执行货币政策，对国民经济实行宏观调控和管理的特殊的金融机构。中央银行是银行业发展到一定阶段之后的产物。具体说来，它的产生是适应了以下几方面需求的结果。

(1) 统一银行券发行的需要。银行券和货币的发行以及货币量的控制客观上要求由统一的机构来实施，以保证币值的稳定。因为货币的分散发行存在以下缺点：①不利于保证货币流通的稳定；②不利于商品流通的进一步扩大。这些问题表明，由一家大银行来统一货币的发行也许更有效率。事实上，这一过程在最开始时是自发的，某些大银行依托自身的优势，在银行券发行中不断排挤中小银行，并最终在政府的扶持下，成为独占银行券发行权的中央银行。英格兰银行便是这样的典型。

（2）统一全国票据清算的需要。随着银行业务的稳健扩张，债权债务关系日益复杂，需要有权威的、统一的清算机构提供票据的清算和交换服务。中央银行建立起来后，就充当起了全国票据清算中心。

（3）最后贷款人角色的需要。最后贷款人，是指在商业银行发生资金困难而无法从其他银行或金融市场筹措时，中央银行对其提供资金支持的功能。在经济发展的过程中，商业银行往往陷入资金调度不灵的窘境，有的则因支付能力不足而破产，客观上需要有权威的机构作为其他银行的后盾，在必要时为它们提供货币资金，发挥最后贷款人的角色，这一机构就是中央银行。

（4）金融宏观调控的需要。为了建立公平、高效和稳定的银行经营秩序，尽可能避免和减少银行的破产与倒闭，政府需要对金融业进行监督管理。中央银行是最早承担起金融监管职责的机构，也是目前绝大多数国家金融监管的最主要机构，在金融监管，尤其是银行监管方面发挥着重要作用。

中央银行的产生与发展，经历了一个漫长的历史阶段，它是伴随着资本主义银行业的发展而产生的。具体可划分为三个历史阶段：中央银行制度的萌芽和建立阶段、中央银行制度的普遍推广阶段、中央银行制度的强化阶段。

（1）萌芽和建立阶段。大约从 1656 年起到 1843 年为止，是中央银行制度的萌芽和建立阶段，具有代表性的中央银行是瑞典银行和英格兰银行。瑞典银行最早具有中央银行名称，它原由私人创办，后来在 1668 年由政府出面改组为国家银行，对国会负责，但直到 1897 年才独占货币发行权。这一时期的中央银行普遍具有的特点是：①多基于政府的需要而设立；②兼营商业银行业务；③一般多为私人股份银行或私人和政府合资银行；④不具备完全调节和控制金融市场的能力。

（2）普遍推广阶段。1844 年到第二次世界大战结束，是中央银行制度的普遍推广阶段。1844 年，英国国会通过了《比尔条例》，规定成立于 1694 年的英格兰银行具有独立的货币发行权，其他银行不得增发钞票，从而正式确立了英格兰银行的中央银行的地位，由此奠定了现在中央银行组织模式。这一时期中央银行制度的特点是：①大部分中央银行是依靠政府的力量成立的；②设立中央银行的区域扩大了；③中央银行管理金融的职能得到了加强。

（3）强化阶段。第二次世界大战之后至今的发展时期，是政府对中央银行控制的加强和中央银行宏观经济调控职能进一步强化的时期。第二次世界大战以后，为了摆脱困境重振经济，各国纷纷开始信奉凯恩斯的国家干预理论，中央银行作为国家的银行的职能得到强化。现代中央银行制度具体有以下特点：①专门行使中央银行职能；②中央银行的国有化；③干预和调节经济的功能得到加强；④各国中央银行加强了国际合作。

第八章
CHAPTER8

银行监管

▨ 本章摘要

1. 银行高负债率的特点决定了银行业是一个高风险行业。巴塞尔银行监管委员会于 1997 年 9 月公布的《有效银行监管的核心原则》，提出银行业有可能面临以下八种主要风险：信用风险、国家风险、市场风险、利率风险、流动性风险、操作风险、法律风险和声誉风险。

2. 银行挤兑及其引起的银行危机的传染性和金融市场的失灵决定了对银行监管的必要性。银行挤兑，是指存款人同时大量支取现金的现象，是一种突发性、集中性、灾难性的流动性危机。

3. 银行危机的传染渠道：信息传染和信贷传染。

4. 由于存在着自然垄断、负外部效应和信息不对称，这极易造成金融市场的失灵，从而导致金融资源的配置效率降低。政府有必要切实加强银行监管。

5. 银行监管的理论依据主要有社会利益论、金融风险论、投资者利益保护论以及管制供求论与公共选择论。它们的论证各有自己的侧重点，相互之间也有一定的交叉。

6. 政府监管银行的方式主要由两部分组成：谨慎性监管体系和政府安全网。

7. "骆驼"评级体系是美国金融管理当局对商业银行及其他金融机构的业务经营、信用状况等进行的一整套规范化、制度化和指标化的综合等级评定制度。因其五项考核指标，即资本充足性、资产质量、经营管理水平、盈利水平和流动性英文的第一个字母组合在一起为"CAMEL"，正好与"骆驼"的英文名称相同而得名。

8. 存款保险制度，是指一种为存款者利益提供保护和稳定金融体系的制度安排，在这一制度安排下，吸收存款的金融机构根据其存款的数额按规定的保费率，向存款保险机构投保，当存款机构破产而无法满足存款人的提款要求时，由存款保险机构承担支付法定保险金的责任。存款保险制度属于辅助性的事后稳定器。

9. 最后贷款人制度，是指在银行体系由于遭遇不利的冲击引起流动性需求大大增加，而本身无法满足这种需求时，由中央银行（或货币当局）向银行体系提供流动性，以确保银行体系稳定的一种制度安排。

10. 1988 年，《巴塞尔协议 I》将银行资本划分为核心资本和附属资本两档，并提出了资本充足率的概念，银行资本充足率 = 总资本/加权风险资产，该比率不得低于 8%，其中核心资本对风险资产的比重不得低于 4%。

11. 2004 年 6 月 26 日，《巴塞尔协议 II》正式实施，包括最低资本金要求、监管当局的监管和市场约束三大支柱。

12. 2010 年 9 月，《巴塞尔协议 III》正式公布。协议将一级资本充足率的下限从现行要求的 4% 上调至 6%。另外，协议维持资本充足率 8% 不变，但是对资本充足率加资本缓冲要求在 2019 年以前从现在的 8% 逐步升至 10.5%。

习题

一、名词解释

1. 银行挤兑   2. 一元多头式金融监管体制   3. 贷款的五级风险分类法
4. 存款保险制度   5. 核心资本   6. 信用风险
7. 市场风险   8. 利率风险   9. 流动性风险
10. 操作风险   11. 声誉风险   12. 系统风险
13. 巴杰特规则   14. 附属资本

二、单项选择

1. 1995 年，英国巴林银行新加坡分行交易员尼克·里森越权购进大量日经指数期货，造成近 10 亿美元亏损，这属于（　　）的典型案例。

     A. 违约风险   B. 操作风险   C. 道德风险   D. 法律风险

2. 金融监管的首要目标是（　　）。

     A. 维护金融体系的安全与稳定   B. 保护存款人的合法权益

     C. 实现金融有序竞争和提高效率   D. 维护金融市场稳定

3. 金融监管的社会利益论认为，金融监管的出发点是（　　）。

  A. 降低金融业的风险   B. 保护信息劣势方的利益

  C. 得到对自身政绩更广泛的认可   D. 维护社会公众的利益

4. 金融监管的（ ）认为，金融监管的目的是为投资者创造一个公平的投资环境。

  A. 社会利益论   B. 金融风险论

  C. 公共选择论   D. 投资者利益保护论

5.（ ）将监管看作一种"租"，认为它是由监管者主动地向被监管者提供监管服务从而获益。

  A. 管制供求论   B. 公共选择论

  C. 供给利益论   D. 投资者利益保护论

6. 按照国际通行的贷款风险分类方法，将银行贷款资产的质量从高到低依次分为（ ）。

  A. 正常类、次级类、关注类、可疑、损失类

  B. 正常类、关注类、可疑类、次级类、损失类

  C. 正常类、关注类、损失类、可疑类、次级类

  D. 正常类、关注类、次级类、可疑类、损失类

7. 某银行面临存款人挤提存款的风险，属于（ ）。

  A. 信用风险   B. 市场风险

  C. 流动性风险   D. 操作风险

8. 按照《巴塞尔协议Ⅰ》的规定，国际银行核心资本占总资本的比例不得低于（ ）。

  A. 8%   B. 12%   C. 50%   D. 60%

9. 按照《巴塞尔协议Ⅰ》的规定，资本总额与风险加权资产的比例不得低于（ ）。

  A. 8%   B. 12%   C. 4%   D. 6%

10. 按照《巴塞尔协议Ⅰ》的规定，银行核心资本对风险资产的比例不得低于（ ）。

  A. 4%   B. 8%   C. 12%   D. 16%

11. 1988 年通过的《巴塞尔协议Ⅰ》将银行资本分为（ ）。

  A. 普通股与优先股   B. 注册资本与实缴资本

  C. 国有股与私人股   D. 核心资本与附属资本

12. 巴塞尔新资本协议在（ ）通过。

  A. 1988 年   B. 2001 年   C. 2003 年   D. 2004 年

13.《巴塞尔协议Ⅱ》涉及下列哪些风险相关的资本计算要求（ ）。

  A. 信用风险   B. 市场风险   C. 操作风险   D. 以上皆是

14. 按照《巴塞尔协议Ⅲ》对银行业的要求，由普通股构成的核心一级资本占风险加权资产的比重由原来的 2% 提高到了（ ）。

  A. 4.5%   B. 5.5%   C. 6.5%   D. 7.5%

15. 按照《巴塞尔协议Ⅲ》对银行业的要求，一级资本占风险加权资产的比重由原来的 4% 提高到

了（　　　）。

　　A. 5%　　　　　　B. 6%　　　　　　C. 7%　　　　　　D. 8%

16. 为了降低银行"大而不倒"带来的道德风险，《巴塞尔协议Ⅲ》对系统重要性银行提出了（　　　）的附加资本要求。

　　A. 1%　　　　　　B. 1.5%　　　　　C. 2%　　　　　　D. 2.5%

17. 中国在（　　　）加入巴塞尔委员会。

　　A. 2008 年　　　　B. 2009 年　　　　C. 2010 年　　　　D. 2006 年

18. 按照《巴塞尔协议Ⅲ》的要求，从 2015 年开始，对于普通股和一级资本的最低要求分别为（　　　）。

　　A. 4.5% 和 6%　　B. 3.5% 和 6%　　C. 5% 和 6%　　　D. 4.5% 和 8%

19. 下列不属于《巴塞尔协议Ⅰ》规定的附属资本的是（　　　）。

　　A. 公开储备　　B. 非公开储备　　C. 资本重估储备　　D. 次级长期债务

20. 美国实行的金融监管体制是（　　　）。

　　A. 单线多头式监管体制　　　　　　　B. 双线多头式监管体制

　　C. 单线单头式监管体制　　　　　　　D. 多线多头式监管体制

21. 我国存款保险制度正式实施于（　　　）。

　　A. 2010 年　　　　B. 2012 年　　　　C. 2013 年　　　　D. 2015 年

22. 1933 年，（　　　）建立了全球第一个全国性的存款保险制度。

　　A. 英国　　　　　B. 日本　　　　　C. 德国　　　　　D. 美国

23. 我国存款保险实行限额偿付，最高偿付限额为人民币（　　　）万元。

　　A. 10　　　　　　B. 20　　　　　　C. 50　　　　　　D. 100

24. 下列不属于银行附属资本范畴的是（　　　）。

　　A. 银行自身房产的正式重估价值

　　B. 银行商誉

　　C. 银行发行的可转换债券

　　D. 被用于弥补未来不可确定性损失的普通准备金

25. 日本的金融监管权高度集中于（　　　）。

　　A. 日本银行　　B. 金融厅　　　C. 财务省　　　D. 存款保险机构

26. 存款保险可被视为（　　　），当银行经营亏损给存款人造成损失时投保银行行权，即损失由存款保险公司负担。

　　A. 看涨期权　　B. 平价期权　　　C. 看跌期权　　　D. 互换

27. 《巴塞尔协议Ⅲ》规定，从 2018 年开始，银行的核心资本/资产总额的比例，即被杠杆率，应大于等于（　　　）。

A. 3%　　　　　　B. 4%　　　　　　C. 5%　　　　　　D. 6%

28. 我国当前的金融监管体制已经从"一行三会"过渡到"一委一行两会"，其中"一委一行两会"包括（　　　）。

Ⅰ. 国务院金融稳定发展委员会　　　　Ⅱ. 中国人民银行

Ⅲ. 中国银监会　　　　　　　　　　　Ⅳ. 中国银保监会

A. Ⅰ、Ⅲ、Ⅳ　　　B. Ⅱ、Ⅲ、Ⅳ　　　C. Ⅰ、Ⅱ、Ⅲ　　　D. Ⅰ、Ⅱ、Ⅳ

三、多项选择

1. 《巴塞尔协议Ⅱ》计算风险加权资产时涉及的风险有（　　　）。

A. 信用风险　　　B. 市场风险　　　C. 操作风险　　　D. 流动性风险

2. 经济学家认为，单个银行的挤兑会通过（　　　）在银行系统内进行传染，导致其他银行的金融恐慌。

A. 存款传染　　　　　　　　B. 信贷传染

C. 信息传染　　　　　　　　D. 关联交易传染

3. 金融监管的社会利益论认为（　　　）。

A. 金融监管本身是存在供给和需求的特殊商品

B. 金融监管的出发点是要维护社会大众的利益

C. 金融监管是为了克服金融业的高风险特征

D. 金融监管是为了克服市场不完全带来的负面影响

4. 《巴塞尔协议》将银行资本划分为（　　　）两档。

A. 核心资本　　　B. 公开准备金　　　C. 附属资本　　　D. 未公开的准备金

5. 存款保险制度的组织形式有（　　　）。

A. 由民间组织建立存款保险机构

B. 由官方建立存款保险机构

C. 由官方和银行界共同建立存款保险机构

D. 在官方的支持下，由银行同业合作建立存款保险机构

6. 银行监管的政府安全网由（　　　）组成。

A. 存款保险制度　　　　　　B. 谨慎性监管体系

C. 最后贷款人制度　　　　　D. 保证金制度

7. 存款保险制度的主要作用是（　　　）。

A. 保护存款者利益　　　　　B. 稳定金融体系

C. 保证存款者的最低收益水平　　　D. 以上都是

8. 《巴塞尔协议Ⅱ》的三大支柱是（　　　）。

  A. 最低资本要求   B. 监管部门的监督检查

  C. 最后贷款人制度   D. 市场约束

9. 《巴塞尔协议Ⅲ》的推出，是为了应对自 2008 年全球金融危机爆发后，原有国际银行业监管准则中的（　　）问题。

  A. 核心资本充足率偏低   B. 银行高杠杆经营

  C. 对市场风险估计不足   D. 流动性监管指标缺失

10. 日本存款保险机构最初的资本是由（　　）负担的。

  A. 政府   B. 民间机构   C. 企业   D. 日本银行

11. 下列关于存款保险制度的描述错误的有（　　）。

  A. 存款保险机构均由政府出资组建

  B. 各国通常不对存款实行全款保险

  C. 对所有存款机构实行统一保费率

  D. 存款保险机构一般没有对投保存款机构进行监管的义务

12. 在贷款五级分类制度下，下列属于不良资产范畴的有（　　）。

  A. 次级类   B. 可疑类   C. 损失类   D. 关注类

13. 根据《巴塞尔协议》，下列属于核心资本的是（　　）。

  A. 实收资本   B. 资本公积金   C. 盈余公积金   D. 未分配利润

14. 根据《巴塞尔协议》，下列属于附属资本的是（　　）。

  A. 非公开储备   B. 资产重估储备

  C. 混合资本工具   D. 次级长期债券

15. 根据 2015 年修订的《中华人民共和国商业银行法》，下列关于流动性管理描述正确的是（　　）。

  A. 贷款余额与存款余额的比例不得超过 75%

  B. 流动性资产余额与流动性负债余额的比例不得低于 25%

  C. 对同一借款人的贷款余额与商业银行资本余额的比例不得超过 10%

  D. 资本充足率不得低于 12%

16. 市场风险包括（　　）。

  A. 信用风险   B. 利率风险   C. 汇率风险   D. 股价波动风险

17. 银行监管的政府安全网虽然可以保护储户和其他债权人，防止危机发生或者减轻危机影响，但是由于存在以下问题，导致其一直受到人们的质疑（　　）。

  A. 道德风险   B. 逆向选择

  C. 太大而不能倒   D. 利率风险

18. 《巴塞尔协议Ⅲ》增设了流动性监管指标，分别是（　　）。

A. 流动性覆盖比率　　　　　　　B. 净稳定资金比率

C. 存贷款比率　　　　　　　　　D. 流动资产比率

四、判断并改错

1. 经济学家认为，单个银行的挤兑会通过存款传染和信贷传染渠道在银行系统内进行传染，导致其他银行的金融恐慌。（　　　）

2. 通常，金融业的特殊性表现在其是一个低负债的行业。（　　　）

3. 谨慎性监管意味着监管当局无权更早和更有力地干预陷入困境的银行。（　　　）

4. 金融监管的社会利益论的基本思想是通过政府监管来克服市场完全竞争所带来的负面影响。（　　　）

5. 管制供求论强调"管制寻租"的意思，即监管者和被监管者都寻求管制以牟取私利。（　　　）

6. 英国是世界上最早建立存款保险制度的国家。（　　　）

7. 存款保险制度存在的问题之一是容易产生银行的逆向选择问题。（　　　）

8. 存款保险制度的积极作用在于它能更好地保护大银行。（　　　）

9. 通常，建立存款保险制度的国家，存款保险机构对每一位存款户承担全额赔偿责任。（　　　）

10. "最后贷款人"制度的主要目标是防止单个金融机构的破产。（　　　）

11. 中央银行作为"最后贷款人"会为银行提供中长期贷款。（　　　）

12. 根据《巴塞尔协议Ⅰ》，积累优先股属于银行的核心资本。（　　　）

13. 根据《巴塞尔协议Ⅰ》关于资本构成的规定，我国银行的实缴股本属于附属资本。（　　　）

14. 1988 年的《巴塞尔协议Ⅰ》突出强调了市场风险。（　　　）

15. 美国是实行单一集权式监管体制的典型代表国家。（　　　）

16. 大多数国家都实行的是自愿参加存款保险制度。（　　　）

五、填空题

1. 银行业的高风险特征在于它易于遭到（　　　）进而引发银行危机。

2. 单个银行的挤兑往往通过（　　　）和（　　　）在银行系统内进行传染。

3. 由金融体系中部分或全部金融机构的破产倒闭引起的金融服务功能的失效，并可能对实体经济造成严重的负面冲击的风险，称为（　　　）。

4. 金融监管的公共选择论强调（　　　）的思想，即监管者和被监管者都寻求管制以牟取私利。

5. 贷款五级分类法将信贷资产分为正常类、（　　　）、（　　　）、（　　　）和损失类。

6. 《巴塞尔协议Ⅰ》规定，银行资本占（　　　）的比例不得低于8%。

7. 2004 年通过的《巴塞尔协议Ⅱ》的三大支柱是最低资本要求、（　　　）和（　　　）。

8. 存款保险可被视为（　　　）期权，当银行经营亏损给存款人造成损失时投保银行行权，即损失由存款保险公司负担。

9. 根据巴杰特规则，最后贷款人应执行（　　　）利率。

10. 由于银行不完善或有问题的内部程序、员工和信息科技系统以及外部事件给其造成损失的风险，称为（　　　）。

11. 从总体上看，美国采用的是典型的（　　　）金融监管模式。

12. 《巴塞尔协议Ⅲ》规定，银行的流动性覆盖比率和净稳定资金比率均应大于等于（　　　）。

六、简答题

1. 银行危机的传染渠道有哪些？

2. 金融监管的理论依据是什么？

3. 简述最后贷款人制度的内涵及原则。

4. 请用信息不对称理论分析银行挤兑这一现象。

5. 简述1988年《巴塞尔协议Ⅰ》关于银行资本管理的主要内容及重要贡献。

6. 如何理解银行业的高风险特征？其面临的主要风险种类有哪些？

7. 金融市场失灵的表现有哪些？为什么政府对银行的监管有助于纠正市场失灵？

8. 金融监管的目的与原则是什么？

9. 金融监管体制有哪几种基本类型？分别举例说明。

10. 银行监管当局的谨慎性监管措施有哪些？

11. 简述"骆驼"评级体系的主要内容。

12. 简述存款保险制度的主要内容。

13. 评述存款保险制度的缺陷。

七、论述题

1. 试分析《巴塞尔协议Ⅱ》三个支柱的内容及意义。

2. 试述《巴塞尔协议Ⅲ》的主要内容及意义。

参考答案

一、名词解释

1. 银行挤兑

答：银行挤兑又称挤提，是指存款人同时大量支取现金的现象，是一种突发性、集中性、灾难性的流动性危机。

2. 一元多头式金融监管体制

答：一元多头式金融监管体制，是指全国的金融监管权集中于中央，地方没有独立的权力在中央一级由两家或两家以上的监管机构共同负责的一种监管体制。一元多头式金融监管体制以德国最为典型。

3. 贷款的五级风险分类法

答：贷款的五级风险分类法，是指将贷款按信用风险大小划分为五种类别的一种风险控制方法。全部贷款分为正常类、关注类、次级类、可疑类和损失类。正常类是指借款人可以履行合同，按时足额偿还本息。关注类是指尽管借款人目前有能力偿还本息，但存在一些可能对贷款造成不利影响的因素。次级类是指借款人的还款能力出现明显问题，依靠其正常经营能力已无法保证足额偿还本息。可疑类是指借款人无法足额偿还本息，及时执行抵押和担保也肯定会造成部分损失。损失类是指在采取了一切可能的措施和必要的法律措施后本息仍然无法收回或只能收回一部分。

4. 存款保险制度

答：存款保险制度，是指一种为存款者利益提供保护和稳定金融体系的制度安排。在这一制度安排下，吸收存款的金融机构根据其存款的数额，按规定的保费率向存款保险机构保护，当存款机构破产而无法满足存款者的提款要求时，由存款保险机构承担支付法定保证金的责任。

5. 核心资本

答：核心资本又叫一级资本，是银行资本的构成部分，由银行股本和公开储备构成。《巴塞尔协议Ⅰ》规定，核心资本占银行资本总额的比例应不低于50%，核心资本占银行风险加权资产的比率应不低于4%，2010年9月出台的《巴塞尔协议Ⅲ》将这一比率提高到了6%。具体包括实收资本、资本公积、盈余公积、未分配利润和少数股权等。

6. 信用风险

答：信用风险，是指银行的借款人或交易对象不能按事先达成的协议履行义务而给银行带来损失的潜在可能性，也包括由于借款人的信用评级和履约能力变动，导致其债务的市场价值发生变动而给银行造成损失的可能性。

7. 市场风险

答：市场风险，是指因市场价格（利率、汇率、股票价格和商品价格）的不利变动而使银行表内和表外业务发生损失的风险。

8. 利率风险

答：利率风险，是指银行的财务状况在利率出现不利波动时遭受损失的可能性。它不仅影响银行的盈利水平，也影响其资产、负债和表外项目的经济价值。

9. 流动性风险

答：流动性风险，是指商业银行虽然有清偿能力，但无法及时获得充足资金或无法以合理成本及时获得充足资金以应对资产增长或支付到期债务的风险。流动性风险又分为融资流动性风险和资产流动性风险。

10. 操作风险

答：操作风险，是指不完善或有问题的内部程序、员工和信息科技系统以及外部事件给银行造成损失的风险，包括内部欺诈、外部欺诈、业务操作、业务中断或系统失败、内部流程管理等多种银行业所面临的风险。

11. 声誉风险

答：声誉风险，是指由商业银行经营、管理及其他行为或外部事件导致利益相关方对商业银行进行负面评价的风险。引起商业银行声誉风险的事件被称为声誉事件。

12. 系统风险

答：系统风险是一种内生性风险，是指整个金融体系可能存在的风险及其可能对金融体系本身，以及对实体经济所造成的负面冲击；或者说由金融体系中部分或全部金融机构的破产倒闭引起的金融服务功能的失效，并波及实体经济的或然性。系统风险不仅可以使整个金融体系瘫痪，而且会波及实体经济，造成经济衰退和社会动荡。

13. 巴杰特规则

答：巴杰特规则的主要思想是通过惩罚性利率手段来解决最后贷款人的道德风险问题。以沃尔特·巴杰特为代表的古典最后贷款人理论认为，中央银行在充当最后贷款人时收取惩罚性利息的做法，将有利于提高资源配置效率、实现公正分配，并确保最后贷款人政策的短期性。当然，在现代金融环境下，巴杰特规则中以惩罚性利率进行贷款的观点经常受到挑战。

14. 附属资本

答：附属资本也称二级资本，是衡量银行资本充足状况的指标，根据《巴塞尔协议》规定，它由非公开储备、资产重估储备、普通准备金、混合资本工具和次级债券构成，其特点是只能在有限时间内起到吸收损失的作用。

二、单项选择

1. B　　2. A　　3. D　　4. D　　5. B　　6. D　　7. C　　8. C　　9. A　　10. A　　11. D

12. D　13. D　14. A　15. B　16. A　17. B　18. A　19. A　20. B　21. D　22. D

23. C　24. B　25. B　26. C　27. A　28. D

三、多项选择

1. ABC　　2. BC　　3. BD　　4. AC　　5. BCD　　6. AC　　7. AB　　8. ABD

9. ABD　10. ABD　11. ACD　12. ABC　13. ABCD　14. ABCD　15. BC　16. BCD

17. ABC　18. AB

四、判断并改错

1.（×）将"存款传染"改为"信息传染"

2.（×）金融业是一个高负债的行业

3.（×）将"无权"改为"有权"

4.（×）将"市场完全竞争"改为"市场不完全竞争"

5.（×）将"管制供求论"改为"公共选择论"

6.（×）将"英国"改为"美国"

7.（×）将"逆向选择"改为"道德风险"

8.（×）将"大银行"改为"中小银行"

9.（×）将"全额"改为"最高限额"

10.（×）"最后贷款人"制度的主要目标是稳定整个金融体系

11.（×）将"中长期"改为"临时性"

12.（×）将"核心资本"改为"附属资本"

13.（×）将"附属资本"改为"核心资本"

14.（×）将"市场风险"改为"信用风险"

15.（×）将"美国"改为"日本"

16.（×）将"自愿"改为"强制"

五、填空题

1. 存款挤兑或挤提

2. 信息传染　信贷渠道

3. 系统风险

4. 管制寻租

5. 关注类　次级类　可疑类

6. 风险加权资产

7. 监管部门的监督检查　市场约束

8. 看跌

9. 惩罚性

10. 操作风险

11. 双线多头或二元多头

12. 100%

六、简答题

1. 银行危机的传染渠道有哪些?

答:银行危机是指银行过度涉足高风险行业或遭受挤兑,从而导致破产倒闭的危机。银行危机具有"多米诺骨牌效应",银行危机主要通过信息传染渠道和信贷传染渠道引发风险。

(1) 信息传染。由于信息的外部效应,当存款者观察到银行经营业绩之间的强相关性时,信息传染就会发生。如果一家银行发生挤兑导致其倒闭,其他银行的存款者就会对由银行倒闭数目所提供的噪声信号做出反应,并快速对这些银行进行挤兑。结果单个银行的挤兑就在银行系统中传染下去,甚至引起金融恐慌。

(2) 信贷传染。由于同业风险分担或共同参与支付清算系统的存在,银行之间存在一定的信贷关系。一旦某个金融机构资产配置失误,则单个或局部的金融困难就会迅速蔓延,演变成全局性的金融动荡。

由银行危机的传染性而引发的风险,经济学家称之为银行业系统风险。所谓银行业系统风险,是指系统性事件造成的连锁反应给银行业带来的风险。它的存在使银行危机的社会成本加大。因此,加强对银行业的监管十分必要。

2. 金融监管的理论依据是什么?

答:金融监管理论,是在政府管制理论的基础上,结合对金融业特殊性的分析发展和完善起来的。目前,金融监管的理论依据主要有:社会利益论、金融风险论、投资者利益保护论、管制供求论与公共选择论。它们的论证各有自己的侧重点,但相互之间也有一定的交叉。

(1) 社会利益论。该理论建立在政府拥有完全信息、政府为社会福利服务以及政府具有完全信用这三个假设的基础上。社会利益论认为,金融监管的基本出发点首先是要维护社会公众的利益,而由于社会公众利益的高度分散化和市场缺陷的存在,有必要让代表公众利益的政府在一定程度上介入金融经济生活,通过管制来纠正或消除市场缺陷,以达到提高社会资源配置效率的目的。

(2) 金融风险论。该理论主要从关注金融风险的角度,论述了对金融业实施监管的必要性。首先,金融业是一个特殊的高风险行业。以银行为例,银行业面临着利率风险、市场风险、流动性风险等,成为风险聚集的中心。其次,金融业具有发生支付危机的连锁效应。作为整个国民经济中枢的金融体系,其中任一环节出问题,都会引起牵一发而动全身的后果。金融风险的这些内在特性,决定了必须有一个权威机构对金融业实施适当的监管,以确保整个金融体系的安全与稳定。

(3) 投资者利益保护论。在经济生活中,信息不对称的存在,会导致交易的不公平性,即拥有信息优势的一方可能利用这一优势来损害信息劣势方的利益。例如,对于银行的经营管理者来说,对自己所在金融机构的风险,会比存款人和投保人更加了解,他们就有可能利用这一信息优势为自己牟取利益，而将风险或损失转嫁给存款人。因此，这就要求政府对信息优势方（主要是金融机构）的行为加以规范和约束，为投资者创造一个公平、公正的投资环境。

（4）管制供求论。管制供求论将金融监管本身看成是存在供给和需求的特殊商品。从管制的需求看，金融监管是那些想从监管中获得利益的行为主体所需要的。从管制的供给看，监管者提供管制是为了得到对自身政绩更广泛的认可。因此，是否提供管制以及管制的性质、范围和程度最终取决于管制供求双方力量的对比。根据管制供求论，监管者具有通过过度监管来规避监管不力的动机，但这样却可能增加被监管者的成本，降低被管制行业的效率，从而受到抵制。

（5）公共选择论。公共选择论与管制供求论有很多相似之处，它们同样运用供求分析法来研究各利益集团在监管制度提供过程中的相互作用。它们的不同之处在于，公共选择理论强调"管制寻租"的思想，即监管者和被监管者都寻求管制以牟取私利。监管者将管制当作一种"租"，主动地向被监管者提供以获益；被监管者则利用管制来维护自身的既得利益。

3. 简述最后贷款人制度的内涵及原则。

答：（1）最后贷款人（lender of last resort，LOLR）制度，是一国中央银行（或货币当局）履行银行的职能，向暂时出现流动性困难的银行提供紧急援助的一种制度安排，其目的是确保银行体系的稳定。

（2）中央银行作为最后贷款人，向可能或已经发生信用危机的银行提供流动性支持是世界各国的普遍做法。如《美国联邦储备法》规定，作为最后借款人，美联邦储备银行可以向会员银行提供临时性抵押贷款。

（3）最后贷款人的一般原则。第一，职责是防止恐慌造成的货币供给量减少；第二，目标是稳定整个金融体系；第三，一般执行惩罚性高利率。

4. 请用信息不对称理论分析银行挤兑这一现象。

答：（1）银行挤兑，又称挤提，是指存款人同时大量支取现金的现象，是一种突发性、集中性、灾难性的流动性危机。存款人的挤兑行为往往会发展成商业银行挤兑风险甚至传染到其他金融机构，直至演变为系统性金融风险。

（2）信息不对称理论的主要内容：第一，交易双方对信息的获得是不对称的；第二，交易活动的参与人可以利用这种信息的不对称性对另一方进行欺骗，这就是隐蔽信息和隐藏行动；第三，隐藏信息将导致"逆向选择"，出现所谓的"劣币驱逐良币"现象。

（3）由于信息不对称的存在，当外界出现一些不利因素时，可能会出现关于银行倒闭的传说，而存款人不了解银行的具体情况，会有人抢先提款。这时人们意识到，如果别人都去提款，银行就会倒闭，而自己将无法获得补偿。虽然大家都不提款，银行可能经营正常，存款人不会受损，但在无法确定别人行为时，大家都预期他人会取款，所以大家纷纷取款，结果引发了挤兑。最终的结果就是银行倒闭。这种情况往往就是现实生活中许多银行因挤兑风潮倒闭的根源。

(4) 案例。弗里德曼曾说，1929年经济大危机的导火索就是一次突如其来的挤兑风潮。当时有谣言称美国银行经营困难，行将倒闭，于是引发挤兑风潮。美国银行界一向有危急时刻相互援手、共渡难关的惯例，但由于美国银行是一家犹太人开设的银行，当时的反犹主义在银行界非常盛行，于是美国银行在大家的袖手旁观下只能关门大吉。本来美国银行只是一个普通的商业银行，但它的名字太刺眼了，以至于人们认为美国最大的银行都已经破产，随后即引发全国性的挤兑风潮，金融危机发生。

5. 简述1988年《巴塞尔协议Ⅰ》关于银行资本管理的主要内容及重要贡献。

答：巴塞尔委员会于1988年正式通过了《关于统一国际银行的资本衡量和资本标准的协议》，简称《巴塞尔协议Ⅰ》。主要内容包括：资本的组成、资本充足率的规定、风险权重的计算标准。

(1) 资本的组成。银行资本由核心资本和附属资本构成。核心资本又称一级资本，由银行股本和公开储备构成，具体包括实收资本、资本公积、盈余公积、未分配利润和少数股权等。附属资本又称二级资本，是由非公开储备、资产重估储备、普通储备金、混合资本工具和次级债券组成。其中，核心资本占银行资本总额的比例应不低于50%。

(2) 资本充足率规定。资本总额对加权风险资产的比率称为资本充足率，又叫资本风险（加权）资产率，应不低于8%，其中，核心资本充足率不低于4%。

(3) 风险权重的计算标准。风险权重的计算标准是根据资产类别、性质以及债务主体的不同，将银行资产负债表的表内和表外项目进行了不同的划分。

1) 表内资产项目的风险分为从"无风险"到"十足风险"五级，对应以0、10%、20%、50%和100%给定风险系数。表内风险资产的计算公式为：

$$表内风险资产 = \sum 表内资产额 \times 风险系数$$

2) 表外资产项目是指不反映在资产负债表上，但有可能随时转换为表内项目的资产。"信用换算系数"是衡量表外资产转换为表内资产风险程度的指标。表外资产项目的风险划分为从"无风险"到"十足风险"四级，对应以0、20%、50%、100%给定信用风险换算系数。表外风险资产的计算公式为：

$$表外风险资产 = \sum 表外资产额 \times 信用换算系数$$
$$\times 表内同等性质资产的风险系数$$

(4)《巴塞尔协议Ⅰ》的重要贡献。①第一次提出了资本充足率指标，并明确了资本对风险加权资产8%（其中核心资本对风险资产的比重不低于4%）的标准目标比率。②统一了各国银行的监管标准，以防止国际银行间的不公平竞争。③意味着资产负债管理时代向风险管理时代过渡。

6. 如何理解银行业的高风险特征？其面临的主要风险种类有哪些？

答：（1）银行业是一个特殊的高风险行业。一是由银行的高负债特征所决定；二是因为银行业具有发生支付危机的连锁效应，通过信息传染和信贷传染会产生"多米诺骨牌"效应。

（2）银行业风险的种类：根据巴塞尔银行监管委员会公布的《有效银行监管的核心原则》，银行业有可能面临信用风险、利率风险、市场风险、国家风险、流动性风险、操作风险、法律风险和声誉风险等八种主要风险（具体内容略）。

7. 金融市场失灵的表现有哪些？为什么政府对银行的监管有助于纠正市场失灵？

答：金融市场失灵会导致金融资源的配置效率降低。

（1）银行业的自然垄断：指一个企业能以低于两个或者更多企业的成本为整个市场供给一种物品或者劳务，如果相关产量范围存在规模经济，自然形成的垄断。例如，当一家银行机构占据了相当大的市场份额后，其他类似的银行机构进入市场的障碍就会加大。垄断可能造成价格歧视等降低资源配置效率及伤害消费者利益的不良现象，造成社会福利的损失。

（2）银行风险的负外部效应：外部效应，是指在实际经济活动中，生产者或者消费者的活动对其他生产者或消费者带来的非市场性影响。这种影响可能是有益的，也可能是有害的。银行的负外部效应主要体现在，一家银行的危机有可能引起"多米诺骨牌效应"，最终导致整个金融系统的崩溃。

（3）信息不对称：银行业的信息不对称不仅存在于借款者与银行之间，而且存在于存款者与银行之间。当某一家或几家银行出现支付困难时，由于信息不对称，存款者便纷纷加入挤兑行列，使得那些原本正常经营的银行也被认为出了问题。这样，挤兑风波从一家银行迅速传染到其他银行甚至整个金融体系。

（4）因此，为纠正市场失灵，维护公共利益，将金融市场失灵现象引发的损失减少到最低限度，并防范可能由此产生的银行危机，政府就有必要切实加强银行监管。银行监管作为一种公共产品，是降低或消除金融市场失灵的手段。

8. 金融监管的目的与原则是什么？

答：（1）金融监管，是指政府通过特定机构（如中央银行）对金融交易行为主体进行的某种限制或规定。

（2）金融监管的主要目的：第一，维护金融业的安全与稳定，这是首要的目的；第二，保护存款人利益；第三，维持金融业的运作秩序和公平竞争。

（3）金融监管的原则：①依法监管原则，所有金融机构必须接受国家金融管理当局的监督管理，监管当局必须依法实施监管，保证管理的权威性、严肃性、强制性、一贯性、有效性；②合理适度竞争原则，既要避免金融高度垄断从而丧失效率和活力，又要防

止过度竞争、恶性竞争从而波及银行业的安全稳定；③自我约束与外部强制相结合的
原则；④安全稳健与经济效益相结合的原则。

9. 金融监管体制有哪几种基本类型？分别举例说明。

答：金融监管体制，是指一国对金融机构和金融市场实施监督管理的一整套机构及组织结构的总
和。根据监管主体的多少，各国金融监管体制大致可以划分为以下三类。

(1) 一元多头式金融监管体制，是指全国的金融监管权集中于中央，地方没有独立的权力，
在中央一级由两家或两家以上监管机构共同负责的一种监管体制。以德国最为典型，德
国金融监管框架源于1961年通过的《银行法案》。该法案规定，联邦银行监督局在德意
志联邦银行的配合下对银行业进行统一监管。另外，设立联邦证券委员会对证券机构和
证券业务进行监管，联邦保险监督局对保险机构与保险业务进行监管。

(2) 二元多头式金融监管体制，是指中央和地方都对金融机构或金融业务拥有监管权，且不
同的金融机构或金融业务由不同的监管机关实施监管。以美国为代表，美国的联邦政府
和州政府都有权对金融机构发照注册，联邦政府一级包括联邦储备体系、联邦存款保险
公司、货币监理署和证券交易委员会等多个监管机构，50个州政府各有金融法规，对本
州注册的金融机构进行监管。每个州独有审批、许可、监管其辖区内金融机构的权力。

(3) 集中单一式金融监管体制，也称集权式或一元集中式，是指由中央的一家监管机构集中
行使金融监管权，代表性国家有日本（1998年后）等。1998年日本对金融监管体制做
出重大调整，将大藏省的金融检查部分离出来，组建金融监督厅。2000年7月，大藏省
内的金融规划部门与金融监督厅合并，组建为金融厅（Financial Services Agency，FSA），
2001年1月，金融厅升格为内阁府的外设局，独立地全面负责对银行业、证券业、保险业
及非金融机构进行全面监管，实现了金融监管权的高度集中。同时，它协助财务省（原大
藏省）共同对存款保险机构进行监督。财务省仅保留对存款保险机构的协同监管职能，其
下属地方财务局则以接受金融厅委托的形式重新对地方金融机构行使金融监管职权。

10. 银行监管当局的谨慎性监管措施有哪些？

答：谨慎性监管，即预防性监管，是银行监管中经常性的且最有效的事前安全措施，主要包括市
场准入监管、业务范围监管、经营过程监管和市场退出监管。

(1) 市场准入监管：对银行金融机构的开业申请加以审查，将不合格的申请人挡在银行业大
门之外的监管措施。审批制已成为现代商业银行准入的通行制度。一般来说，审批新的
商业银行要着重考虑以下几个因素：①最低注册资本限额；②完善的公司治理结构和内
控制度；③高级管理人员素质；④银行业竞争状况和经济发展状况。

(2) 业务范围监管：指金融机构一旦成立，应按照许可的营业范围从事金融活动，不得
越线。

(3) 经营过程监管：即经营过程的审计检查。银行一经批准成立和注册登记，领取营业执

照，就要按规定定期向监管当局提交经营报告，披露银行的资产负债、收入和红利、产权结构、外汇经营等详细情况。监管当局还要对银行进行至少每年一次的审计检查，以确定银行的金融状况。对银行的审计检查包括常规检查和现场检查两种。其中，以常规检查（即非现场检查）为主，非现场检查是指银行监管当局对银行金融机构报送的报表、数据按一定的标准和程序进行分析，从而揭示银行经营过程中出现的情况。例如，"骆驼"评级体系规定资本充足性、资产质量、经营管理水平、盈利水平、流动性五个方面。

（4）市场退出监管：即对有问题的金融机构的处理，包括制裁与市场退出机制，主要有购买、兼并、担保及破产清算等方法。

11. 简述"骆驼"评级体系的主要内容。

答：（1）所谓"骆驼"（CAMEL）评级体系，是指美国金融管理当局对商业银行及其他金融机构的业务经营、信用状况等进行的一整套规范化、制度化和指标化的综合等级评定制度。五项考核指标，即资本充足性（capital adequacy）、资产质量（asset quality）、经营管理水平（management）、盈利水平（earnings）和流动性（liquidity），因其英文第一个字母组合在一起为"CAMEL"，正好与"骆驼"的英文名字相同而得名。

（2）评级结果采用5级评分制来评价商业银行的经营及管理水平（1级最高、5级最低），以1~5级表示。

（3）具体内容：①资本充足性，主要考察资本充足率，即总资本与加权风险资产之比。②资产质量，主要考察风险资产的数量，根据内在风险程度将商业银行贷款划分为正常、关注、次级、可疑、损失五类。其中，后三类被称为不良贷款。③经营管理水平，主要反映银行经营者的决策能力、协调能力、技术能力、风险控制能力和适应环境变化的能力，考察银行业务政策、业务计划、管理者经历与经验及水平、职员培训情况等一些非定量因素。④盈利水平，主要考察银行在过去一两年里的净收益情况，以资产收益率为主要监管指标，它是指税后净收益与银行总资产之比。⑤流动性，主要考察银行信贷状况、存款波动性、流动资产以及获取资金的能力。监管指标有银行的现金比率、流动比率、速动比率、贷款集中度比率等。如我国规定对同一借款人的贷款余额与商业银行资本余额的比例不得超过10%。随着金融创新的发展，后期又增加了市场风险敏感度（sensitivity of market risk）这一指标，从而形成了一个新的"CAMELS"评级体系。市场风险敏感度，主要考察利率、汇率、商品价格及股票价格的变化对金融机构的收益或资本可能产生不良影响的程度。

12. 简述存款保险制度的主要内容。

答：（1）定义（略）

（2）存款保险机构的设置一般有三种方式：一是政府出资设立，以美国、英国为代表；二是银行机构自发设立，以德国、法国、意大利为代表，通常是银行同业出资，以协会形式存在；三是政府与银行机构共同设立，以日本为代表，政府和商业银行共同出资。

（3）保险资格的确定有三种情况：一是强制投保，如日本、英国；二是自愿投保，如德国、意大利；三是强制与自愿相结合，对某些机构要求强制性投保，对某些机构实行自愿投保。但是，大多数国家都通过法律形式建立了强制存款保险制度，要求商业银行参加存款保险，并服从存款保险制度的管理。

（4）保险费率的确定大致有两种情况：一是固定费率，即对不同风险水平的投保银行按同一费率计算保险费；二是差别费率，即根据不同银行的风险水平确定不同的保险费率，目的是要在存款保险体系中引入定价机制，限制投保银行过度涉险。

（5）存款保险额的规定。绝大多数国家实行非全额赔偿的部分存款保险制度，即对每位存款户承保的存款数额规定最高保险额。

（6）对有问题投保银行的处理一般有以下方法：一是资金援助法，即投保银行出现暂时性清偿力不足，通过贷款提供资金援助使其渡过难关；二是兼并转让法，即对于问题严重的投保银行，存款保险机构主持由健康银行进行兼并或转让；三是清算赔偿法，即投保银行被依法宣布倒闭，存款保险机构受托对该银行进行清算，支付存款赔偿。

13. 评述存款保险制度的缺陷。

答：（1）存款保险制度的定义（略）

（2）以存款保险制度为代表的政府安全网，虽然可以保护储户和其他债权人，防止危机发生或者减轻危机影响，但是对它的评价却是毁誉参半的。政府安全网引起的以下问题使其受到人们的质疑。

1）道德风险问题。道德风险，即交易的一方去从事那些损害其交易对手利益的活动的动力。存款保险被视为看跌期权，银行是看跌期权的买方，支付保险费；存款保险公司是看跌期权的卖方，收取保险费（期权费）。当银行经营亏损给存款人造成损失时投保银行行权，即损失由存款保险公司负担；而当投保银行因承担风险盈利时则由股东和管理层分享，与存款保险公司无关。这样一种制度设计使存款保险制度从推出之初，就面临道德风险问题。原因就在于存款保险制度的存在进一步加大了投保银行从事冒险活动的动力，进而导致保险理赔事件的发生。

2）逆向选择问题。逆向选择，即那些最有可能造成保险项目所保障的逆向结果（银行破产）的人，正是那些最积极利用保险的人。由于受政府安全网保护的存款人和债权人没有理由对银行的行为施加约束，所以那些爱好冒险的企业家发现，金融行业是最具诱惑力的行业——因为他们明白这样他们就能够从事高风险的活动了。

3）"太大而不能倒闭"问题。由于大型金融机构的倒闭可能会引发金融灾难，金融监管者自然不愿意这些大型金融机构倒闭，因而出现"太大而不能倒闭"问题，从而增强了大银行的道德风险动机。例如，一旦储户发现银行"太大而不能倒闭"，就没有动力来监督银行了。即使发现银行从事过度冒险业务，他们也不会提取存款。因为他们相信无论银行怎样，大银行都不会破产，从而大储户不会受到损失。这种"太大而不能倒闭"的政策结果是，大银行可能冒更大的风险，从而加大其发生倒闭的可能性。

七、论述题

1. 试分析《巴塞尔协议Ⅱ》三个支柱的内容及意义。

答：《巴塞尔协议Ⅱ》的内容于1999年6月提出，几经修改，2004年6月最终通过并于2006年年底正式实施。这一协议的内容可以概括为三个支柱：最低资本金要求、监管当局的监督检查及市场约束。

（1）最低资本金要求。它是新资本协议的第一支柱，是保证银行稳健经营的核心因素。

    1）目标比率规定：要求最低资本充足率为8%，核心资本充足率应为4%，目的是使银行对风险更敏感。

    2）风险加权资产的计算：在原来只考虑信用风险的基础上，进一步考虑了市场风险和操作风险，总的风险加权资产等于由信用风险计算出来的风险加权资产再加上根据市场风险和操作风险计算出来的风险加权资产。

    3）资本比率的计算：在计算资本比率时，市场风险和操作风险的资本要求乘以12.5（即最低资本比率8%的倒数），再加上针对信用风险的风险加权资产，就得到分母，即总的风险加权资产。分子是监管资本，两者相除得到资本比率的数值。总的资本比率不得低于8%。

（2）监管当局的监督检查。

    1）作用及目的：监管当局的目的是确保银行建立起合理有效的内部评估程序，借以评估银行面临的风险状况，并以此为基础对其资本是否充足做出评估，并对银行是否妥善处理了不同风险的关系进行监督。

    2）监管原则：第一，银行应具备与其风险相适应的评估总量资本的一整套程序，以及维持资本水平的战略。第二，监管当局应检查和评价银行内部资本充足率的评估情况及其战略，以及银行监测和确保满足监管资本比率的能力。第三，监管当局应希望银行的资本高于最低资本监管标准比率，并应有能力要求银行持有高于最低标准的资本。第四，监管当局应争取及早干预，避免银行的资本低于抵御风险所需的最低水平。

（3）市场约束。市场约束的关键是信息披露，其有效性直接取决于信息披露制度的健全程度。

    1）作用：市场纪律（市场约束）具有强化资本监管、帮助监管当局提高金融体系安全性的潜在作用。

  2）主要方法：一是披露信息。在适用范围、资本构成、风险暴露的评估和管理程序以及资本充足率四个领域制定了更加具体的定性、定量的信息披露内容，使信息披露更具操作性。二是政府不采取宽容和援救做法。

（4）意义。新资本协议的意义表现在以下几个方面。

  1）在全球建立了统一的银行监管框架。新资本协议在银行的资本管理、银行资产的风险管理、银行的监管和信息披露等方面做了统一的规定，从而使不同国家的银行可以进行比较，便于国际间银行的监督管理。

  2）强调了全面风险管理的重要性。新资本协议对商业银行的信贷风险、市场风险、操作风险等做了详细的规定，并且对一些衍生金融工具的风险计算做了有益的尝试。

  3）把表外业务也列入风险资产的衡量框架中，监管内容更全面，约束力更强。

  4）开创了国际金融合作的典范。

2. 试述《巴塞尔协议Ⅲ》的主要内容及意义。

答：（1）出台背景：2008 年全球金融危机爆发后，原有国际银行业监管准则中核心资本充足率偏低，银行的高杠杆经营缺乏控制，流动性监管标准缺失等问题暴露出来。针对这些情况，巴塞尔委员会对银行业监管标准进行了全面的完善和修订。2010 年 9 月，巴塞尔委员会通过了《巴塞尔协议Ⅲ》，其核心内容在于提高全球银行业的最低资本监管标准。

（2）提高最低资本充足要求：①由普通股构成的核心一级资本占风险加权资产的比重由原来的 2% 提高到 4.5%。②一级资本占风险加权资产的比重由原来的 4% 提高到 6%，总资本充足率要求在 2016 年以前仍为 8%。③增设总额不得低于银行风险资产的 2.5% 的"缓冲资本"，在 2016 年 1 月至 2019 年 1 月之间分阶段执行。此后，"核心"一级资本、一级资本、总资本充足率分别提升至 7.0%、8.5% 和 10.5%。④为了防止银行信贷增长过快并导致系统性风险的积累，提出建立 0 ~ 2.5% 的逆周期资本缓冲区间，由各国根据情况自行安排，未明确具体实施安排。⑤对系统重要性银行提出 1% 的附加资本要求。

（3）引入杠杆率监管要求：核心资本/资产总额被称为杠杆率，杠杆率是监管机构引入的对资本充足率的一个重要补充指标，并且能够约束商业银行业务规模的过度扩张。规定杠杆率的最低标准为 3%。

（4）建立流动性监管指标：一是流动性覆盖比率（LCR），要求优质流动性资产/未来 30 天内的净资金流出大于或等于 100%，目的是强化短期流动性风险的监控，确保单个银行在监管当局设定的流动性严重压力情景下，能够将变现无障碍且优质的资产保持在一个合理的水平。二是净稳定资金比率（NSFR），要求可用的稳定资金/业务所需的稳定资金大于或等于 100%，目的是强化对中长期流动性风险的监控，根据银行在一个年度内资产和业务的流动性特征设定可接受的最低稳定资金量。

（5）意义：①在微观层面，以提高银行资本水平和质量为目标，构建了包括逆周期缓冲资本、资本留存缓冲、系统性重要银行附加资本、杠杆率、流动性覆盖率和净稳定资金比例在内的多层次监管框架，进一步加强银行的风险防控能力，并促进银行改变生存模式，迫使其对盈利模式和资产风险结构进行相应调整，寻求低杠杆、低资本损耗的创新型盈利模式成为决定银行生存与否的关键。②在宏观层面，通过要求每个金融机构达到每个监管指标标准，进行必要的市场约束和遵守信息披露制度，从而防范区域性甚至是全球性金融风险暴露，防止大规模危机的发生。

第九章
CHAPTER9

货币政策

▨ 本章摘要

1. 货币政策，是指中央银行为实现既定的经济目标而运用各种政策工具调节货币供给量和利率，进而影响宏观经济的方针和措施的总和。货币政策的最终目标包括稳定物价、充分就业、经济增长、国际收支平衡。《中国人民银行法》规定：中央银行"货币政策目标是保持货币币值的稳定，并以此促进经济增长"。

2. 货币政策中介目标的选择标准：①可测性，②可控性，③相关性。中介目标的分类：近期中介目标或操作目标，包括短期利率、超额准备金、基础货币；远期中介目标或中间目标，包括长期利率、货币供应量、汇率。

3. 货币政策工具是中央银行为达到货币政策目标而采取的手段。根据调控职能和效果，货币政策工具可以分为五类：一般性货币政策工具、选择性货币政策工具、直接信用控制、间接信用指导和非常规货币政策工具。一般性货币政策工具又被称为"三大法宝"，是主要的政策工具，包括公开市场操作、再贴现政策、存款准备金制度。

4. 非常规货币政策工具主要有，前瞻指引、扩大中央银行资产负债表规模和改变中央银行资产负债表结构。其中，美联储常用量化宽松操作，而我国央行使用最多的是常备借贷便利、中期借贷便利、抵押补充贷款和短期流动性调节工具。

5. 货币政策传导机制是要描述货币政策影响经济变量的过程。它主要有凯恩斯学派的传导机制、现代货币学派的传导机制、资产价格渠道传导机制和信贷渠道传导机制。前两种侧重于宏观层次的分析，后两种侧重于微观层次的分析。

6. 凯恩斯学派认为，货币政策工具必须影响到利率才能发挥作用；现代货币学派更强调货币供应量的变动在整个传导机制中的直接效果。

7. 资产价格渠道传导机制：托宾投资 q 理论、财富效应渠道和汇率渠道；斯蒂格利茨等提出的均衡信贷配给理论确立了信贷渠道作为货币政策传导机制的基础。在此基础上，伯南克等人逐渐形成了两种具体的信贷传导理论：银行借贷渠道和资产负债表渠道。

8. 货币政策时滞，是指货币政策从制定到最终目标的实现，所必须经过一段时间过程。如果收效太迟或难以确定何时收效，则影响政策的效果。货币政策时滞由内部时滞和外部时滞构成，其中内部时滞又包括认知时滞和决策时滞，外部时滞又被称为影响时滞。

9. 影响货币政策效果的主要因素有货币政策时滞和微观主体的预期。此外，一些其他外来体制因素，如政治因素和经济条件因素，也会影响货币政策的效果。

习题

一、名词解释

1. 货币政策　　　　2. 泰勒规则　　　　3. 菲利普斯曲线

4. 法定存款准备金率　　5. 常备借贷便利（SLF）　　6. 中期借贷便利（MLF）

7. 抵押补充贷款（PSL）　　8. 短期流动性调节工具（SLO）　　9. 再贴现率

10. 公开市场操作　　　　11. 窗口指导　　　　12. 托宾 q 理论

13. 货币政策时滞

二、单项选择

1. 下列货币政策目标中，（　　　）是货币政策的近期中介目标。

A. 基础货币　　　　B. 货币供应量　　　　C. 利率　　　　D. 长期利率

2. 我国目前货币政策中介目标主要是（　　　）。

A. 利率　　　　B. 汇率　　　　C. 货币供应量　　　　D. 通货膨胀率

3. 1995 年，我国以法律形式确定的货币政策的最终目标是（　　　）。

A. 经济增长　　　　　　　　B. 稳定物价

C. 保持物价稳定，并以此促进经济增长　　　　D. 国际收支平衡

4. 部分国家在 20 世纪末采取的以反通货膨胀为目标，以调节（　　　）为主要操作手段的货币政策方法被称为泰勒规则。

A. 货币供应量　　B. 短期利率　　　　C. 长期利率　　　　D. 高能货币

5. 以下属于货币政策的充分就业目标范畴之内的是（　　）。

    A. 周期性失业　　　　B. 偶然失业　　　　C. 自愿失业　　　　D. 摩擦性失业

6. 在下列控制货币总量的各个手段中，中央银行不能完全自主操作的是（　　）。

    A. 再贴现政策　　　　B. 公开市场业务　　　　C. 信贷规模控制　　　　D. 法定准备金率

7. 中央银行进行公开市场操作的对象主要是（　　）。

    A. 大额可转让存款单　　　　　　　　B. 银行承兑汇票

    C. 金融债券　　　　　　　　　　　　D. 国库券

8. 凯恩斯学派认为货币政策传导过程中发挥重要作用的是（　　）。

    A. 利率　　　　　　　　　　　　　　B. 法定存款准备金

    C. 货币供应量　　　　　　　　　　　D. 基础货币

9. 对经济运行影响强烈而不常使用的货币政策工具是（　　）。

    A. 信用配额　　　　　　　　　　　　B. 公开市场业务

    C. 再贴现政策　　　　　　　　　　　D. 存款准备金政策

10. 为了增加货币供应量，中央银行应该（　　）。

    A. 提高法定存款准备金率　　　　　　B. 提高再贴现率

    C. 降低再贴现率　　　　　　　　　　D. 中央银行卖出债券

11. 目前西方各国运用得比较多且十分灵活有效的货币政策工具是（　　）。

    A. 法定存款准备金　　　　　　　　　B. 公开市场操作

    C. 再贴现政策　　　　　　　　　　　D. 非常规货币政策工具

12. 菲利普斯曲线反映了（　　）之间此消彼长的关系。

    A. 通货膨胀率与失业率　　　　　　　B. 经济增长与失业率

    C. 通货紧缩与经济增长　　　　　　　D. 通货膨胀与经济增长

13. 间接信用指导是指中央银行凭借其在金融体系中的特殊地位，通过与金融机构磋商等方式，指导金融机构的信用活动，达到信用控制的目的。（　　）是常见的间接信用指导手段。

    A. 利率最高限额　　　　　　　　　　B. 预缴进口保证金

    C. 规定商业银行流动性比率　　　　　D. 窗口指导

14. 从中央银行采取行动到政策对经济过程发生作用所耗费的时间称为（　　）。

    A. 内部时滞　　　　B. 外部时滞　　　　C. 认识时滞　　　　D. 决策时滞

15. 一般来说，中央银行提高再贴现率时，会使商业银行（　　）。

    A. 提高贷款利率　　　　　　　　　　B. 降低贷款利率

    C. 贷款利率升降不确定　　　　　　　D. 贷款利率不受影响

16. 下列能扩大中央银行资产负债表规模的是（　　）。

    A. 提高利率　　　　B. 量化宽松　　　　C. 抵押补充贷款　　　　D. 常备借贷便利

17. "信用配给"的存在使得信贷市场的利率（　　　）信贷市场供求相等时的均衡利率。

    A. 低于　　　　　　　　B. 高于　　　　　　　C. 等于　　　　　　　D. 无关于

18. 托宾投资 q 理论用来解释货币政策通过影响（　　　）进而影响投资支出，从而影响国民收入的过程。

    A. 商品市场　　　　B. 股票市场　　　　　C. 劳动力市场　　　　D. 债券市场

19. 金融中介学派认为，货币政策传导机制可以通过"信贷可得性"效应完成，表明中央银行的货币政策可以通过影响（　　　），从而影响经济主体的投资与消费行为，进而影响总支出与国民收入。

    A. 债券价格　　　　　　　　　　　B. 股票价格

    C. 利率　　　　　　　　　　　　　D. 金融机构的贷款规模

20. 下列不属于法定准备金制度缺陷的是（　　　）。

    A. 效果强烈，对经济波动影响过大，不适宜作为日常调控工具

    B. 显著影响社会公众的心理预期，有固定化倾向

    C. 由于缺乏主动性而使政策的效果大打折扣

    D. 实现效果可能会因为对各类银行的影响不同而难以把握

21. 中央银行可以通过（　　　）来引导资金流向，定向投放流动性。

    A. 调整法定存款准备金率　　　　　B. 调整再贴现利率

    C. 量化宽松　　　　　　　　　　　D. 常备借贷便利

22. 现代货币学派认为，货币供应量的变动可以直接影响支出水平的前提是（　　　）。

    A. 货币需求函数是稳定的　　　　　B. 货币供给是内生的

    C. 支出对利率是敏感的　　　　　　D. 支出对货币供给是敏感的

23. 在托宾投资 q 理论中，q 等于企业市值与企业重置成本之比，当 q 值（　　　）1 时，将刺激企业投资增加。

    A. 小于　　　　　　　B. 等于　　　　　　　C. 大于　　　　　　　D. 小于等于

24. 下列关于货币政策传导财富效应渠道描述错误的是（　　　）。

    A. 它强调了消费在货币政策传导中的重要作用

    B. 它所指的财富包括人力资本、实物资本和金融资产

    C. 货币供给变动借助于对股价的影响从而影响消费者的财富变动

    D. 它所指的财富是指消费者的当期收入

25. 根据均衡信贷配给理论，银行贷款利率相对于市场利率具有黏性，是指（　　　）。

    A. 信贷利率固定不变　　　　　　　B. 信贷利率一般低于均衡利率

    C. 信贷利率一般高于均衡利率　　　D. 信贷利率一般等于均衡利率

26. 货币政策银行借贷渠道认为，即使存在（　　　），货币政策仍可以通过信贷供给的调整来实施

对宏观经济的调控。

    A. 流动性陷阱　　　B. 费雪效应　　　　　C. 收入效应　　　　　D. 财富效应

27. 扭曲操作（operation twist）是美联储推出的一项非常规性货币政策操作，其特点是（　　　）。

    A. 买入短期债券并卖出等额长期债券　　　B. 卖出短期债券并买入等额短期债券

    C. 买入长期债券并卖出更多短期债券　　　D. 买入长期债券并卖出等额短期债券

28. 中央银行不再使用货币总量指标作为货币政策中介目标，原因是（　　　）。

    A. 它导致顺周期的货币政策

    B. 金融创新的快速推进导致很难对货币进行测量

    C. 它与真实票据原则相悖

    D. 它是一个内生指标

29. 根据泰勒规则，其他条件不变的情况下，如果产出低于其潜在水平，那么（　　　）。

    A. 利率指标下降　　　　　　　　　　　B. 利率指标上升

    C. 均衡利率下降　　　　　　　　　　　D. 均衡利率上升

30. 货币政策四大目标之间存在矛盾，任何一个国家要想同时实现是很困难的，但其中（　　　）是一致的。

    A. 充分就业与经济增长　　　　　　　　B. 经济增长与国际收支平衡

    C. 物价稳定与经济增长　　　　　　　　D. 物价稳定与经济增长

三、多项选择

1. 一般来说，以下属于选取货币政策中介目标的基本标准的是（　　　）。

    A. 可测性　　　　　B. 相关性　　　　　C. 可控性　　　　　D. 适应性

2. 充分就业并不意味着解决了以下失业（　　　）。

    A. 自愿失业　　　　B. 自然失业　　　　C. 摩擦性失业　　　　D. 周期性失业

3. 下列关于货币政策传导财富效应渠道描述正确的是（　　　）。

    A. 它强调了消费在货币政策传导中的重要作用

    B. 它所指的财富包括人力资本、实物资本和金融资产

    C. 货币供给变动借助于对股价的影响从而影响消费者的财富变动

    D. 它所指的财富是指消费者的当期收入

4. 货币政策可通过"信贷可得性"效应来完成，这表明（　　　）。

    A. 信贷市场上存在着"信贷配给"现象

    B. 货币政策遇到"流动性陷阱"仍有效

    C. 它强调利率的货币传导机制作用

    D. 货币政策可通过影响金融机构的贷款规模进而影响总支出和国民收入

5. 下列不属于凯恩斯主义货币政策传导机制特点的是（　　）。

   A. 强调利率的货币传导机制作用

   B. 强调货币供应量的货币传导机制作用

   C. 货币政策遇到"流动性陷阱"将会失效

   D. 货币政策遇到"流动性陷阱"仍有效

6. 根据货币政策传导的资产负债表渠道，紧缩货币政策会导致股票价格下跌，导致（　　），企业可获贷款能力下降，投资回落。

   A. 企业净值下降　　　　　　　　　B. 企业净值上升

   C. 逆向选择和道德风险上升　　　　D. 逆向选择和道德风险下降

7. 下列货币政策操作中，引起货币供应量增加的是（　　）。

   A. 提高法定存款准备率　　　　　　B. 提高再贴现率

   C. 降低再贴现率　　　　　　　　　D. 中央银行买入债券

8. 公开市场操作的优点是（　　）。

   A. 主动性强　　　B. 调控效果猛烈　　　C. 灵活性强　　　　D. 影响范围广

9. 货币政策时滞可以归纳为以下哪几种（　　）。

   A. 认知时滞　　　B. 决策时滞　　　　C. 影响时滞　　　　D. 理解时滞

10. 法定存款准备金率的调整具有以下特点（　　）。

   A. 影响利率水平　　　　　　　　　B. 影响商业银行的超额存款准备金

   C. 富有弹性　　　　　　　　　　　D. 影响商业银行的信用创造能力

四、判断并改错

1. 货币政策的最终目标是稳定物价、充分就业、经济发展、国际收支平衡。（　　）

2. 中央银行在公开市场上买进证券，只是等额投放基础货币，而非等额投放货币供应量。（　　）

3. 根据凯恩斯主义理论，在"流动性陷阱"中，货币政策无效。（　　）

4. 信贷配给理论认为银行最优利率等于信贷市场出清时的均衡利率。（　　）

5. 若以稳定物价为货币政策最终目标，选择中介目标时应侧重于利率水平。（　　）

6. 再贴现是中央银行与商业企业之间办理的票据贴现业务。（　　）

7. 法定存款准备金制度是使用频率最高的一般性货币政策工具。（　　）

8. 再贴现率政策的作用主要在于影响银行融资成本，从而影响商业银行的法定存款准备金，以达到松紧银根的目的。（　　）

9. 通过对证券信用交易保证金比率的调整，中央银行可以直接影响证券市场上的信贷资金流入量，这被称为证券市场信用控制。（　　）

10. 选择性货币政策工具在影响货币供给总量的条件下，影响银行体系的资金投向和不同货币的

利率。（　　）

11. 托宾投资 q 理论认为，当 q 值小于 1 时，企业应增加投资和总需求。（　　）

12. 货币政策的扩张总是由贷款总量的高增长来实现的，表现为资产规模的扩张，而中央银行的资产规模并不受负债量的约束。（　　）

13. 现代货币学派认为货币政策的传导机制是通过货币供应量的变动间接影响支出和收入的。（　　）

14. 理性预期学派认为任何宏观政策都将被经济行为者的预期所抵消，因此包括货币政策在内的所有宏观政策基本上都是无效的。（　　）

15. 从技术上讲，中央银行创造基础货币的量可以是无限的。（　　）

16. 愿意接受现行的工资水平和工作条件，但仍然找不到工作的属于摩擦性失业。（　　）

17. 货币政策的银行借贷渠道假定，货币供应量增加将导致股票价格上涨。（　　）

18. 自 20 世纪 90 年代以来，一些发达国家中央银行纷纷采用货币供应量作为货币政策的中介目标。（　　）

19. 根据菲利普斯曲线，货币工资变动率与经济增长之间存在比较稳定的此增彼减关系。（　　）

20. 托宾认为，q 的高低反映了企业的投资愿望，它和投资支出之间是负相关关系。（　　）

五、填空题

1. 20 世纪 70 年代以后，西方国家出现的高失业率和严重通货膨胀并存的现象被称为（　　）。

2. 用于反映通货膨胀率与失业率之间此增彼减的交替关系的曲线是（　　）。

3. 在现实生活中，除了非自愿性失业外，还有两种失业是不可避免的：一种是（　　），另一种是（　　）。

4. 一般性货币政策工具中，最灵活的、最常用的货币政策工具是（　　）。

5. 认为利率在货币政策传导机制中不起作用的是以（　　）为代表人物的（　　）学派。

6. 一般情况下，中央银行提高再贴现率时，商业银行会（　　）贷款利率。

7. 根据凯恩斯学派货币政策理论，当一国经济出现（　　）时，货币供应量的增加就不能使利率下降，于是货币政策无效。

8. 银行贷款利率不随货币供给的增减而做相应变动的现象被称为（　　），它是货币政策信用传导机制的理论基础之一。

9. 货币政策的内部时滞被分为（　　）和（　　）。

10. 影响效果巨大而不常使用的一般性货币政策工具的（　　）。

六、简答题

1. 简述货币政策最终目标之间的矛盾关系。

2. 简单描述货币供应量目标与利率目标之间的矛盾冲突。

3. 描述公开市场操作的作用机理和特点。

4. "信贷市场上利率并不是一个使信贷供求相等的均衡利率，而是一个比均衡利率更低的利率。"
请应用"信贷配给说"（credit rationing）分析这个原理。

5. 简述货币政策传导机制的托宾投资 q 理论。

6. 简述货币政策最终目标的主要内容。

7. 简述货币政策中介目标的选择标准。

8. 简述基础货币作为货币政策操作指标的理由。

9. 简述短期货币市场利率作为货币政策操作指标的优缺点。

10. 简述货币供应量作为货币政策中介目标的优缺点。

11. 简述货币政策工具体系。

12. 简述法定存款准备金率的作用机制、优点及局限性。

13. 简述再贴现率的作用机制、特点及局限性。

14. 简述选择性货币政策工具的主要措施。

15. 简述凯恩斯学派关于货币政策传导机制的理论。

16. 简述现代货币学派关于货币政策传导机制的理论。

17. 简述货币政策传导的银行借贷渠道的基本内容。

18. 简述货币政策传导的资产负债表渠道的基本内容及意义。

七、论述题

1. 试述货币政策的信贷传导机制的主要内容及对我国的启示。

2. 什么是非常规货币政策工具？其大致有哪几种？

3. 简述货币政策的资产价格传导渠道的主要内容。

参考答案

一、名词解释

1. 货币政策

答：货币政策，是指中央银行为实现既定的经济目标而运用各种政策工具调节货币供应量和利率，进而影响宏观经济的各种方针和措施的总和。它主要运用存款准备金制度、公开市场操作和再贴现政策三大工具调节宏观经济，以期实现稳定物价、充分就业、经济增长和国际收支平衡四大目标。

2. 泰勒规则

答：泰勒（Taylor）规则是由美国斯坦福大学经济学教授泰勒于 1993 年针对美国的实际数据提出的，它提出了一种确定短期利率调整的规则，即根据通货膨胀缺口和产出缺口变化调整短期利率的准则，用公式表示为 $i = i^* + \alpha(\pi - \pi^*) - \beta(N - N^*)$。它为央行名义利率的调整提供了指导，提高了货币政策的透明度，因此受到理论界的广泛关注。

3. 菲利普斯曲线

答：菲利普斯曲线是用来描述失业率与通货膨胀率之间替代取舍关系的曲线。该曲线表明，当失业率较低时，通货膨胀率较高；反之，当失业率较高时，通货膨胀率较低，甚至是负数。但是，它无法解释经济中的"滞胀"现象。

4. 法定存款准备金率

答：法定存款准备金率，是指一国中央银行以法律形式规定的商业银行和存款金融机构必须缴存中央银行的法定准备金占其存款总额的比率。调节法定存款准备金率，是国家调节货币政策的有效方法。

5. 常备借贷便利（SLF）

答：常备借贷便利（standing lending facility，SLF）是中央银行以抵押方式向金融机构提供的较长期流动性贷款便利，其利率水平根据货币政策调控、引导市场利率的需要等综合因素确定。SLF 以抵押方式发放，合格抵押品包括高信用评级的债券类资产及优质信贷资产等。主要特点是：①由金融机构主动发起，金融机构可根据自身流动性需求申请；②中央银行与金融机构"一对一"交易，即精准投放流动性；③交易对手覆盖面广，通常覆盖所有存款金融机构。

6. 中期借贷便利（MLF）

答：中期借贷便利（medium-term lending facility，MLF）是中央银行向金融机构提供中期流动性需要的货币政策工具，对象为符合宏观审慎管理要求的商业银行、政策性银行，采取质押方式发放，并需提供国债、央行票据、政策性金融债、高等级信用债等优质债券作为合格质押品，期限以 6 个月为主。

7. 抵押补充贷款（PSL）

答：抵押补充贷款（pledged supplementary lending，PSL）是中央银行以抵押方式对商业银行提供的一种再贷款，为商业银行提供基建、民生支出领域的低成本资金，同时降低社会融资成本，并通过 PSL 的利率水平来引导中期市场利率，以实现央行在短期利率控制之外，对中长期利率水平的引导和掌控。

8. 短期流动性调节工具（SLO）

答：短期流动性调节工具（short-term liquidity operations，SLO）是逆回购的一种，所谓逆回购，是指中央银行向金融机构购买有价证券，并约定在未来特定日期将有价证券卖给该金融机构的交易行为。逆回购为央行向市场投放流动性的操作。SLO 是超短期的逆回购，以 7 天期以内短期回购为主，采用市场化利率招标方式开展操作，原则上在公开市场常规操作的间歇期使用。

9. 再贴现率

答：再贴现率，是指商业银行将未到期票据出售给中央银行融通资金时，中央银行所扣除金额占票据面额的比率，也就是商业银行再贴现资金时支付的利息率。中央银行通过调整再贴现率来干预和影响市场利率及货币供应量，从而促使宏观经济扩张或收缩。

10. 公开市场操作

答：公开市场操作，是指中央银行在金融市场上公开买进卖出有价证券（主要是政府债券），用以调控货币供应量的一种政策工具，是中央银行的三大传统法宝之一。当经济出现泡沫时，中央银行就在公开市场上出售有价证券，回笼资金；反之，当经济萧条时，中央银行就在公开市场上买进有价证券，投放货币。作为一种优良的政策工具，公开市场操作是中央银行最经常使用的政策工具。

11. 窗口指导

答：窗口指导属于间接信用指导，是指中央银行根据产业行情、物价走势和金融市场动向，规定商业银行每季度的贷款增减额，并要求其执行，属于温和的、非强制性的货币政策工具。

12. 托宾投资 q 理论

答：托宾投资 q 理论是用来解释货币政策变化通过影响股票价格进而影响投资支出，从而影响国民收入过程的理论。q 等于企业市场价值（股票总市值）除以企业的资本重置成本。q 值的变化即资产价格的上升（下降）降低（提高）了企业的融资成本，使企业增加（减少）投资，最终增加（降低）总产出水平。

13. 货币政策时滞

答：货币政策时滞，是指货币政策从制定到最终目标的实现，所必须经过一段时间的过程。它是影响货币政策效果的一个重要因素。如果收效太迟或难以确定何时收效，则会影响政策的效果。货币政策时滞由两部分组成：内部时滞和外部时滞。

二、单项选择

1. A　　2. C　　3. C　　4. B　　5. A　　6. A　　7. D　　8. A　　9. D　　10. C　　11. B

12. A　　13. D　　14. B　　15. A　　16. B　　17. A　　18. B　　19. D　　20. C　　21. D　　22. A

23. C　　24. D　　25. B　　26. A　　27. D　　28. B　　29. A　　30. A

三、多项选择

1. ABC　　2. ABC　　3. ABC　　4. ABD　　5. BD　　6. AC　　7. CD　　8. ACD

9. ABC　　10. ABD

四、判断并改错

1.（×）将"经济发展"改为"经济增长"

2.（√）

3.（√）

4.（×）将"等于"改为"低于"

5.（×）将"利率水平"改为"货币供应量"

6.（×）将"商业企业"改为"金融机构"

7.（×）将"法定存款准备金制度"改为"公开市场操作"

8.（×）将"法定存款准备金"改为"超额存款准备金"

9.（×）将"直接"改为"间接"

10.（×）选择性政策工具不影响货币供应总量

11.（×）将"小于1"改为"大于1"

12.（√）

13.（×）将"间接"改为"直接"

14.（√）

15.（√）

16.（×）将"摩擦性失业"改为"非自愿失业"

17.（×）将"股票价格上涨"改为"银行贷款增加下降"

18.（×）将"货币供应量"改为"利率"

19.（×）将"经济增长"改为"失业率"

20.（×）将"负"改为"正"

五、填空题

1. 滞胀

2. 菲利普斯曲线

3. 自愿失业　摩擦性失业

4. 公开市场操作

5. 弗里德曼　货币

6. 提高

7. 流动性陷阱

8. 信贷配给或利率黏性

9. 认知时滞　决策时滞

10. 法定存款准备金政策

六、简答题

1. 简述货币政策最终目标之间的矛盾关系。

答：货币政策的最终目标，是指货币政策在一段较长的时期内所要达到的目标。各国货币当局货币政策所追求的最终目标主要有四个：稳定物价、充分就业、经济增长和国际收支平衡。

货币政策四大最终目标存在着相辅相成、相互矛盾的关系。它们之间的矛盾表现在以下几点：

（1）充分就业与稳定物价之间的矛盾。菲利普斯曲线表明，在失业率与通货膨胀率之间存在着一种此消彼长的置换关系。

（2）物价稳定与经济增长之间的矛盾。经济增长大多伴随着物价上涨。总需求的扩张和经济增长往往会引起物价水平的上涨，而总需求的减少和经济的衰退往往会引起物价的下跌。

（3）经济增长与国际收支平衡之间的矛盾。一般地，国内经济增长，一方面会导致贸易收支的逆差，另一方面也可能导致资本与金融账户的顺差，能否确保国际收支平衡依赖于二者是否能相互持平。

（4）物价稳定与国际收支平衡之间的矛盾。货币当局稳定国内物价的努力常常会导致资本流入和需求减少，使国际收支出现顺差。因此，稳定物价与国际收支平衡并非总是协调一致的。

2. 简单描述货币供应量目标与利率目标之间的矛盾冲突。

答：通常将货币供应量目标称为总量指标，对货币供应量的调控称为数量调控；将利率指标称为结构指标或价格指标，对利率的调控称为价格调控。在实际操作过程中，总量指标与结构指标一般不能同时选作中介目标，两者之间存在着冲突。

（1）图形分析（见图 9-1）：假定开始时货币市场正处于货币当局所希望的均衡点，由于收入增加或者某些其他因素的变化，货币需求曲线右移。

此时货币当局将面临以下两种选择：一种是继续维持原来的货币供应量目标，同时听任利率上升；另一种是继续维持原来的利率目标，为达到这一目标，货币当局就必须增加实际货币供应量。总之，无论货币当局坚持哪一个目标，都要被迫放弃另一个目标。

（2）理论上凯恩斯主义者主张以利率为中介目标，倡导中央银行调整货币供给量使利率在一定阈值内稳定，而货币主义者主张以货币供应为中介目标。

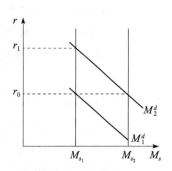

图 9-1 货币供应量指标与结构指标

（3）实际演变：20世纪70年代以前，受凯恩斯主义经济学的影响，西方主要国家货币当局一般采用利率作为货币政策的中介目标，对宏观经济实施积极调控。然而随着20世纪70年代普遍出现的经济滞胀现象，让主张宏观干预政策无效的货币主义理论逐渐兴起，货币供应量目标开始受到货币政策制定者的青睐。进入20世纪90年代以后，某些西方国家实行以反通货膨胀为唯一目标的货币政策，放弃了以货币供应量作为中介目标的监控方法，货币政策目标就是盯住通货膨胀。

3. 描述公开市场操作的作用机理和特点。

答：（1）公开市场操作，是指中央银行在金融市场上公开买进卖出有价证券（主要是政府债券），用以调控货币供应量的一种政策工具，是中央银行的三大传统法宝之一。

（2）公开市场操作的作用机理。当经济停滞或衰退时，中央银行就在公开市场上买进有价证券，从而向社会投放一笔基础货币。无论基础货币是流入社会大众手中，还是流入商业银行，都必将使银行系统的存款准备金增加，银行通过对准备金的运用，扩大了信贷规模，增加了货币供应量。反之，当利率、物价不断上升时，中央银行则在公开市场上卖出有价证券，回笼货币，收缩信贷规模，减少货币供应量。

（3）公开市场操作的特点。①传递过程的直接性。中央银行通过公开市场操作可以直接调控银行系统的准备金总量，进而直接影响货币供应量。②操作的主动性。通过公开市场操作，中央银行可以"主动出击"，避免了贴现政策的"被动等待"。③可以进行微调。由于公开市场操作的规模和方向可以灵活安排，中央银行有可能对货币供应量进行微调，从而避免法定存款准备金政策的震动效应。④可进行频繁操作。中央银行可以在公开市场上进行连续性、经常性及试探性操作，也可以进行逆向操作，以灵活调节货币供应量。

　　然而，公开市场操作要有效地发挥作用，必须具备一定的条件：①中央银行必须具有强大的足以干预和控制整个金融市场的资金实力。②中央银行对公开市场操作的操作必须具有弹性操纵权，可以根据经济需要和货币政策目标自行决定买卖证券的种类与数量。③金融市场必须具有相对的广度和深度，这样，中央银行的公开市场操作才能顺利进行。

4. "信贷市场上利率并不是一个使信贷供求相等的均衡利率，而是一个比均衡利率更低的利率。"请应用"信贷配给说"（credit rationing）分析这个原理。

答：（1）这是均衡信贷配给理论的观点。

（2）所谓"信贷配给"，是指银行贷款利率具有一定黏性，不会随货币供给的增减而做相应变动的现象。具体来说，就是并非只要借款人支付一个足够高的利率，便可以获得所需的贷款，而是在一个特定的利率水平上，有些企业和个人可以获得贷款，另一些企业和个人即使愿意支付更高的利率，银行也不会给予贷款。

（3）为什么即使在许多不存在利率管制的国家，也存在"信贷配给"呢？这是由"信息不对称"导致的。假定银行采取提高利率的办法，则可能对银行收益产生两方面的负面影响：第一，逆向选择增强；第二，道德风险提高。因此，对于银行来说，利率并不是越高越好，而是有一个限度，超过了这一限度，由于贷款风险增加，银行预期收益反而减少。结果，信贷市场的利率并不是一个使信贷市场供求相等的均衡利率，而是一个比均衡利率更低的利率。

5. 简述货币政策传导机制的托宾投资 q 理论。

答：（1）托宾投资 q 理论是用来解释货币政策变化通过影响股票价格进而影响投资支出，从而影响国民收入过程的理论，货币政策通过影响权益的价值来影响经济，其传导机制可表示为：$M \rightarrow P_e \rightarrow q \rightarrow I \rightarrow Y$。其中，$M$ 代表货币供给量，p_e 代表权益价格，q 代表托宾投资，I 代表投资，Y 代表产出。

（2）托宾把 q 定义为企业的市场价值除以其资本的重置成本。一方面，如果 q 值大于 1，则企业的市场价值高于其资本的重置成本，因而相对于企业的市场价值而言，新的厂房和设备的投资比较便宜。这样企业就可以发行权益、购置设备，从而投资支出就将上升。另一方面，如果 q 值小于 1，企业就不愿意购买新投资品，因为相对于资本成本而言企业的市场价值较低，因此投资支出将较低。所以，该理论的关键在于认为，在托宾的 q 值与投资支出之间存在一种联系。

（3）但是，货币政策如何能够影响权益价格？货币主义认为，如果货币供给量增加，公众发现他手中的货币持有量大于他所希望的，就会通过增加支出来降低。公众可以支出更多货币的一个地方是权益市场，这就增加了对权益的需求，提高了价格。如果权益价格上升，则 q 值上升，因而企业投资支出也上升，最后总产量跟着上升。

6. 简述货币政策最终目标的主要内容。

答：（1）定义：货币政策最终目标，是指货币政策在一段较长的时期内所要达到的目标。货币政策最终目标主要有稳定物价、充分就业、经济增长和国际收支平衡四个目标。

（2）稳定物价目标，又称稳定币值，是指社会一般物价水平在一定时期内大体保持稳定，不发生明显的波动，也就是要求既要防止物价上涨，又要防止物价下跌。从各国货币政策的实际操作来看，一般要求物价上涨率应控制在 5% 以下，以 2%～3% 为宜。

（3）充分就业目标，是指有劳动能力并愿意参加工作者，都能在较合理的条件下找到适当的工作，此时劳动力市场处于均衡状态。通常用失业率反映充分就业状况，一般来说，中央银行把充分就业目标定为失业率不超过 4% 为宜。

（4）经济增长目标，是指经济在一个较长的时期内始终处于稳定增长的状态中。经济增长的核算通常依靠国内生产总值（GDP）、国民生产总值（GNP）等统计数据，又以前者为主。

（5）国际收支平衡目标，是指一国对其他国家的全部货币收入和货币支出持平，略有顺差或略有逆差。由于国际收支状况与国内市场的货币供应量有着密切关系，所以对于开放条件下的宏观经济而言，国际收支平衡也成为一国货币政策目标之一。

7. 简述货币政策中介目标的选择标准。

答：中央银行选择货币政策中介目标的主要标准有以下三个：一是可测性，是指中央银行选择的金融控制变量具有较明确的定义，中央银行能够迅速而准确地获取有关变量指标的数据资料且便于进行定量分析。二是可控性，是指中央银行能够运用各种货币政策工具，对所选的金融变量进行有效的调节和控制。三是相关性，是指中央银行选择的货币政策中介目标必须与货币政策最终目标有密切的、稳定的和统计数量上的联系和相关性。中央银行通过对中介目标的控制和调节能够促进货币政策目标的实现。

8. 简述基础货币作为货币政策操作指标的理由。

答：基础货币，由流通中的通货和银行准备金组成，构成了货币供应量倍数伸缩的基础。一般认为，基础货币是比较理想的操作指标，具有以下特点：①可测性强。基础货币直接表现为中央银行的负债，其数额随时反映在中央银行的资产负债表上，很容易为中央银行所掌握。②可控性强。通货可以由中央银行直接控制。中央银行可以通过公开市场操作，随意控制银行准备金中的非借入准备金。借入准备金虽不能完全控制，但可以通过贴现窗口进行目标设定并进行预测，也有很强的可控性。③相关性强。货币供应量等于基础货币与货币乘数之积。只要中央银行能够控制基础货币的投放，也就等于间接地控制了货币供应量，从而就能进一步影响利率、价格及国民收入，实现其最终目标。

9. 简述短期货币市场利率作为货币政策操作指标的优缺点。

答：短期货币市场利率是指银行同业拆借利率。银行同业拆借市场作为货币市场的基础，其利率是整个货币市场的基准利率。优点有：①可控性强。中央银行可直接控制再贴现率，进而通过公开市场操作或再贴现政策，调节市场利率的走向。②可测性强。中央银行在任何时候都能观察到市场利率的水平及结构。③货币当局能够通过利率影响投资和消费支出，从而调节总供求。

　　缺点有：利率的变动是顺循环的。经济繁荣时，利率因信贷需求增加而上升；经济停滞时，利率因信贷需求减少而下降。作为政策变量，利率与总需求也应沿同一方向变动：经济过热，应提高利率；经济疲软，应降低利率。这就是说，利率作为内生变量和作为政策变量往往很难区分。例如，确定一个利率提高的目标，为的是抑制需求。但经济过程本身把利率推向了这个高度，作为一个内生变量，它却是难以直接抑制需求的。在这种情况下，中央银行很难判明自己的政策操作是否已经达到了预期目标。

10. 简述货币供应量作为货币政策中介目标的优缺点。

答：把货币供应量作为中介目标的理由是：①可测性强。M0、M1、M2 等指标都有很明确的定义，分别反映在中央银行、商业银行及其他金融机构的资产负债表内，可以很方便地进行测算和分析。②在可控性方面，现金直接由中央银行发行并进入流通；通过控制基础货币，中央银行也能有效地控制 M1 和 M2。③就相关性而言，一定时期的货币供应量代表了一定时期的有效需求总量和整个社会的购买力，对最终目标有直接影响，由此其与最终目标直接相关。

缺点是：难以确定应该以哪一个口径的货币供应量作为中介目标。随着金融创新的迅猛发展，新型金融工具在金融市场上大量涌现，模糊了货币的边界，货币供应量的计量日趋复杂，中央银行对货币供应量的控制也日益困难，使其作为货币政策中介目标的可测性和可控性均受到冲击。

11. 简述货币政策工具体系。

答：货币政策工具是中央银行为达到货币政策目标而采取的手段。中央银行通过货币政策工具的运作，影响商业银行等金融机构的活动，进而影响货币供应量，最终影响国民经济宏观经济指标。根据货币政策工具的调节职能和效果来划分，货币政策工具可分为以下五类：一般性货币政策工具、选择性货币政策工具、直接信用控制、间接信用指导及非常规货币政策工具。（具体内容略。）

12. 简述法定存款准备金率的作用机制、优点及局限性。

答：（1）法定存款准备金率的定义：是指一国中央银行以法律形式规定商业银行和存款金融机构必须缴存中央银行的法定准备金占其存款总额的比率。

（2）法定存款准备金率的调整是货币政策的三大一般性工具之一。其作用机制：①通过影响商业银行的超额准备金余额，从而调控其信用规模；②通过影响存款乘数，从而影响商业银行的信用创造能力。例如：

$$r_d \uparrow \to E \downarrow \to 贷款规模 \downarrow \to M_s \downarrow \to r_m \uparrow \to I,C \downarrow \to Y \downarrow$$

或者：

$$r_d \uparrow \to 存款货币乘数 \downarrow \to M_s 倍数 \downarrow \to r_m \uparrow \to I,C \downarrow \to Y \downarrow$$

（3）优点：①法定存款准备金率是通过货币乘数来影响货币供给量的，因此即使法定存款准备金率调整幅度很小，也会引起货币供应量的巨大波动。②即使法定存款准备金率不变，它也在很大程度上限制了存款机构创造派生存款的能力。③即使商业银行等存款机构由于种种原因持有超额准备金，法定存款准备金率的调整也会产生效果，如提高法定存款准备金率将冻结一部分超额准备金。

（4）局限性：①由于效果过于强烈，它不宜作为中央银行日常调控货币供给的工具。②它的调整对整个经济和社会心理预期都会产生显著的影响，致使其有了固定化的倾向。③存款准备金对各类银行的影响不同，因而货币政策实现的效果可能因为这些复杂情况的存在而不易把握。因此，一般对法定存款准备金率的调整都持谨慎态度。

13. 简述再贴现率的作用机制、特点及局限性。

答：（1）再贴现率定义：指商业银行将未到期票据出售给中央银行融通资金时，中央银行所扣除金额占票据面额的比率，再贴现率的调整是货币政策三大一般性工具之一。

（2）作用机制：中央银行调整再贴现率将主要通过影响商业银行的融资成本来发挥作用。例如，当中央银行降低再贴现率，使其低于市场一般利率水平时，商业银行通过再贴现获得资金的成本会下降，促使其增加向中央银行借款或贴现，导致商业银行超额准备金增加，相应地扩大对社会大众的贷款，从而引起货币供给量的增加和市场利率的降低，刺激有效需求的扩大，达到经济增长和充分就业的目的。

（3）特点：①作用较为温和，不像法定存款准备金政策那样猛烈。②对市场利率有强烈的告示作用。③具有结构调节效应。中央银行通过规定再贴现票据的种类和审查再贴现申请时的一些限制条件，可以设定资金流向，对不同用途的信贷加以支持或限制，从而使得货币的供给结构与国家的经济政策导向相符合，达到调整国家产业结构的目的。

（4）局限性：①缺乏主动性。商业银行是否愿意到中央银行申请再贴现，或再贴现多少，由商业银行决定。②利率高低有限度。如在经济调整增长时期，无论再贴现率多高，都很难抑制商业银行向中央银行再贴现或借款。③再贴现率是市场利率的重要参照，再贴现率的频繁调整会导致市场利率的经常性波动，使企业和银行无所适从。

14. 简述选择性货币政策工具的主要措施。

答：（1）定义：选择性货币政策工具，是指中央银行针对某些特殊的信贷或某些特殊的经济领域而采用的工具，是针对某些个别部门、个别企业或某些特定用途的信贷所采用的货币政策工具。与一般性货币政策工具不同，选择性货币政策工具对货币政策与国家经济运行的影响不是全局性的而是局部性的，但也可以作用于货币政策的总体目标，是一般性货币政策工具的必要补充。

（2）选择性货币政策工具主要有消费者信用控制、证券市场信用控制、不动产信用控制、优惠利率和预缴进口保证金等。

（3）具体内容（略）

15. 简述凯恩斯学派关于货币政策传导机制的理论。

答：（1）凯恩斯学派认为，利率在货币政策传导机制中占有重要的位置。

（2）在简单的凯恩斯模型中，货币传导机制描述为，通过货币供给 M_s 的增减影响利率 r（主要是债券利率），利率的变化则通过对资本边际效益的影响使投资 I 以乘数方式增减，进而影响社会总支出 E 和总收入 Y。以扩张性货币政策为例，用符号表示为：

$$M_s \uparrow \rightarrow r \downarrow \rightarrow I \uparrow \rightarrow E \uparrow \rightarrow Y \uparrow$$

（3）考虑到货币市场与商品市场的相互作用，凯恩斯学派进行了进一步的分析，称之为一般均衡分析，其传递过程是：第一，假定货币供给增加，当产出水平不变时，利率会相应下降，下降的利率会刺激投资，推动总产出上升。这是货币市场对商品市场的作用。第二，产出和收入的增加，必将引起货币需求增加，这时如果没有增加新的货币供给，则货币供求的对比会导致下降的利率回升。这是商品市场对货币市场的作用。第三，利率回升又会使总需求减少，产量下降，而产量下降又会导致货币需求下降，利率会回落。这是货币市场和商品市场往复不断的相互作用过程。第四，上述过程最终会逼近一个均衡点，这个点同时满足货币市场和商品市场两方面的供求均衡要求。在这个点上，利率可能较原来的均衡水平低，而产出量则可能较原来的均衡水平高。

（4）凯恩斯学派的利率传导渠道较为间接，其传导效果如何将取决于三个参数的影响：①货币需求对利率的敏感性，它决定了货币供给的变动能在多大程度上影响利率；②私人投资对利率的敏感性，它决定了利率的变动对私人投资的影响；③投资乘数，它决定了私人投资的变动能够在多大程度上影响国民收入。

16. 简述现代货币学派关于货币政策传导机制的理论。

答：（1）以弗里德曼为代表的现代货币学派认为，利率在货币政策传导机制中不起主导作用，而更强调货币供应量在整个传导机制中的直接效果。他们认为，货币政策传导机制主要不是通过利率间接地影响投资和收入，而是通过货币供应量的变动直接影响支出和收入，用符号表示为：$M \to E \to I \to Y$。

（2）$M \to E$，表示货币供应量的变动直接影响支出，其原理是：①货币需求有其内在的稳定性；②货币供给为外生变量；③当作为外生变量的货币供给改变，比如增大时，由于货币需求并不改变，公众手持货币量会超过其愿意持有的货币量，从而必然增加支出。

（3）$E \to I$，表示变化了的支出作用于投资的过程，货币主义者认为这将是资产结构调整的过程，其原理是：①超过愿意持有的货币或用于购买金融资产，或用于购买非金融资产，直至用于人力资本的投资；②不同取向的投资会相应引起不同资产相对收益率的变化，如投资金融资产偏多，金融资产市值会上涨，收益率会相应下降，从而刺激非金融资产投资，如产业投资；③这就引起资产结构的调整，在这一调整过程中，不同资产收益率的比值重新趋于相对稳定的状态。

（4）$I \to Y$，表示变动了的投资影响名义收入的过程。Y是价格和实际产出的乘积，由于M作用于支出，导致资产结构调整，由此带动投资的变化，并最终导致Y的变化。

17. 简述货币政策传导的银行借贷渠道的基本内容。

答：（1）背景：银行借贷渠道产生于20世纪80年代后期。伯南克与布林德（1988年）认为，在信息不对称的环境下，银行贷款与其他金融资产不完全可替代，特定借款人的融资需求只能通过银行贷款满足，因此除了一般的利率传导渠道之外，还存在银行信贷变化影响投资和消费增加，从而推动经济增长的途径。

（2）基本思想：以宽松的货币政策为例，假定中央银行通过货币政策工具导致货币供应量（M）增加，使得银行存款（D）相应增加，进而增加银行可发放贷款（L）的数量。银行贷款的上升，使那些依赖银行贷款融资的特定借款人必须增加投资和消费，带动总支出增加，总产出（Y）上升，用符号表示为：$M\uparrow\rightarrow D\uparrow\rightarrow L\uparrow\rightarrow I\uparrow\rightarrow Y\uparrow$。

（3）特点：这一传导过程不必通过利率机制。这一理论表明，即使存在流动性陷阱，致使传统的利率传导渠道失效，信贷传导渠道的存在也使得货币政策可以通过信贷供给的变化引起投资消费的变化，从而对实体经济发挥作用。

（4）简评：相比于能够通过股票市场和债券市场融资的大企业而言，小企业更依赖银行贷款，所以货币政策对于小企业的投资作用更为明显。当前，随着金融创新的不断加快，融资渠道也越来越广泛，银行信贷渠道的重要性正不断地下降。

18. 简述货币政策传导的资产负债表渠道的基本内容及意义。

答：（1）资产负债表渠道，又称净财富额渠道，是指货币政策通过影响股票等金融资产的价格，导致企业净值、现金流量及个人金融财富的变化，在存在逆向选择和道德风险的情况下，银行贷款、投资规模及收入水平都会受到影响，从而发挥政策传导作用。因此，货币政策资产负债表传导渠道又分为公司资产负债表传导渠道和个人资产负债表传导渠道。

（2）公司资产负债表传导渠道：①通过影响公司净值来发挥传导作用。例如，紧缩的货币政策会导致股票价格下跌，进而降低企业净值，企业可获得银行贷款的能力降低，投资减少，其传导过程如下：$M\downarrow\rightarrow P_e\downarrow\rightarrow$资本净值$\downarrow\rightarrow$逆向选择和道德风险$\uparrow\rightarrow L\downarrow\rightarrow I\downarrow\rightarrow Y\downarrow$。②通过影响公司现金流量来发挥传导作用。例如，紧缩的货币政策使名义利率上升，这将引起公司资产负债表的恶化，同样会引起逆向选择和道德风险问题的增加，从而导致银行贷款量的减少，投资下降，产出回落，其传导过程如下：$M\downarrow\rightarrow r\uparrow\rightarrow NCF\downarrow\rightarrow$逆向选择和道德风险$\uparrow\rightarrow L\downarrow\rightarrow I\downarrow\rightarrow Y\downarrow$。

（3）个人资产负债表传导渠道：①通过耐用消费品支出的传递。货币政策通过引起利率的变动，来影响消费者对耐用消费品支出的决策，进而影响耐用消费品的支出变动。例如，$M\uparrow\rightarrow r\downarrow\rightarrow$耐用消费品和住房支出$\uparrow\rightarrow Y\uparrow$。②流动性效应的传递。货币政策通过影响股票价格，使消费者持有的金融资产价值及其资产的流动性发生变化，从而影响其耐用消费品的支出变化，这一流动性效应的传导机制可以表述为：$M\uparrow\rightarrow P_e\uparrow\rightarrow$金融资产价值$\uparrow\rightarrow$财务困难的可能性$\downarrow\rightarrow$耐用消费品支出$\uparrow\rightarrow Y\uparrow$。

（4）意义：这一理论既坚持了货币政策经由利率影响经济活动的传导机制理论，又修正了过去货币经济学家在货币政策传导机制问题上的理论偏差，从而丰富了货币政策的传导机制理论，为货币政策的有效性提供了理论依据。这一理论把对货币政策传导机制的研究，从研究利率对投资的影响转到研究利率对信用可得性的影响上。这不仅对凯恩斯所谓的利率变动直接影响支出的观点提出了挑战，而且拓宽了人们对利率机制研究的思路。

七、论述题

1. 试述货币政策的信贷渠道传导机制的主要内容及对我国的启示。

答：（1）信贷渠道传导机制理论是指新凯恩斯主义的货币政策传导机制理论，它重点关注银行资产负债表的资产方——贷款对经济的影响，被称为"信用观点"。它可进一步区分为两种机制：一是狭义信用传导机制，也即银行贷款渠道；二是广义信用传导机制，包括资产负债表渠道。

（2）银行贷款渠道，即狭义信用传导机制，是指货币政策通过影响银行贷款供给量从而影响借款人的信贷可得性并最终影响产出的货币政策传导机制。假定中央银行实施紧缩性的货币政策，导致商业银行的准备金（R）下降，存款货币（D）的创造也就相应减少，其他条件不变，银行贷款（L）的供给随之下降。结果，致使那些依赖银行贷款融资的特定借款人必须削减投资和消费，于是总支出下降，国民所得（Y）下降。用符号表示为：$R \rightarrow D \rightarrow L \rightarrow I \rightarrow Y$。这一传导过程的特点是，不必通过利率机制。通过这条途径即便存在凯恩斯流动性陷阱，以至于传统的利率传导机制根本无效，货币政策仍可继续发挥作用。

（3）资产负债表渠道，也称广义的信用传导机制或净财富额渠道，由于借贷市场上的信息不对称，蕴藏着逆向选择和道德风险，会给贷款人（如银行）带来风险，因此，银行授信采取抵押和担保的方式，以借款人的财富净值为基准。具体传导可表述为：货币政策操作使利率升降，影响潜在借款人（企业或居民）的资产负债表质量或财富净值（现金流量和资本价值）的大小，从而影响其可获得银行贷款的能力和信用可获得性的水平高低，进而影响企业的投资支出和居民的消费支出，最终影响产出。

1）企业资产负债表传递渠道。货币政策能通过以下几种方式影响企业的资产负债表从而发挥传导作用。

其一，通过影响企业资本净值来发挥传导作用。紧缩的货币政策（$M\downarrow$），引起证券价格下跌（$p_e\downarrow$），这进一步使企业的资本净值下降，逆向选择和道德风险问题的增多，导致投资支出（$I\downarrow$）下降，从而导致总产出下降（$Y\downarrow$）。用符号表示为：

$$M\downarrow \rightarrow P_e\downarrow \rightarrow 逆向选择和道德风险 \uparrow \rightarrow 贷款(L)\downarrow \rightarrow I\downarrow \rightarrow Y\downarrow$$

其二，通过影响企业现金流量来发挥传导作用。因为提高利率的紧缩政策也引起企业利息等费用支出的增加，并间接导致销售收入的下降，从而引起企业净现金流量的减少。这也恶化了企业的资产负债表，并发生与上面相似的连锁反应。用符号表示为：

$$M\downarrow \rightarrow r\uparrow \rightarrow 现金流量 \downarrow \rightarrow 逆向选择和道德风险 \uparrow \rightarrow$$
$$贷款(L)\downarrow \rightarrow I\downarrow \rightarrow Y\downarrow$$

2）家庭资产负债表传递渠道。关于信贷渠道大部分文献着重考虑企业支出，但信贷渠道同样适应于消费支出，尤其是耐用消费品和住房支出。货币紧缩造成的银行贷款的下降造成家庭平衡表的恶化，因为消费者没有其他的信用来源。另外，从流动性角度考虑，紧缩性货币政策导致股票价格下降而使消费者的金融资产的价值随之下降，消费者对耐用消费品和住房的消费支出就会下降，因为消费者具有安全性差的金融地位和更高的遭受金融损失可能性的估计。用符号表示为：

$$M\downarrow \rightarrow P_e\downarrow \rightarrow 金融资产\downarrow \rightarrow 金融损失可能性\uparrow \rightarrow$$

$$耐用消费品支出和住房支出\downarrow \rightarrow Y\downarrow$$

（4）启示。信用传导机制理论说明，即使存在凯恩斯"流动性陷阱"使利率调控失效，但是银行信贷渠道的存在，使得货币政策可以通过信贷的变动，继续影响实际经济。这对于我国货币政策传导机制分析具有重要的借鉴意义。

在我国，银行信贷与其他融资方式的不完全替代性以及银行贷款对特定借款者的独特性，使得信用渠道在我国货币政策传导机制中占据重要地位。因为：①我国市场机制不健全，债券市场和股票市场还不完善，利率传导机制的资产结构调整作用比较弱小，中央银行在实施货币政策过程中通过信贷渠道对宏观经济变量进行影响就成为一个重要的方式。②由于我国金融市场发展和利率调控的不完善，利率水平还不能完全及时反映资金供给和需求情况。

2. 什么是非常规货币政策工具？其大致有哪几种？

答：（1）背景：2008 年全球金融危机使金融系统的传导机制受到破坏，影响了流动性及银行和借款者的偿付能力。传统货币政策不能修复金融市场的信贷功能，为此，美国等发达国家以及发展中国家相继启动了非常规货币政策工具，通过大规模资产购买等数量型操作方式，对通货膨胀和失业率等货币政策最终目标进行直接干预。

（2）非常规货币政策工具可归纳为三类：前瞻指引、扩大中央银行资产负债表规模、改变中央银行资产负债表结构。

1）前瞻指引（forward guidance）：是指央行通过做出在相当长的一段时间内保持低利率的承诺，进而引导未来预期通货膨胀的上升和产出缺口的下降。在实际操作中，美联储、欧央行和英格兰银行先后提出了各自的前瞻指引"阈值"。例如，美联储在 2008 年 12 月危机爆发后不久提出要"维持一段时间的超低利率"，还在 2011 年和 2012 年先后将低利率承诺时间延迟。

2）扩大中央银行资产负债表规模：①量化宽松政策，主要是通过预期引导和资产负债表两条渠道对经济施加影响。例如，美国量化宽松政策主要通过美联储大规模资产购买方式实施，每当美联储发表资产购买计划公告时，信号效应都会产生，使投资者意识到长期内短期利率将维持在较低水平，从而增加投资和消费，促使经济回升。

②扭曲操作（operation twist），是指通过买入长期债券并卖出等额短期债券，压低长期国债收益率的做法。由于国债收益率是金融市场金融工具的定价基准，长期国债收益率的走低会引导长期利率走低的预期，刺激和长期利率挂钩的贷款利率走低，从而降低企业和公众的借贷成本并促进中小企业融资。

3）改变中央银行资产负债表结构：主要是为特定行业或部门提供流动性，在引导资金流向方面发挥了重要作用。央行使用的结构性货币政策工具主要有以下几种：①常备借贷便利（standing lending facility，SLF），其主要功能是满足金融机构期限较长的大额流动性需求，对象主要为政策性银行和全国性商业银行，期限为1~3个月。主要特点是由金融机构主动发起，中央银行与金融机构"一对一"交易，交易对手通常覆盖所有存款金融机构。②中期借贷便利（medium-term lending facility，MLF），提供中期流动性需要的货币政策工具，对象为符合宏观审慎管理要求的商业银行、政策性银行，采取质押方式发放，并需提供国债、央行票据、政策性金融债、高等级信用债等优质债券作为合格质押品。③抵押补充贷款（pledged supplementary lending，PSL），其实是再贷款的一种，是央行借贷给商业银行的一种贷款方式。但它和再贷款不一样的地方在于，再贷款是无抵押的，商业银行可以直接从央行获得一定利率的贷款，而PSL是有抵押的。PSL在很大程度上直接为商业银行提供基建、民生支出领域的低成本资金，同时可以降低社会融资成本。④短期流动性调节工具（short-term liquidity operations，SLO），是逆回购的一种，即央行向金融机构购买有价证券，并约定在未来特定日期将有价证券卖给该金融机构的交易行为。因此，SLO就是超短期的逆回购，以7天期以内短期回购为主。

3. 简述货币政策的资产价格传导渠道的主要内容。

答：资产价格主要指股票价格和外汇资产价格（汇率），其中，股票市场对货币政策的传导主要通过资产结构调整效应和财富变动效应起作用，最具影响力的两种传导渠道分别由托宾投资 q 理论和莫迪利安尼的生命周期理论引申而来。

（1）托宾投资 q 理论：托宾认为，货币政策通过对股票价格产生影响进而影响投资支出。他把 q 定义为企业的市场价值（股票总市值）与其资本的重置成本的比率，q 值的高低决定了企业的投资愿望。如果 q 值大于1，则企业的市值高于其资本的重置成本，相对于企业的市值而言，新的厂房和设备的投资比较便宜，因而企业可通过发行股票获得价格相对低廉的投资品，从而增加投资，经济显现出景气态势。反之，如果 q 值小于1，企业的市值低于其资本的重置成本，则投资萎缩，经济不景气。这一过程用符号描述为：$M\uparrow \rightarrow r\downarrow \rightarrow P_e\uparrow \rightarrow q\uparrow \rightarrow I\uparrow \rightarrow Y\uparrow$。

因此，一个扩张性的货币政策会使得股票价格上升，降低资本成本，从而增加投资和产出。

（2）财富效应渠道：由莫迪利安尼的生命周期理论可知，居民消费行为受其一生全部可支配资源制约，这些资源由人力资本、真实资本与金融财富构成。股票是金融财富的一个主要组成部分，因而一旦股价上升，居民财富（W）随着增加，其消费需求乃至产出均将上升。货币政策的这一传导渠道为：$M\uparrow \to i\downarrow \to P_e\uparrow \to W\uparrow \to C\uparrow \to Y\uparrow$。

（3）汇率渠道：随着经济全球化和浮动汇率制的出现，人们越来越关注货币政策通过汇率对净出口的影响的传递。这一渠道是指当国内实际利率上升时，国内本币存款相对于外币存款变得更加有吸引力，即本币币值升值。国内较高的币值使得国内商品比外国商品更贵，这导致净出口乃至总产出的下降。用箭线表示为：$M\downarrow \to r\downarrow \to E\uparrow \to NX\downarrow \to Y\downarrow$。

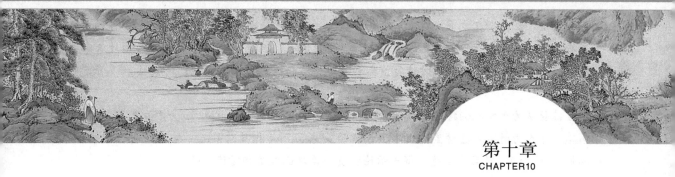

第十章
CHAPTER10

货币供求

▩ 本章摘要

1. 货币需求是指社会微观主体，包括个人、企事业单位和政府部门等，在其财富中能够而且愿意以货币形式保有的那部分数量。

2. 传统货币数量论的货币需求理论包括：①费雪的现金交易说。它认为人们持有货币仅是为了满足交易需要，货币需求取决于名义国民收入，与利率无关。②剑桥学派的现金余额说。它认为货币不仅是交易媒介，而且可作为财富储藏。因此，个人偏好和持有货币的机会成本大小，即利率的变化也影响货币需求。但在得出结论时他们忽略了这一因素，简单地断定人们的货币需求与名义国民收入呈正相关。

3. 凯恩斯的流动性偏好理论。凯恩斯认为对货币的需求有三种动机：交易动机、预防（或谨慎）动机和投机动机。他认为，交易性和预防性货币需求与收入水平呈正比。投机性货币需求与利率水平呈反比。

4. 威廉·鲍莫尔（William Baumol）等提出的平方根定律：1952 年美国经济学家威廉·鲍莫尔率先将利率因素引入交易性货币需求分析，得出了交易性货币需求受利率影响的观点，从而修正了凯恩斯关于交易性货币需求对利率不敏感的结论。

5. 惠伦（Whalen）的立方根定律：1966 年美国经济学家惠伦将利率因素引入预防性货币需求分析，得出了预防性货币需求受利率影响的观点，从而修正了凯恩斯关于预防性货币需求对利率不敏感的结论。

6. 托宾模型：凯恩斯在货币投机需求分析中认为，人们对未来利率变化的预测是自信的，并在此基础上决定自己持有货币还是保持债券，二者择其一。经济学家托宾认为，在预计未来存在不确定性的情况下，人们会同时持有债券和货币，从而提出了托宾模型，又被称为"资产组合理论"。

7. 弗里德曼认为影响人们持有货币数量的因素有：第一，恒久性收入 Yp，货币需求与之正相关；第二，非人力财富占总财富的比率 W，货币需求与之负相关；第三，持币的机会成本；第四，其他因素（u）。最后弗里德曼得出结论：货币需求函数是相对稳定的。

8. 对于货币供给的全面讨论需要既考虑基础货币 B，又考虑货币乘数 m。设 M 为货币供给量，则货币供给等于基础货币乘以货币乘数，三者的关系式为 $M = mB$。

9. 存款货币创造需要两个基本条件，即部分准备金制度和转账结算制度。

10. 存款货币创造乘数为 $K = 1/(r_d + e + c + t \cdot r_t)$，而货币乘数 $m = (1 + c)/(r_d + e + c + t \cdot r_t)$。其中 r_d 为法定存款准备金率，e 为超额存款准备金率，t 为定期存款与存款总额之比，r_t 为定期存款法定准备金率，c 为漏现率。

11. 影响货币乘数的主要因素有：①法定存款准备金率 r_d；②定期存款法定准备金率 r_t；③银行超额存款准备金率 e；④漏现率 c；⑤定期存款占活期存款比例 t。其中前两个因素由央行决定，而后三个因素则由商业银行及非银行公众的行为决定。

12. 凯恩斯的外生货币供给理论认为货币供给是由央行控制的外生变量，货币供给的变化影响经济运行但自身却不受经济因素的制约。央行可以通过公开市场操作增加或减少货币供应量来影响市场利率的变化，从而对整个社会的投资进行调控。新古典综合派在凯恩斯"外生货币供给理论"的基础上提出了内生货币供给理论，这一理论认为货币供给量主要是由银行和企业的行为决定的，这两者的行为又取决于经济体系内的许多变量，央行对货币供给量的支配是有限的，因此货币供给量主要是一个受经济体系内诸多因素影响而自行变化的内生变量。

13. 综合看来，货币供给并非天然是"外生"的，在很大程度上具有"内生"的特点。所谓"内生"，是指货币供给量是由经济体系中的实际经济变量和经济主体的经济行为所决定的。所谓"外生"，是指货币供给量由中央银行在经济体系之外独立控制。

习题

一、名词解释

1. 货币需求	2. 交易性货币需求	3. 预防性货币需求
4. 投机性货币需求	5. 货币供给	6. 原始存款
7. 派生存款	8. 货币外生性	9. 货币内生性
10. 货币乘数	11. 借入准备金	12. 超额准备金

二、单项选择

1. 在凯恩斯的货币需求函数中，人们持有的金融资产包括（　　）。

    A. 货币和债券   B. 现金和股票

    C. 现金和存款   D. 股票和债券

2. 在给定时间内单位货币被用来购买最终商品和劳务时的平均次数，被称为（　　）。

    A. 国民生产总值   B. 支付乘数

    C. 货币乘数   D. 货币流通速度

3. 假设货币供应量是 500 个单位，名义收入是 3 000 个单位，从货币数量论角度看来，货币流通速度是（　　）。

    A. 60   B. 6   C. 1/6   D. 不确定

4. 交易方程式的公式是（　　）。

    A. $M \times P = V \times Y$ B. $M + V = P + Y$

    C. $M/V = Y/P$ D. $M \times V = P \times Y$

5. 根据货币数量论的观点，在短期内货币流通速度被视为常数，是因为（　　）。

    A. 制度因素，如支票结算速度在短期内变化较慢

    B. 持币的机会成本趋于零

    C. 生产率提高速度较快

    D. 人均收入相对稳定

6. 在欧文·费雪的货币数量论中，货币需求量决定于（　　）。

    A. 利率   B. 名义国民收入

    C. 经济体中影响个人交易的制度因素   D. 价格水平

7. 古典经济学家相信，如果货币数量翻番，则（　　）。

    A. 产出将会翻番   B. 价格将会下降

    C. 价格将会翻番   D. 价格将会保持不变

8. （　　）的货币数量论认为，货币需求仅仅是收入的函数，利率对货币需求没有影响。

    A. 凯恩斯   B. 费雪   C. 弗里德曼   D. 托宾

9. 凯恩斯假定，交易货币需求基本上决定于（　　）。

    A. 利率水平   B. 货币流通速度

    C. 收入水平   D. 股票市场价格水平

10. 在凯恩斯的三个持币动机中，他认为哪一个对利率最为敏感？（　　）

    A. 交易动机   B. 预防动机

    C. 投机动机   D. 储蓄动机

11. 在鲍莫尔-托宾模型中，交易货币需求（　　）。

    A. 与收入水平正相关   B. 与利率水平负相关

    C. 与其他资产的预期收益不相关   D. 以上 A 和 B 都对

12. 托宾模型表明人们持有货币作为财富的一种形式，是为了（　　）。

    A. 降低风险   B. 减少收入

    C. 规避税收   D. 以上理由都对

13. 经济学意义上的货币需求是一种（　　）。

    A. 主观意愿上的需求   B. 不受客观制约的资金需求

    C. 社会学意义上的资金需求   D. 有支付能力的需求

14. 在决定货币需求的各个因素中，收入水平的高低和收入获取时间的长短对货币需求的影响分别是（　　）。

    A. 正相关，正相关   B. 负相关，负相关

    C. 正相关，负相关   D. 负相关，正相关

15. 与传统货币数量相比，凯恩斯的新贡献在于，他认为决定货币需求量的主要因素还有（　　）。

    A. 物价   B. 利率   C. 国民收入   D. 货币流通速度

16. $M = kPY$ 是属于（　　）的理论。

    A. 现金交易说   B. 现金余额说

    C. 可贷资金说   D. 流动性偏好说

17. 根据凯恩斯流动性偏好理论，当预期利率上升时，人们就会（　　）。

    A. 抛售债券而持有货币   B. 抛出货币而持有债券

    C. 只持有货币   D. 只持有债券

18. 托宾的资产选择理论是对凯恩斯的（　　）货币需求理论的修正。

    A. 交易动机   B. 预防动机

    C. 投机动机   D. 以上三者都包括

19. 以下关于弗里德曼货币数量说描述正确的是（　　）。

    A. 利率是货币需求的重要决定因素

    B. 人们进行资产选择的原则是风险分散程度

    C. "恒久性收入"概念是一个不包括人力资本在内的纯物质化的概念

    D. 影响货币需求的主要因素是恒久性收入

20. 凯恩斯的货币需求理论认为，预防动机和交易动机的货币需求主要取决于（　　）。

    A. 物价水平   B. 收入水平

    C. 利率水平   D. 货币流通速度

21. 货币供应量与基础货币之比称为（　　）。
    A. 货币乘数　　　　　　　　　B. 法定存款准备金比率
    C. 存款比率　　　　　　　　　D. 贴现率

22. 其他条件不变，超额准备比率下降会导致（　　）。
    A. 货币乘数上升　　　　　　　B. 货币乘数下降
    C. 法定存款准备金上升　　　　D. 超额存款准备金上升

23. 在影响基础货币增减变动的因素中（　　）的影响是最主要的因素。
    A. 国外净资产　　　　　　　　B. 中央银行对政府债权
    C. 固定资产的增减变化　　　　D. 中央银行对商业银行的债权

24. 中央银行向某商业银行出售国债 100 元，则银行系统准备金将会（　　）。
    A. 增加 100 元　　　　　　　　B. 增加 200 元
    C. 减少 100 元　　　　　　　　D. 不变

25. 如果非银行大众以现金方式从中央银行购买政府债券，则（　　）。
    A. 基础货币和银行准备金都减少　　B. 基础货币和银行准备金都增加
    C. 基础货币增多，准备金无变化　　D. 基础货币减少，准备金无变化

26. 弗里德曼的货币需求函数的主要特点是（　　）。
    A. 强调利率对货币需求的决定作用
    B. 强调恒久收入对货币需求的决定作用
    C. 强调当期收入对货币需求的决定作用
    D. 强调物价水平对货币需求的决定作用

27. 商业银行存入中央银行的准备金与社会公众所持有的现金之和是（　　）。
    A. 货币供给量　　　　　　　　B. 货币需求量
    C. 不兑现信用货币　　　　　　D. 基础货币

28. 认为货币供给将完全由货币当局的行为所决定的理论是（　　）。
    A. 货币供给内生论　　　　　　B. 货币供给外生论
    C. 货币供给中性论　　　　　　D. 都不是

29. 通货比率的变动主要取决于（　　）的行为。
    A. 中央银行　　　　　　　　　B. 非银行金融机构
    C. 商业银行　　　　　　　　　D. 社会公众

30. 超额存款准备金率的变动主要取决于（　　）的行为。
    A. 中央银行　　　　　　　　　B. 社会公众
    C. 商业银行　　　　　　　　　D. 都不是

31. 一般地，存款准备金率越高，则货币乘数（　　）。

A. 越大　　　　　B. 越小　　　　　C. 不相关　　　　　D. 不一定

32. 在基础货币一定的条件下，货币乘数越大，则货币供应量（　　）。

A. 越多　　　　　B. 越少　　　　　C. 不变　　　　　D. 不一定

33. 在下列因素中，使商业银行持有较高超额存款准备金的是（　　）。

A. 市场利率上升　　　　　　　　　B. 经济处于衰退期

C. 央行贷款条件宽松　　　　　　　D. 同业拆借市场利率稳定

34. 以下不属于卡甘分析中决定货币乘数的变量的是（　　）。

A. R/D　　　　　B. C/M　　　　　C. D/M　　　　　D. D/C

三、多项选择

1. 凯恩斯将货币需求动机概括为（　　）。

A. 交易动机　　　　　　　　　　　B. 储蓄动机

C. 预防动机　　　　　　　　　　　D. 投机动机

2. 根据鲍莫尔–托宾模型，以下描述正确的是（　　）。

A. 交易货币需求是利率的增函数　　B. 交易货币需求是利率的减函数

C. 交易货币需求与收入的平方根成正比　D. 交易货币需求与收入的立方根成正比

3. 根据惠伦模型，以下描述正确的是（　　）。

A. 预防货币需求是净支出方差的减函数　B. 预防货币需求是净支出方差的增函数

C. 预防货币需求与利率的立方根成反比　D. 预防货币需求与利率的平方根成正比

4. 弗里德曼认为，影响货币需求的因素包括（　　）。

A. 货币制度　　　　　　　　　　　B. 恒久收入水平

C. 各种资产的预期收益率　　　　　D. 财富持有者的偏好

5. 下列关于凯恩斯的流动性偏好理论的说法正确的是（　　）。

A. 流动性偏好实质上是一种心理法则　B. 凯恩斯的政策主张是自由经济

C. 认为利率只与投机需求有关　　　D. 认为只有财政政策才是最有效的

6. 以费雪为代表的现金交易说的缺陷是（　　）。

A. 只强调了货币的交易媒介功能，忽略了货币的其他职能

B. 认为人们的现金持有比例是一个常数，是固定不变的

C. 认为货币流通速度仅仅由交易制度和技术条件来决定，可视为常数

D. 货币需求仅为收入的函数，对利率不敏感

7. 托宾模型认为人们对资产的选择范围有（　　）。

A. 不动产　　　　　B. 贵金属　　　　　C. 货币　　　　　D. 债券

8. 在弗里德曼的货币需求理论中，总财富从结构上可分为（　　）。

A. 人力财富　　　B. 债券　　　　C. 恒久性收入　　　D. 非人力财富

9. 货币需求必须满足的基本要素有（　　）。

A. 持有货币的愿望　　　　　　　B. 持有货币的能力

C. 持有货币的行为　　　　　　　D. 人们产生的各种欲望

10. 下列属于传统货币数量论的理论有（　　）。

A. 凯恩斯货币需求理论　　　　　B. 现金交易说

C. 鲍莫尔的平方根定律　　　　　D. 现金余额说

11. 商业银行存款货币创造的前提条件有（　　）。

A. 部分准备金制度　　　　　　　B. 转账结算制度

C. 存款保险制度　　　　　　　　D. 最后贷款人制度

12. 直接影响存款货币乘数变动的因素主要是（　　）。

A. 再贴现率　　　　　　　　　　B. 法定存款准备金率

C. 超额存款准备金率　　　　　　D. 现金漏损率

13. 影响基础货币变动的因素是（　　）。

A. 国外净资产的变动　　　　　　B. 对政府债权净额的变动

C. 对商业银行债权的变动　　　　D. 法定存款准备金率的变动

14. 中央银行向商业银行公开买入政府债券时，其结果是（　　）。

A. 中央银行对政府债权增加　　　B. 银行准备金增加

C. 中央银行对政府债权减少　　　D. 银行准备金减少

15. 商业银行派生存款的能力（　　）。

A. 与原始存款呈正比　　　　　　B. 与法定存款准备率呈反比

C. 与超额存款准备率呈反比　　　D. 与现金漏损率呈正比

16. 银行准备金从其来源上可以分为（　　）。

A. 法定存款准备金　　　　　　　B. 超额存款准备金

C. 非借入准备金　　　　　　　　D. 借入准备金

17. 以下属于货币学派的代表人物的有（　　）。

A. 弗里德曼　　　　　　　　　　B. 卡甘

C. 凯恩斯　　　　　　　　　　　D. 乔顿

18. 现代货币理论非常重视对货币乘数的研究，它们认为（　　）。

A. 超额存款准备金率与货币乘数呈反向变化关系

B. 定期存款比率与货币乘数呈正向变化关系

C. 基础货币一定时，货币乘数总是大于1

D. 通货比率与货币乘数成反比

19. 央行调控货币供应量的三大法宝是（　　　）。

    A. 存款利率　　　　　　　　　　　　B. 法定存款准备金率

    C. 再贴现率　　　　　　　　　　　　D. 公开市场业务

20. 央行不能控制的影响货币乘数的因素有（　　　）。

    A. 定期存款比率　　　　　　　　　　B. 法定存款准备金率

    C. 通货比率　　　　　　　　　　　　D. 超额准备金率

四、判断并改错

1. 在经济学家欧文·费雪看来，人们持有货币是为了满足价值储藏的需要。（　　　）

2. 弗里德曼认为货币需求函数具有相对不稳定的特点。（　　　）

3. 平方根定律证明了预防货币需求也与利率相关，是利率的减函数。（　　　）

4. 剑桥方程式重点分析了货币作为交易媒介职能所需要的货币数量。（　　　）

5. 凯恩斯认为，预防货币需求是利率的增函数。（　　　）

6. 凯恩斯的资产范畴包括股票、债券与货币。（　　　）

7. 弗里德曼认为，影响货币需求的决定因素是实际收入水平。（　　　）

8. 惠伦的立方根定律表明：最适度预防性货币余额与净支出的方差及出现流动性不足时的损失呈负相关。（　　　）

9. 剑桥方程式分析的货币量是一个流量概念。（　　　）

10. 货币需求就是人们持有货币的愿望，而不考虑人们是否有足够的能力来持有货币。（　　　）

11. 在现金交易说中，k 为以货币形式持有的收入与财富占总收入与总财富的比例。（　　　）

12. 凯恩斯认为当人们预期利率下降时，货币需求会增加。（　　　）

13. 根据凯恩斯流动性偏好理论，当预期利率上升时，人们就会抛出货币而持有债券。（　　　）

14. $MV = PT$ 是现金余额说的方程式。（　　　）

15. 弗里德曼的货币数量说认为"恒久性收入"概念是一个不包括人力资本在内的一定时间内的平均收入水平。（　　　）

16. 在一般情况下，消费倾向与货币需求呈反方向变动。（　　　）

17. 鲍莫尔 – 托宾模型修正了凯恩斯交易货币需求理论的观点。（　　　）

18. 惠伦模型修正了凯恩斯投机货币需求分析的结论。（　　　）

19. 中央银行公开市场购买一定会引起银行准备金增加。（　　　）

20. 从来源看，中央银行出售证券而注入流通中的通货及增加的银行准备金，称为借入性基础货币。（　　　）

21. 货币供给外生性意味着中央银行不能完全控制货币供给量。（　　　）

22. 中央银行外汇净资产的增加，将导致中央银行基础货币的相应减少。（　　　）

23. 居民个人以现金购买国债时，一定会导致货币供给的相应减少。（　　　）

24. 理论上，中央银行能够完全控制的基础货币部分是借入性基础货币。（　　　）

25. 如果出售债券给中央银行的个人或公司把中央银行支票在当地一家银行或在中央银行兑现，结果会导致银行准备金增加，从而基础货币也增加。（　　　）

26. 商业银行派生存款的能力与其超额存款准备金率成正比。（　　　）

27. 弗里德曼认为，货币需求主要与均衡利率具有稳定性关系。（　　　）

28. 费雪交易方程式分析的货币量是一个存量概念。（　　　）

29. 货币供给外生论者认为货币供给的变动将受制于各种经济因素的变动及微观经济主体的决策行为。（　　　）

30. 从乔顿的货币乘数模型来看，货币乘数是一个外生变量。（　　　）

31. 在现代货币供给理论中，货币供给总量通常是一个流量的概念。（　　　）

32. 一般地，基础货币是中央银行能够加以控制的，而货币乘数则是央行不能完全控制的。（　　　）

33. 一旦中央银行取消了对定期存款法定存款准备金要求，定期存款比率对 M1 不再有影响。（　　　）

34. 一般地，经济主体收入间隔时间与货币需求呈反向变化关系。（　　　）

35. 通货比率通常取决于商业银行的经营决策行为。（　　　）

36. 通常，银行体系存款货币创造乘数大于基础货币乘数。（　　　）

五、填空题

1. 凯恩斯认为交易性需求是收入的（　　　）。

2. 剑桥学派的货币需求理论重视货币的（　　　）功能。

3. 鲍莫尔 - 托宾模型对凯恩斯的（　　　）货币需求进行了修正。

4. 惠伦的立方根定律发展了凯恩斯的（　　　）货币需求理论。

5. 凯恩斯将资产仅分为（　　　）和（　　　）两大类。

6. 现金交易说的代表人物是美国经济学家（　　　），他提出的交易方程式为（　　　）。

7. 现金余额说由剑桥学派的创始人（　　　）首先提出，剑桥方程式为（　　　）。

8. 根据传统货币数量理论，货币数量的变动必然引起（　　　）同方向等比例的变动。

9. 在剑桥方程式中，k 表示的是（　　　）的比例。

10. 托宾认为人们资产选择的原则不是预期收益的极大化，而是（　　　）的极大化。

11. 基础货币是银行准备金与（　　　）的和。

12. 中央银行外汇净资产的增加，将导致中央银行基础货币的相应（　　　）。

13. 商业银行潜在的派生存款的能力与其超额存款准备金率呈（　　　）关系。

14. 货币乘数等于（   ）除以基础货币。

15. 影响基础货币变动的最主要因素是（   ）。

16. 商业银行信用创造的条件有两个，一是（   ），二是（   ）。

17. 商业银行的存款准备金可分为（   ）和（   ）。

18. 商业银行的存款准备金来源可分为（   ）和（   ）。

19. 凯恩斯认为，投机货币需求与（   ）呈负相关。

20. 按照凯恩斯的观点，利率低于"正常"水平时，人们的预期债券价格（   ），货币需求量（   ）。

六、计算题

1. 假定现金余额说成立，已知一国某年 GDP 总值为 8 000 亿美元，物价水平为 1，人们愿意将自己总财富中的 1/5 以货币形式持有，那么该国当年的货币需求量为多少？每单位货币在一年内流通了多少次？若下一年通货膨胀率为 100%，而 GDP 增长为 10%，则货币需求量有何变化？

2. 假定平方根定律成立，某学校大学生平均一个月生活费为 1 500 元并平均花销，在银行 ATM 机取款一次手续费 $b = 2$ 元，存款利率为 5%，大学生最优的平均持币数量 c 是多少？

3. 已知：法定准备金率为 10%，流通中通货为 400 亿元，支票存款为 800 亿元，超额准备金为 0.8 亿元，那么，货币供应量是多少？

4. 已知：法定准备金率为 10%，流通中货币为 400 亿元，支票存款为 800 亿元，超额准备金为 0.8 亿元，那么，货币乘数大致是多少？

5. 假定某银行从中央银行获得了 1 000 元的贴现贷款，且支票存款的法定准备金率为 10%，那么在简单存款创造条件下，银行体系最终将创造出多少存款？如果每家银行都持有 5% 的超额准备金，每增加 1 元的支票存款，便会有 15 分转化为流通中现金，20 分转化为定期存款，且定期存款的法定准备金率为 3%，则银行体系最终将创造出多少支票存款？多少流通中现金？多少定期存款？

七、简答题

1. 什么是货币需求？为什么货币需求是客观的？

2. 简要分析收入状况和市场利率对货币需求的影响。

3. 比较费雪、剑桥两种货币需求函数的主要异同点。

4. 试推导交易货币需求的鲍莫尔 – 托宾模型公式，并说明其含义与意义。

5. 凯恩斯认为哪些动机决定了货币需求？

6. 弗里德曼货币需求理论中影响货币需求的因素有哪些？各因素是如何影响货币需求的？

7. 简述后凯恩斯主义者的内生货币供给理论的主要观点。

8. 中央银行的公开市场操作如何影响基础货币的变动？

9. 中央银行的贴现政策如何影响基础货币的变动？

10. 中央银行、银行系统和非银行公众的行为是如何决定货币乘数的？

八、论述题

1. 试述西方货币需求理论发展的内在逻辑。

2. 试比较凯恩斯的货币需求理论与弗里德曼的现代货币数量论。

3. 试评价中央银行控制货币供给的能力。

参考答案

一、名词解释

1. 货币需求

答：货币需求是指社会微观主体（包括个人、企业事业单位和政府部门等）在其财富中能够而且愿意以货币形式保有的那部分数量。

2. 交易性货币需求

答：交易性货币需求是指人们为满足日常交易的需要所要求持有的货币余额。凯恩斯认为交易货币需求是收入的增函数。后来，经济学家鲍莫尔分析了交易性货币需求与利率之间的关系，提出了著名的"平方根定律"，认为交易货币需求与收入的平方根呈正比例关系，与利率的平方根呈反比例关系。

3. 预防性货币需求

答：预防性货币需求，又称谨慎性货币需求，是指人们为了应付意外开支或突然出现的有利时机而持有的货币量。凯恩斯认为，预防货币需求是收入的增函数。后来，经济学家惠伦等人补充了预防性货币需求为利率的减函数。

4. 投机性货币需求

答：投机性货币需求概念是经济学家凯恩斯首先提出来的，是指人们为了避免由于未来利率的不确定性而带来的资产损失或为增加资产盈余，而及时调整资产结构所形成的对货币的需求。凯恩斯认为，投机性货币需求与利率成反比。人们将根据预期利率的变动情况来决定是持有货币还是持有债券。经济学家托宾提出了在未来不确定性的情况下人们同时持有货币和债券的资产组合理论，从而修正了凯恩斯的观点。

5. 货币供给

答：货币供给，是指一定时期内一国银行系统向经济中投放、创造、扩张或收缩货币的行为。首先，货币供给是一个经济过程，即银行系统向经济中注入货币的过程。其次，货币供给必然形成一定的货币余额，称之为货币供给量。

6. 原始存款

答：原始存款是指整个银行系统最初吸收的存款，具体是指银行吸收的现金存款或中央银行对商业银行提供再贷款、再贴现而形成的存款，是银行从事资产业务的基础。在此基础上，银行通过部分准备金制度和转账结算制度创造出派生存款。

7. 派生存款

答：派生存款又称衍生存款，是指商业银行发放贷款、办理贴现或投资业务等引申而来的存款。它是相对于原始存款的一个范畴。银行创造派生存款的实质，是以非现金形式为社会提供货币供应量。

8. 货币外生性

答：货币外生性也称货币供给的外生性，是指货币供应量并不是由经济因素，如收入、储蓄、投资和消费等因素决定的，而是由中央银行在经济体系之外独立控制的。中央银行可以通过变动货币供应量来调节物价水平、利率以及实际产出等因素，而不是相反。无论是在以一般均衡论为代表的新古典经济学中，还是在以 IS-LM 模型为代表的凯恩斯主流经济学中，都假定货币供给是外生性的。

9. 货币内生性

答：货币内生性，是指货币供应量是在一个经济体系内部由多种因素和主体共同决定的，中央银行只是其中一部分。因此，中央银行并不能单独决定货币供应量，起决定作用的是经济体系中现实变量及微观主体的经济行为等因素。

10. 货币乘数

答：货币乘数，是货币供应量（M）对基础货币量（B）的比率，也是中央银行创造的基础货币所能增加的货币供应量的倍数，其一般公式为：

$$货币乘数(m) = \frac{货币供应量(M)}{基础货币(B)} = \frac{1+c}{r_d + e + c + r_t \cdot t}$$

其中，r_d、e、c、r_t、t 分别表示活期存款法定存款准备金率、超额存款准备金率、漏现率、定期存款准备金率以及定期存款占活期存款的比例。

11. 借入准备金

答：通常将商业银行以贴现方式向中央银行借款所形成的准备金称为借入准备金。

12. 超额准备金

答：超额准备金是指商业银行出于审慎经营的目的，在中央银行存款账户上的实际准备金超过法定准备金的部分。当超额准备金量充足时，一方面银行有能力应对意外的大额提现等现象的发生，另一方面这部分货币资金不予运用也意味着利息的损失，因此对超额准备金的管理是银行经营管理中非常重要的内容。

二、单项选择

1. A 2. D 3. B 4. D 5. A 6. B 7. C 8. B 9. C 10. C 11. D

12. A 13. D 14. A 15. B 16. B 17. A 18. C 19. D 20. B 21. A 22. A

23. D 24. C 25. D 26. B 27. D 28. B 29. D 30. C 31. B 32. A 33. B

34. C

三、多项选择

1. ACD 2. BC 3. BC 4. BCD 5. ACD 6. ACD 7. CD 8. AD

9. AB 10. BD 11. AB 12. BCD 13. ABC 14. AB 15. ABC 16. CD

17. ABD 18. ACD 19. BCD 20. ACD

四、判断改错题

1. （×）将"价值储藏"改为"交易媒介"

2. （×）删除"不"

3. （×）将"平方根定律"改为"惠伦模型"；或者将"预防"改为"交易"

4. （×）将"剑桥方程式"改为"费雪的交易方程式"

5. （×）将"利率"改为"收入"

6. （×）删除"股票"

7. （×）将"实际"改为"恒久"

8. （×）将"负"改为"正"

9. （×）将"流量"改为"存量"；或者将"剑桥方程式"改为"费雪交易方程式"

10. （×）将"而不"改为"也要"

11. （×）将"交易"改为"余额"

12. （×）将"下降"改为"上升"；或者将"增加"改为"减少"

13. （×）将"上升"改为"下降"

14. （×）将"余额"改为"交易"

15. （×）删除"不"

16. （×）将"反"改为"正"

17. （√）

18. （×）将"投机货币"改为"预防货币"；或将"惠伦模型"改为"托宾模型"

19. （×）将"一定"改为"不一定"

20. （×）在"借入"前加上"非"

21.（×）将"外生性"改为"内生性"

22.（×）将"减少"改为"增加"

23.（×）在"一定"前加上"不"

24.（×）在"借入"前加上"非"

25.（×）将"银行准备金"改为"流通中现金"

26.（×）将"正"改为"反"

27.（×）将"均衡利率"改为"恒久性收入"

28.（×）将"存量"改为"流量"；或者将"费雪交易方程式"改为"剑桥方程式"

29.（×）将"将"改为"并不"

30.（×）将"外生"改为"内生"

31.（×）将"流量"改为"存量"

32.（√）

33.（×）将"不再"改为"依然"

34.（×）将"反向"改为"正向"

35.（×）将"商业银行"改为"非银行公众"

36.（×）将"大"改为"小"

五、填空题

1. 递增函数

2. 价值储藏

3. 交易

4. 预防

5. 货币　债券

6. 欧文·费雪　$MV = PT$

7. 马歇尔　$M_d = kPY$

8. 物价水平

9. 货币持有量占总财富的比例

10. 预期效用

11. 流通中现金

12. 增加

13. 反比

14. 货币供应量

15. 对商业银行债权的变动

16. 转账结算制度 部分准备金制度

17. 法定准备金 超额准备金

18. 借入准备金 非借入准备金

19. 利率

20. 下跌 增加

六、计算题

1. 假定现金余额说成立，已知一国某年 GDP 总值为 8 000 亿美元，物价水平为 1，人们愿意将自己总财富中的 1/5 以货币形式持有，那么该国当年的货币需求量为多少？每单位货币在一年内流通了多少次？若下一年通货膨胀率为 100%，而 GDP 增长为 10%，则货币需求量有何变化？

答：（1）根据现金余额说，
$$M_d = kPY, \quad V = 1/k$$
其中，$k = 1/5$，$p = 1$，$Y = 8\,000$，
$$M_d = (1/5) \times 1 \times 8\,000 = 1\,600（亿美元），\quad V = 5，$$
货币需求量为 1 600 亿美元，单位货币在一年内流通了 5 次。

（2）下一年中 $p = 1 \times (1 + 100\%) = 2$，$Y = 8\,000 \times (1 + 10\%) = 8\,800（亿美元）$，则 $M_d = (1/5) \times 2 \times 8\,800 = 3\,520（亿美元）$

2. 假定平方根定律成立，某学校大学生平均一个月生活费为 1 500 元并平均花销，在银行 ATM 机取款一次手续费 $b = 2$ 元，存款利率为 5%，大学生最优的平均持币数量 c 是多少？

答：已知，$Y = 1\,500$，$b = 2$，$r = 5\%$，代入平方根公式：
$$C = \sqrt{\frac{2bY}{r}}, \quad 得：C = 346.4（元）$$

所以，最优持币量 $c = \dfrac{C}{2} = 173.2$ 元。

3. 已知：法定准备金率为 10%，流通中通货为 400 亿元，支票存款为 800 亿元，超额准备金为 0.8 亿元，那么，货币供应量是多少？

答：一种解释：狭义货币供应量为流通中通货与活期存款之和。所以，它等于 400 亿元加上 800 亿元，得 1 200 亿元。

另一种解释：
$$货币乘数 = \frac{1+c}{r+e+c} = \frac{1 + \dfrac{400}{800}}{10\% + \dfrac{0.8}{800} + \dfrac{400}{800}} \approx 2.50$$

$$基础货币 = C + R = 400 + 10\% \times 800 + 0.8 = 480.8（亿元）$$
所以，货币供应量（M_s）$= 480.8 \times 2.50 = 1\,202$（亿元）。

4. 已知：法定准备金率为10%，流通中货币为400亿元，支票存款为800亿元，超额准备金为0.8亿元，那么，货币乘数大致是多少？

答：货币乘数约等于2.50倍（具体算式见上题）。

5. 假定某银行从中央银行获得了1 000元的贴现贷款，且支票存款的法定准备金率为10%，那么在简单存款创造条件下，银行体系最终将创造出多少存款？如果每家银行都持有5%的超额准备金，每增加1元的支票存款，便会有15分转化为流通中现金，20分转化为定期存款，且定期存款的法定准备金率为3%，则银行体系最终将创造出多少支票存款？多少流通中现金？多少定期存款？

答：（1）在简单存款创造条件下，银行体系将创造出的存款总额是：

$$D = \Delta R \cdot \frac{1}{r_d} = 1\,000 \times \frac{1}{10\%} = 10\,000(元)$$

（2）银行体系最终将创造出的支票存款总额是：

$$D = \Delta R \cdot \frac{1}{r_d + c + e + t \cdot r_t} = 1\,000 \times \frac{1}{10\% + 15\% + 5\% + 20\% \times 3\%} \approx 3\,268(元)$$

流通中现金是：1 000 × 15% = 150（元）。

定期存款是：1 000 × 20% = 200（元）。

在简单存款创造条件下，银行体系将创造出的存款总额是10 000元。在考虑各种漏出因素后，银行体系创造的支票存款总额是3 268元，流通中现金是150元，定期存款是200元。

七、简答题

1. 什么是货币需求？为什么货币需求是客观的？

答：货币需求是指社会微观主体（包括个人、企事业单位和政府部门等）在其财富中能够而且愿意以货币形式保有的那部分数量。这一概念说明货币需求必须满足两个要素：①持有货币的愿望；②持有货币的能力。人们通过对各种资产的安全性、流动性和盈利性的综合衡量后，最优资产组合中会持有一定的货币与其他形式的财富。因此，人们对货币的需求必须限定在其财富额内，与人们无穷的欲望不同，货币需求存在着需求约束，所以说货币需求又是客观有限的需求。

2. 简要分析收入状况和市场利率对货币需求的影响。

答：（1）收入状况对货币需求的影响包括收入水平和取得收入的时间间隔两方面。①收入水平越高，货币需求越多。当收入上升时，财富增长，以货币形式持有的财富越多，对货币的需求也越大。②人们取得收入的时间间隔越长，货币需求越多。因为在下一次收入取得之前，人们需要持有货币以应对必需开支，时间越长，总开支越大，需要持有的货币越多。

（2）市场利率通过影响人们的持币成本和资产组成来影响货币的需求量。①市场利率可视为人们持有通货的机会成本，市场利率越高，持有货币的机会成本越高，人们的货币需求越低。②市场利率还影响人们的财富组成，当市场利率上升到一定的水平并突破人们认为适合的利率水平时，人们预期未来利率下降，预期债券价格上升，因此人们减少货币需求，转而投资债券，反之则增加对货币的需求量。

3. 比较费雪、剑桥两种货币需求函数的主要异同点。

答：两种货币需求函数的相同点是：它们都是传统货币数量论的代表，都认为货币可以作为交易的媒介。它们的主要差异可归纳见表 10-1 所示。

表 10-1　费雪交易方程式与剑桥余额方程式的比较

项目	费雪交易方程式	剑桥余额方程式
货币需求动机	强调货币的交易手段功能	重视货币的价值储藏功能
分析角度	宏观角度	微观角度
货币需求决定因素	客观因素，如制度因素	主观因素，重视人的持币动机
利率作用	货币需求只受收入水平影响	货币需求也受利率水平影响

4. 试推导交易货币需求的鲍莫尔－托宾模型公式，并说明其含义与意义。

答：（1）鲍莫尔－托宾模型的公式是：$L_{11}^* = \dfrac{C}{2} = \dfrac{1}{2}\sqrt{\dfrac{2bY}{r}}$，推导过程如下。首先做如下假设：

①人们有规律地获取一定量的收入，支出是连续和均匀的。②人们将收入换成债券以获取收益，然后每隔一段时间卖出部分债券，以应付日常交易。③每次变现与前一次的时间间隔及变现量都相等。

设 Y 为交易者收入，每次支取数量 C，从而总共将支取的次数为 Y/C。每期持有现金来满足交易货币需求会发生两类成本：一是机会成本，为 $(C/2)r$，r 是利率；二是转换成本，为 $(Y/C)b$，其中 b 为每次转换现金时发生的经纪人费用。设总成本为 TC，有：

$$TC = (C/2)r + (Y/C)b$$

交易者将通过选择 C 来使上式最小化。为此，我们求上式关于 C 的一阶导数，并令其等于零，即：

$$\frac{\partial TC}{\partial C} = -\frac{bY}{C^2} + \frac{r}{2} = 0, \quad 解此式得：C = \sqrt{\frac{2bY}{r}}$$

由于人们在整个支出期间的平均交易余额为 $C/2$，所以，若以 L_{11}^* 代表实际现金余额，则有：

$$L_{11}^* = \frac{C}{2} = \frac{1}{2}\sqrt{\frac{2bY}{r}}$$

或者：
$$L_{11}^* = \alpha Y^{\frac{1}{2}} r^{-\frac{1}{2}} \quad \left(令 \alpha = \frac{1}{2}\sqrt{2b}\right)$$

这就是著名的"平方根公式"。

(2) 含义：①在其他条件不变时，交易量或国民收入越高，交易货币需求也越多。反之，交易量或国民收入越低，交易货币需求越低。②在其他条件不变时，生息资产的变现成本越高，交易货币需求越多。反之亦然。③在其他条件不变时，利率上升，交易货币需求越低。反之，利率下降时，交易货币需求上升。

(3) 意义。①理论意义在于：发展了凯恩斯交易货币需求理论。一方面，它认为交易货币需求也与利率有关；另一方面，它认为交易货币需求的收入弹性和利率弹性分别为 0.5 与 -0.5。也就是说，交易货币需求与收入的平方根成正比，与利率的平方根成反比，即交易货币需求具有规模节约的特点。②政策意义在于：第一，论证了交易货币需求也在很大程度上受到利率变动的影响。这一论证不仅进一步证明了凯恩斯主义以利率作为货币政策传导路径的合理性，而且向货币政策的制定者表明，如果不能影响利率的货币政策，其作用是有限的。第二，根据平方根公式，假定利率和其他因素不变，收入增长要快于货币供给量的增长。反过来说，一定比例的货币供应量会导致收入更高比例地增长。因此间接强调了货币政策的重要性。

5. 凯恩斯认为哪些动机决定了货币需求？

答：(1) 凯恩斯认为，货币需求决定于收入水平和利率水平。持有货币的动机包括：交易动机、预防动机和投机动机。持有货币可以便利交易与预防未来的不确定性，从而形成了交易动机和预防动机货币需求，二者都与收入有关，与收入水平成正比。人们还会将货币作为一种资产来持有，即为了投机的目的。投机动机下的货币需求与利率水平成反比。

(2) 凯恩斯认为，既然货币需求依赖于对未来利率的预期，而未来是捉摸不定的，所以货币需求也是不可预测的。因此，货币需求函数是不稳定的。

6. 弗里德曼货币需求理论中影响货币需求的因素有哪些？各因素是如何影响货币需求的？

答：(1) 在弗里德曼货币需求理论中，影响货币需求的因素主要包括：恒久性收入、持有货币和其他资产的预期收益率和其他因素。

(2) 恒久性收入，是指一定时期的平均收入水平，它的上升将会使货币需求增加。其他资产的收益率是持币的机会成本，与货币需求量呈反比关系。

(3) 利率不会影响货币需求。因为，货币与其他资产的相对收益是相对稳定的。

7. 简述后凯恩斯主义者的内生货币供给理论的主要观点。

答：后凯恩斯学派，也称新古典综合学派，他们是在凯恩斯外生货币供给论的基础上提出了内生货币供给论的观点，其理由如下。

(1) 中央银行“最后贷款人”的角色导致货币供给的内生性。作为最后贷款人，中央银行为了防止信贷紧缩导致灾难性的债务紧缩，除了满足商业银行“交易需求”之外，别无选择，否则整个金融系统都将面临流动性不足的困难。因此，在中央银行制定和维持的任何既定利率水平上，货币供给曲线的弹性都无限大。

（2）信用货币的供给内生性。他们把货币分为三种，商品货币、政府货币和信用货币。商品货币是从各种实物演变而来的，最后体现在黄金上的货币；政府货币是由政府发行的货币，这两种货币都是外生的；信用货币是商业银行发行的各种流通和存款凭证，它们形成于商业银行的贷款发放，而这又取决于公众对贷款的需求和贷款的期限，因而信用货币的供给具有内生性。

（3）基础货币的内生性。中央银行买卖有价证券的对象是追求利润最大化的商业银行，它们通常已经将其资产用于有价证券或者商业贷款，一般不会有闲置的资金参与公开市场的买卖。所以，中央银行不能顺利地通过公开市场操作决定基础货币量。在再贴现的运用上，中央银行完全处于被动的地位，提高再贴现率虽可遏制商业银行的贷款需求，却不能阻止商业银行向贴现窗口寻求基础货币的补充。

（4）负债管理使基础货币呈现"自给性"。金融创新使商业银行可以直接在金融市场上筹集资金，而无须等待中央银行的基础货币注入。

（5）银行角色转换传导的内生性。他们把金融市场分成批发市场和零售市场，前者是商业银行筹集资金的市场，后者是商业银行发放贷款的市场。在批发市场上，商业银行是贷款条件的接受者和贷款数量的决定者，而在零售市场上，商业银行则是贷款条件的决定者和贷款数量的接受者。这就是说，公众在零售市场上对于资金的需求将通过商业银行直接传导至包括中央银行在内的批发市场予以满足，货币供给因而由货币需求决定。

8. 中央银行的公开市场操作如何影响基础货币的变动？

答：（1）公开市场操作是指中央银行在公开市场上通过买卖有价证券从而调控货币供应量与利率的货币政策工具之一。

（2）基础货币是中央银行的负债，包括流通中的通货和银行存款准备金。基础货币与货币乘数之积就形成货币供应量。中央银行可以通过公开市场操作影响基础货币，从而影响货币供应量。

（3）中央银行与不同对象在公开市场操作中买进或卖出政府债券，对基础货币的构成具有不同的影响，但对基础货币总量的影响是确定的。

　　1）对商业银行的公开市场操作。此时，公开市场操作的结果将只影响银行准备金，而不影响流通中的现金。例如，当中央银行从一家商业银行购买1 000元政府债券，其结果是，银行准备金增加1 000元，基础货币也增加了1 000元。反之，中央银行向商业银行卖出债券，其结果是银行体系的证券增加，银行准备金减少，基础货币相应减少。

　　2）对非银行公众的公开市场操作。此时，分两种情况：第一种，假设向中央银行出售债券的个人或公司把中央银行支票存入他的往来银行，其结果是银行准备金增加，基础货币也就相应增加了。反之，中央银行将国债卖给非银行公众的结果是准备金减少，基础货币减少。第二种，如果出卖债券给中央银行的个人或公司把中央银行支票在当地银行兑现，结果会导致流通中现金增加，从而基础货币也增加。

(4) 以上分析表明，中央银行可以通过公开市场调控基础货币的变动。

9. 中央银行的贴现政策如何影响基础货币的变动？

答：(1) 贴现政策是指中央银行通过调整再贴现率来影响商业银行的融资成本，借以影响货币供应量与利率的政策工具之一。

(2) 基础货币是中央银行的负债，包括流通中通货和银行存款准备金。基础货币与货币乘数之积就形成货币供应量。中央银行可以通过贴现政策影响基础货币，从而影响货币供应量。

(3) 中央银行对商业银行的再贴现，原意是指银行将它为客户办理贴现业务而收进的各种票据再出售给中央银行，即中央银行购买商业银行票据。当贴现贷款增加时，将直接表现为获得贷款的银行的准备金存款增加，从而整个经济中的基础货币增加。

(4) 通常将由中央银行的贴现窗口增加的银行准备金，称为借入性基础货币。因此，贴现政策只能影响借入性基础货币部分。

(5) 但是由于在贴现贷款中，中央银行往往处于被动的地位，中央银行的贴现政策并不能完全控制借入性基础货币部分。因此，中央银行的贴现政策不如公开市场操作对基础货币的影响大。

10. 中央银行、银行系统和非银行公众的行为是如何决定货币乘数的？

答：(1) 货币乘数，是指中央银行创造的基础货币所能增加的货币供应量的倍数，其一般公式是：

$$货币乘数(m) = \frac{货币供应量(M)}{基础货币(B)} = \frac{1+c}{r_d + e + c + r_t \cdot t}$$

其中，r_d、e、c、r_t、t 分别表示活期存款法定存款准备金率、超额存款准备金率、漏现率、定期存款法定准备金率以及定期存款占活期存款的比例。

(2) 中央银行的法定存款准备金政策影响 r_d 和 r_t，进而影响货币乘数。央行通过规定和调整定期存款准备金率，将直接改变货币乘数的大小。法定准备金代表的是法律要求银行保留在央行手中，不能贷放出去的资金。它们不能进入下一轮的存款创造。因此，对货币乘数的影响是反向的。

(3) 银行系统的行为影响超额存款准备金率 e，从而影响货币乘数。超额存款准备金是银行持有的超过法定准备金没有发放贷款的部分，因此没有参加货币的创造，货币乘数自然就小。这表明：在准备金总额不变时，银行增加超额准备金，货币乘数就会缩小，反之亦然。

银行超额存款准备金的大小取决于银行对成本与收益的比较。持有超额准备金意味着放弃贷款或投资的收益，被放弃的收益就是持有超额准备金的机会成本。持有超额准备金的收益是银行因持有超额准备金而避免的因流动性不足造成的损失，这种损失的大小取决于：①出现流动性不足的可能性；②出现流动性不足时从其他渠道获得流动性的难易程度。

（4）非银行公众的行为影响 c 和 t，从而影响货币乘数。漏现率越大，意味着在存款创造过程中从银行系统中漏出的资金越多，货币乘数就越小。定期存款占活期存款的比例越大，意味着用来支持定期存款的准备金就越多，因而能够创造出来的活期存款便越少，从而（狭义货币 M1）货币乘数就越小。

非银行公众对流通中现金、活期存款和定期存款的选择是一种典型的资产选择行为，也就是财富所有者选择以何种资产组合持有其财富的行为与央行无关。

总之，活期存款法定存款准备金率 r_d 和定期存款准备金率 r_t 由中央银行决定，超额存款准备金率 e 取决于银行的行为，漏现率 c 及定期存款占活期存款的比例 t 则取决于非银行公众的行为。所以，中央银行、银行系统和非银行公众的行为都能影响货币乘数的大小，这也表明中央银行对货币乘数的控制要困难得多。

八、论述题

1. 试述西方货币需求理论发展的内在逻辑。

答：西方货币需求理论沿着货币持有动机和货币需求决定因素这一脉络，经历了传统货币数量论、凯恩斯学派货币需求理论和弗里德曼的现代货币数量理论的主流发展。

（1）传统货币数量论，分为早期货币数量论和近代货币数量论。由现金交易说和现金余额说构成的近代货币数量论对货币需求理论的影响更为深远。

1）现金交易说：美国经济学家欧文·费雪在 1911 年出版的《货币的购买力》揭示了名义收入（Y）与货币数量（M）、物价水平（P）、商品和劳务的交易总量（T）以及货币流通速度（V）之间的关系，提出了著名的交易方程式，即：

$$MV = PT \quad 或者 \quad P = \frac{MV}{T}$$

从这一方程式导出一定价格水平之下的名义货币需求量，即：

$$M = \frac{PT}{V} = \frac{1}{V} \cdot PT$$

上式是由传统货币数量论导出的货币需求函数，它表明人们持有货币仅为了满足交易之需，货币需求量取决于货币流通速度和名义国民收入。根据其假设，货币流通速度是一个相对稳定的量，所以货币需求取决于名义国民收入。现金交易说的不足在于：①把货币只当成一种交易媒介；②假定货币流通速度和商品交易量在长期内是相对稳定的；③没有考虑微观主体动机对货币需求的影响，过分强调制度因素对货币需求量的作用。

2）现金余额说：由剑桥学派经济学家马歇尔和庇古等人发展起来的现金余额数量论得出了与现金交易说完全相同的结论，但分析的出发点却完全不同，并提出了现金余额方程式：$M = kPY$，其中 k 代表持币比例，即以货币形态保有的财富占全部财富的比例。

现金余额方程式相对于现金交易方程式而言，其进步之处在于：第一，重视货币作为一种资产或储藏的功能；第二，它真正地在研究货币需求，认为货币需求取决于三个变量，即 k、P、Y；第三，它特别重视人的持币动机和主观判断的作用。

（2）凯恩斯学派货币需求理论。凯恩斯对货币需求理论的突出贡献在于对货币需求动机的分析。他认为，人们的货币需求行为是由三种动机决定的，即交易动机、预防动机和投机动机。其中，交易动机与预防动机的货币需求是收入的增函数，可把这两种需求合二为一，即第一类货币需求，$M_1 = L_1(Y)$。其中，M_1 代表为满足交易动机和预防动机而持有的货币量，Y 代表收入水平。L_1 代表 M_1 与 Y 之间的函数关系。投机动机的货币需求是当前利率水平的减函数，称为第二类货币需求，即 $M_2 = L_2(r)$。其中，M_2 代表为满足投机动机而持有的货币量，r 代表市场利率水平，L_2 代表 M_2 与 r 之间的函数关系。因此，凯恩斯货币需求函数可表示为：

$$M = M_1 + M_2 = L_1(Y) + L_2(r)$$

凯恩斯认为货币需求函数受未来利率不确定性的影响，因而是不稳定的。

（3）凯恩斯学派货币需求理论的发展。20 世纪 50 年代后，一些后凯恩斯学派深入研究和扩展了凯恩斯的货币需求理论。

1）鲍莫尔 - 托宾模型发展了凯恩斯的交易货币需求理论。他们认为，交易货币需求同样对利率敏感，交易货币需求的收入弹性和利率弹性分别为 0.5 与 - 0.5。也就是说，交易货币需求与收入的平方根成正比，与利率的平方根成反比，即交易性货币需求具有规模节约的特点。

2）惠伦模型发展了凯恩斯的预防性货币需求理论。他们发现，预防性货币需求也与利率相关，并且与利率呈反向变化关系。预防性货币需求的利率弹性为 - 1/3。利率越高，预防性货币需求越小；利率越低，预防性货币需求越大。收入对预防性货币需求的影响是通过净支出的方差间接表现出来的。

3）托宾的"资产选择理论"对凯恩斯投机货币需求的发展。凯恩斯在投机性货币需求理论中认为，人们对未来利率变化的预测是自信的，并在自信的基础上决定自己是持有货币还是保持债券，二者择其一。然而托宾认为，人们选择财富持有形式的主要依据是各种资产的预期收益率和风险。因此，人们会选择货币和债券的不同组合来持有其财富，即既持有货币，同时又持有债券。

（4）弗里德曼的现代货币数量论。弗里德曼认为个人以货币这种资产持有其财富主要受以下因素的影响：恒久性收入（Y_P）、非人力财富占总财富的比率（W）、持有货币的预期收益率（r_m）、其他资产的预期收益率（债券的预期收益率r_b、股票的预期收益率r_e、商品价格水平的预期变动率$\frac{1}{P} \cdot \frac{\mathrm{d}P}{\mathrm{d}t}$）。据此，弗里德曼的货币需求函数是：

$$\frac{M_d}{P} = f\left(Y_P, W, r_m, r_b, r_e, \frac{1}{P} \cdot \frac{\mathrm{d}P}{\mathrm{d}t}, u\right), 其中\ u\ 代表其他因素。$$

弗里德曼认为，由于作为财富代表的恒久性收入在长期内取决于真实生产因素的状况，其变动是相对稳定的；银行竞争使利率变化对货币需求的影响很小，故货币需求对利率不敏感。因而，货币需求函数是稳定的、可以预测的。

2. 试比较凯恩斯学派的货币需求理论与弗里德曼的现代货币数量论。

答：（1）以英国经济学家凯恩斯为代表的学者在货币需求理论的突出贡献是关于货币需求动机的分析。他们将人们持币的动机归纳为交易动机、预防动机和投机动机。其中，交易动机与预防动机的货币需求是收入的增函数，而投机动机的货币需求是当前利率水平的减函数，因此，凯恩斯学派的货币需求函数可表示为：

$$M = L(Y, r)$$

（2）现代货币主义的代表人物弗里德曼创立了现代货币数量论。他认为货币需求主要受以下因素的影响：恒久性收入（Y_P）、非人力财富占总财富的比率（W）、持有货币的预期收益率（r_m）、其他资产的预期收益率（债券的预期收益率r_b、股票的预期收益率r_e、商品价格水平的预期变动率$\frac{1}{P} \cdot \frac{\mathrm{d}P}{\mathrm{d}t}$）。据此，弗里德曼的货币需求函数是：

$$\frac{M_d}{P} = f\left(Y_P, W, r_m, r_b, r_e, \frac{1}{P} \cdot \frac{\mathrm{d}P}{\mathrm{d}t}, u\right), 其中\ u\ 代表其他因素$$

（3）相同点：二者都是从资产选择的角度来讨论货币需求，都重视流动偏好，如弗里德曼引入非人力财富概念后指出，为避免其滞销而需要增加货币需求，即非人才财富占总财富的比例与货币需求成正比。

（4）不同点如下：

1）"资产"的范围不同。凯恩斯所考虑的仅仅是货币与作为生息资产的债券之间的选择；而弗里德曼关注的资产除货币以外还有股票、债券和实物资产。与凯恩斯不同，弗里德曼认为货币与实物是相互替代的，因此，他将实物资产的预期收益率作为影响货币需求的一个因素。

2）对货币预期收益率的看法不同。凯恩斯认为，货币的预期收益率为零，而弗里德曼则把它当作一个会随着其他资产预期收益率的变化而变化的量。比如，当市场利率上升引起其他资产预期收益率上升时，银行就会提高存款利率以吸引更多的存款来发放贷款，从而货币的预期收益率也就会随之上升。

3）关于"收入"的内涵不同。凯恩斯货币需求函数中的收入是指"实际收入水平"或"当期收入水平"。而弗里德曼货币需求函数中的收入是指"恒久性收入水平"，即一定时间内的平均收入水平。前者是随时波动的，后者是相对稳定的。

4）货币需求函数的波动性不同。凯恩斯认为货币需求函数受未来利率不确定性的影响，因而是不稳定的；弗里德曼认为，由于作为财富代表的恒久性收入在长期内取决于真实生产因素的状况，其变动是相对稳定的，银行竞争使利率变化对货币需求的影响很小，货币需求对利率不敏感。因而，货币需求函数是稳定的，可以预测的。

5）影响货币需求的侧重点不同。凯恩斯的货币需求理论非常强调利率的主导作用，认为利率的变动会直接影响到就业和国民收入的变动，最终必然影响到货币需求量；弗里德曼则强调恒久性收入对货币需求的重要性，认为利率对货币需求的影响是微不足道的。

6）关于货币流通速度稳定与否的看法不同。凯恩斯的货币需求函数 $M_d/P = f(Y, r)$ 可以转换为：$P/M_d = 1/f(Y, r)$，进一步可表示为：$V = PY/M = Y/f(Y, r)$。因此，由于货币需求与利率之间是负相关的，当利率 r 上升时，$f(Y, r)$ 下降，进而货币流通速度上升。而利率经常是波动的，因此，凯恩斯的货币需求理论认为，货币流通速度也是经常波动的。弗里德曼货币需求理论隐含的货币流通速度公式是 $V = Y/f(Y_P)$，由于 Y 与 Y_P 之间的关系通常是相对可预测的，所以 V 也是很好被预测的。

3. 试评价中央银行控制货币供给的能力。

答：（1）货币供给，是指一定时期内一国银行系统向经济中投放、创造、扩张或收缩货币的行为。首先，货币供给是一个经济过程，即银行系统向经济中注入货币的过程。其次，货币供给必然形成一定的货币余额，称之为货币供应量。

（2）货币供给的基础方程式：$M_S = B \cdot m$，其中，M_S 代表货币供应量，B 代表基础货币，m 代表货币乘数。基础货币由银行准备金和流通中的通货组成，影响基础货币的因素有四组：对银行等金融机构的债权的变动、对政府债权净额的变动、对国外净资产的变动和其他项目净值的变动。这四个净额的增加，会引起基础货币的增加，在其他条件不变的情况下，则货币供应量增加。反之，基础货币减少，引起货币供应量减少。货币乘数的公式是：$m = \dfrac{1 + c}{r_d + e + c + r_t \cdot t}$，其中，$r_d$ 代表活期存款法定存款准备金率，r_t 代表定期存款准备金率，t 代表定期存款占活期存款的比例，e 代表超额存款准备金率，c 代表漏现率，以上变量共同影响货币乘数。

（3）影响货币供应量变动的变量主要有五个：基础货币、法定存款准备金率、超额存款准备金率、漏现率和定期存款占活期存款的比例。中央银行只能直接控制基础货币和法定存款准备金率，而后三个变量并不由中央银行控制。这说明，中央银行并不能完全控制货币乘数，但在一定程度上可以控制基础货币，从而影响货币供给量。

1）超额存款准备金率的大小主要取决于商业银行的经营决策行为，它的变动直接由商业银行掌握。商业银行根据成本与收益的比较分析来决定持有多大比例的超额准备金。

2）漏现率主要由社会公众掌握。这决定于社会公众的财富水平与消费倾向、社会公众的流动性偏好、持币的机会成本等。

3）定期存款占活期存款的比例与社会公众的行为密切相关，在一定程度上由社会公众所掌握。它取决于定期存款利率、其他金融资产的收益率等。

（4）中央银行可以通过货币政策工具调控基础货币。中央银行可以通过公开市场操作和贴现政策来调控基础货币。其中，贴现政策可以影响借入性基础货币（由中央银行的贴现窗口而增加的银行准备金，称为借入性基础货币），公开市场操作可以影响非借入性基础货币（基础货币总额减去借入性基础货币）。

（5）由于在贴现贷款中，中央银行往往处于被动地位，中央银行的贴现政策并不能完全控制借入性基础货币部分。

（6）因此，中央银行能够确定地影响非借入性基础货币，而对借入性基础货币的影响比较被动，能够确定地影响法定存款准备金率，但不能直接调控超额存款准备金率、漏现率、定期存款占活期存款的比例。因此，中央银行并不能完全控制货币供给量的变动。事实上，通货膨胀与通货紧缩的交替进行，也证明了中央银行作为货币供给的"总闸门"并不总是有效率的。

第十一章
CHAPTER 11

通货膨胀与通货紧缩

▓ 本章摘要

1. 通货膨胀通常是发生在纸币流通条件下，流通中的货币量超过实际需要所引起的货币贬值、物价上涨的经济现象，也指商品和劳务的货币价格总水平持续上涨。

2. 通货膨胀以及通货膨胀的程度需要借助以下指标进行测定：①零售物价指数（CPI）。它是一种用来测量各个时期内居民所购买的生活消费品价格和服务各项目价格平均变化程度的指标。②批发物价指数（PPI）。它反映了不同时期批发市场上多种商品平均变化程度的经济指标。③国内生产总值平减指数（GNP deflator）。它是衡量经济在不同时期内所产生和提供的最终产品和劳务的价格总水平变化程度的经济指标。

3. 通货膨胀的分类：①按通货膨胀形成的原因主要可分为：需求拉上型、成本推动型、结构型和混合型。②按通货膨胀的表现形式可分为：开放型（公开型）和抑制型（隐蔽型）。③按物价总水平上涨的程度可分为：爬行式（温和式）、跑马式（奔腾式）和恶性通货膨胀。

4. 需求拉上型通货膨胀，通常是指由货币供给过度增加导致的社会总需求超过社会总供给，所引起的一般物价水平持续上涨的现象。

5. 成本推动型通货膨胀，侧重从供给和成本方面来解释物价水平持续上升的原因。主要归纳为两点：一是工会力量对工资提高的要求；二是垄断行业中企业为追求利润制定的垄断价格。因此，成本推动引起的通货膨胀主要是由工资和利润推动的。

6. 通货膨胀与经济增长的关系有三种观点：①促进论（有益论），认为通货膨胀有利于促进经济增长；②促退论（有害论），认为通货膨胀对经济增长有害无益；③中性论，认为通货膨胀对经济增长没有实质影响。

7. 通货膨胀的收入再分配效应：当通货膨胀发生时，人们的实际收入和实际占有财富的价值会发生不同变化：工薪阶层和依靠退休金生活的退休人员实际收入会下降，一些负债经营的企业和非固定收入者却从通货膨胀中获利。一般认为，通货膨胀的最大受益者是政府。

8. 通货膨胀的财富再分配效应：当发生通货膨胀时，社会财富的一部分会从债权人手中转移到债务人手中，即通货膨胀使债权人的部分财富流失，而使债务人的财富相应增加，从而形成不利于债权人有利于债务人的财富再分配效应。

9. 通货膨胀的强制储蓄效应，是指政府财政出现赤字时向中央银行借债透支，直接或间接增大货币发行，从而引起通货膨胀，相当于强制性地增加全社会的储蓄总量以满足政府的支出。

10. 通货紧缩：依据诺贝尔经济学奖得主萨缪尔森的定义，价格和成本正在普遍下降即是通货紧缩。一般地，通货紧缩更多是指一般物价水平的持续下跌。

11. 费雪的"债务－通货紧缩"理论认为：过度负债是导致通货紧缩的直接原因。过度负债导致债权人调高债务人风险，急于要求债务清偿，迫使债务人廉价出售商品与资产归还银行贷款，结果导致价格水平下降，企业净资产缩水，利润减少或亏损增加，严重时存在普遍的悲观预期，货币流通速度进一步下降，整个过程伴随着货币利率（名义利率）下降和实际利率上升。

12. 凯恩斯的有效需求不足通货紧缩理论认为：有效需求和社会供给的不一致会产生"通货膨胀缺口"或者"通货紧缩缺口"，并引发通货膨胀或通货紧缩。

13. 奥地利学派的经济周期通货紧缩理论认为：通货紧缩是一个经济周期的派生过程，由促成经济萧条的生产结构失调引起，是经济过度繁荣的必然后果。因为信用扩张带来投资增加和经济繁荣，但经济过度繁荣时，银行往往会收缩信贷，投资增加、经济增长的链条突然断裂，经济从高涨、繁荣转向衰退、萧条。

14. 以弗里德曼为代表的货币主义的通货紧缩理论认为：通货紧缩归咎于货币当局错误政策导致的货币供给不足。

15. 通货紧缩的影响：①财富缩水效应；②经济衰退效应；③财富分配效应，由于名义利率下降幅度小于物价的下降幅度，导致债务人实际还款负担加重；④失业效应，由于经济衰退，人们的收入减少，就业压力增大，社会矛盾突出。

16. 通货膨胀的治理措施：①紧缩性货币政策，如提高法定存款准备金率、提高再贴现率。②紧缩性财政政策，通过削减财政支出和增加税收的办法来治理通货膨胀，如减少政府支出、增加税收、发行公债。③紧缩性收入政策，如工资管制和利润管制。④收入指数化政策，又称指数联动政策，是对货币性契约订立物价指数条款，使工资、利息等各种收入按照物价水平的变动进行调整。⑤单一规则——货币主义学派的政策，严格控制货币供给量的增长幅度。

⑥增加商品的有效供给，增加有效供给的主要手段是降低成本，减少消耗，提高经济效益，提高投入产出的比例；同时，调整产业和产品结构，以支持短缺商品的生产。

17. 通货紧缩的一般治理措施：①实行扩张性的财政政策，扩大政府需求；②扩大信用规模，增加货币供应量；③适当降低利率，促进投资和消费；④调整收入分配政策，增加各阶层特别是低收入阶层的货币收入；⑤建立和完善各层次社会保障体系；⑥主动调整产品、产业等经济结构。

习题

一、名词解释

1. 通货膨胀　　　　　2. 国民生产总值平减指数　　　3. 成本推动型通货膨胀

4. 需求拉上型通货膨胀　　5. 通货紧缩　　　　6. 收入指数化政策

7. 强制储蓄效应

二、单项选择

1. 在 20 世纪 70 年代，被用于解释西方国家经历的高失业和高通货膨胀并存的"滞胀"局面的是（　　）。

　A. 需求拉上型通货膨胀　　　　　　B. 成本推动型通货膨胀

　C. 混合型通货膨胀　　　　　　　　D. 结构型通货膨胀

2. 通货膨胀可能使（　　）从中获益。

　A. 债权人　　　　　　　　　　　　B. 债务人

　C. 货币财富持有者　　　　　　　　D. 固定收入人群

3. 认为通货紧缩的根本原因是有效需求不足的经济学家是（　　）。

　A. 约翰·梅纳德·凯恩斯　　　　　B. 保罗·克鲁格曼

　C. 费兰科·莫迪利安尼　　　　　　D. 米尔顿·费里德曼

4. 由于企业的垄断地位而产生的通货膨胀一般被称为（　　）。

　A. 需求拉上型通货膨胀　　　　　　B. 体制型通货膨胀

　C. 成本推动型通货膨胀　　　　　　D. 结构型通货膨胀

5. 在完全竞争市场上，不可能产生的通货膨胀类型是（　　）。

　A. 需求拉上型通货膨胀　　　　　　B. 预期型通货膨胀

　C. 成本推动型通货膨胀　　　　　　D. 结构型通货膨胀

6. "负债人越是还债，他们的债就越多"描述了通货紧缩导致的（　　）。

　A. 财富再分配效应　　　　　　　　B. 收入再分配效应

C. 财富缩水效应　　　　　　　　　　　D. 失业效应

7. 政府通过向中央银行借款解决投资资金，导致直接或间接的货币增发，将使物价上涨，最终导致通货膨胀，这一现象被称为（　　　）。

A. 理性预期效应　　　　　　　　　　　B. 价格推动效应

C. 挤出效应　　　　　　　　　　　　　D. 强制储蓄效应

8. 以下社会主体中，由于通货膨胀导致实际收入水平下降的是（　　　）。

A. 股票投资者　　　B. 固定收入者　　　C. 企业主　　　D. 政府

9. 根据凯恩斯的"有效需求理论"，有效需求不足会导致物价水平下跌，经济收缩，此时可以通过（　　　）来稳定有效需求。

A. 调整国民预期　　　　　　　　　　　B. 实行宽松的货币政策

C. 增加政府支出　　　　　　　　　　　D. 调整存款准备金率

10. 以哈耶克为代表的奥地利学派认为通货紧缩是一种派生过程，（　　　）是造成通货紧缩的主要原因，因而被称为"经济周期"通货理论。

A. 货币供给增长率过低　　　　　　　　B. 生产过剩

C. 过度负债　　　　　　　　　　　　　D. 生产结构失调

11. 认为通货紧缩完全是一种货币现象是（　　　）的观点。

A. 马克思主义　　　B. 凯恩斯主义　　　C. 货币主义学派　　　D. 后凯恩斯学派

12. 下列各项政策中，可以缓解通货膨胀中收入分配不公问题的是（　　　）。

A. 收入指数化政策　　　　　　　　　　B. 改善供给政策

C. 限价政策　　　　　　　　　　　　　D. 减税政策

13. 促进论所提出的通货膨胀促进经济增长的原因不包括（　　　）。

A. 铸币税的正效应　　　　　　　　　　B. 货币幻觉

C. 储蓄率的提高　　　　　　　　　　　D. 边际储蓄率降低

14. （　　　）认为引起通货紧缩的原因可能是资产泡沫破产对经济产生的致命影响。

A. 弗里德曼　　　B. 凯恩斯　　　C. 格林斯潘　　　D. 舒尔顿

15. 不能用于证明"政府具有诱发通货膨胀的利益动机"的是（　　　）。

A. 通货膨胀预期　　　　　　　　　　　B. 通货膨胀税

C. 累进所得税制度　　　　　　　　　　D. 财富再分配效应

16. 成本推动说解释通货膨胀时的前提是（　　　）。

A. 货币需求给定　　　B. 总需求给定　　　C. 货币供给给定　　　D. 总供给给定

17. （　　　）认为通货紧缩是经济过度繁荣时，市场机制所自发形成的，因此政府应采取不干预的政策，任其发展。

A. "债务－通货紧缩"理论　　　　　　B. "经济周期"通货紧缩理论

C. 货币主义的通货紧缩利率　　　　　D. 克鲁格曼的通货紧缩理论

18. 不属于在供应方面抑制通货膨胀的措施是（　　　）。

    A. 降低税收　　　　　　　　　　　　B. 适当减少货币供给

    C. 削减社会福利开支　　　　　　　　D. 精简规章制度

19. 紧缩性收入政策在治理通货膨胀时的局限性不包括（　　　）。

    A. 某些紧缩性收入政策过于温和　　　B. 价格机制在资源配置中的作用将被削弱

    C. 以"自愿性"为原则，非强制　　　D. 需要财政政策和货币政策的配合

20. 通货膨胀对策中冻结工资和物价属于（　　　）。

    A. 控制需求　　　　　　　　　　　　B. 改善供给

    C. 紧缩性收入政策　　　　　　　　　D. 紧缩性财政政策

三、多项选择

1. 由供给因素变动形成的通货膨胀可以归结为以下原因（　　　）。

    A. 工资推进　　　　B. 价格推进　　　　C. 结构调整　　　　D. 利润推进

2. 下列治理通货膨胀的措施中，属于紧缩性收入政策的有（　　　）。

    A. 自愿工资－物价指导线　　　　　　B. 工资－价格管制

    C. 收入指数化政策　　　　　　　　　D. 降低税收

3. 下列属于治理通货膨胀的紧缩性货币政策的是（　　　）。

    A. 公开市场购买政策　　　　　　　　B. 提高再贴现率

    C. 提高法定准备金率　　　　　　　　D. 降低再贴现率

4. 各国采用的度量通货膨胀程度的标准主要有（　　　）。

    A. CPI　　　　　　B. RPI　　　　　　C. PPI　　　　　　D. GNP deflator

5. "促退论"者认为通货膨胀会损害"市场运行"效率，其原因在于（　　　）。

    A. 存在货币幻觉　　　　　　　　　　B. 资金需求过度

    C. 边际储蓄倾向降低　　　　　　　　D. 生产性投资成本上升

6. 使用收入指数化政策治理通货膨胀的优点在于（　　　）。

    A. 缓解通货膨胀造成的收入再分配不公平现象

    B. 加重政府的财务负担，减少政府在通货膨胀情况下的利得

    C. 稳定物价，使经济趋于平稳

    D. 减小失业可能的上升幅度

7. 运用刺激生产力的方法来治理通货膨胀可以采取的措施有（　　　）。

    A. 降低税收　　　　　　　　　　　　B. 削减福利开支

    C. 精简规章制度　　　　　　　　　　D. 适当增加货币供给

8. 通货膨胀的收入分配效应表现为（　　　）。

    A. 食利阶层名义利息收入上升　　　　　B. 企业主利润先升后降

    C. 政府的收益增加　　　　　　　　　　D. 固定收入者实际收入上升

9. 通货紧缩的特征包括（　　　）。

    A. 物价水平下降　　　　　　　　　　　B. 货币供应量的持续减少

    C. 失业率上升　　　　　　　　　　　　D. 经济增长率上升

10. 下列属于治理通货膨胀的紧缩性财政政策的措施是（　　　）。

    A. 降低存贷款利率　　　　　　　　　　B. 公开市场卖出

    C. 提高税收　　　　　　　　　　　　　D. 压缩财政开支

四、判断并改错

1. 政府发行公债后可以利用利率效应对社会总需求产生抑制作用。（　　　）

2. 需求拉上型通货膨胀只可能在经济达到充分就业点之后才会出现。（　　　）

3. 通货膨胀是指一般物价水平的持续上涨，这里的一般物价水平是包括金融资产价格在内的所有市场价格的均衡值。（　　　）

4. 弗里德曼关于通货膨胀原因的论断暗示着简单地降低货币供应增长率就是一个有效治理通货膨胀的方案。（　　　）

5. 物价上涨是导致通货膨胀的直接原因。（　　　）

6. 政府发行货币所造成的强制储蓄在任何就业水平下都会造成持续的物价水平上涨。（　　　）

7. 凯恩斯认为，从根本上来说，通货紧缩源于总需求不足。（　　　）

8. 采用向商业银行、企业和个人发行债券的方式弥补财政赤字，一般不会扩大货币总量，引发通货膨胀。（　　　）

9. 国民生产总值平减指数是指名义 GDP 与实际 GDP 之比。（　　　）

10. 削减社会社会福利开支是治理通货膨胀可以采取的一种紧缩性财政政策。（　　　）

11. 一般地，通货膨胀有利于债权人而不利于债务人。（　　　）

12. 紧缩性收入政策主要针对的是输入型通货膨胀。（　　　）

13. CPI 是最常用的反映通货膨胀程度的指标。（　　　）

14. 在物价管制的情况下，不可能发生通货膨胀。（　　　）

15. 通货紧缩发生时，一般物价水平下降，货币购买力增强，居民生活水平提高，因此对经济有促进作用。（　　　）

16. 完全竞争市场上也可能产生成本推动型通货膨胀。（　　　）

17. 促进论认为通货膨胀能使工人提高储蓄率，从而刺激经济增长。（　　　）

18. 需求拉上型通货膨胀的前提是假定短期内社会总供给不变。（　　　）

19. 大部分经济学家都认为通货紧缩和通货膨胀一样，在本质上是一种货币现象。（   ）

20. 在名义利率不变的情况下，通货紧缩会降低债务的真实利率。（   ）

五、填空题

1. 通货膨胀按照形成动因和运行过程不同，主要分为（   ）型通货膨胀和（   ）型通货膨胀两大基本类型。

2. 认为通货紧缩是由经济主体的过度负债导致的是费雪的（   ）理论。

3. "成本推动论"一般将通货膨胀成因归为（   ）推动和（   ）推动两种类型。

4. 治理通货膨胀的紧缩性财政政策中，减少政府支出主要包括削减（   ）支出和削减（   ）支出两种。

5. 政府发行公债后，可以利用（   ）减少民间部门的消费和投资，从而抑制社会总需求。

6. 斯堪的纳维亚型通货膨胀，通常是发生在"小国"的通货膨胀，这种通货膨胀还被称为（   ）。

7. （   ）需求膨胀是引起财政赤字和银行信用膨胀的主要原因。

8. 弗里德曼认为，为了有效避免大规模通货膨胀和通货紧缩同时发生，政府应采取（   ）的货币政策。

9. 用紧缩性财政政策来治理通货膨胀可以通过增加（   ）和削减（   ）实现。

10. 一般地，通货膨胀有利于（   ），而不利于（   ）。

六、简答题

1. 什么是需求拉上型通货膨胀？试用图形解释其形成过程。

2. 什么是成本推动型通货膨胀？试用图形解释其形成过程。

3. 什么是供求混合型通货膨胀？试用图形解释其形成过程。

4. 简述通货紧缩的效应。

5. 简述通货膨胀的强制储蓄效应。

6. 简述通货膨胀的收入分配效应。

7. 简述凯恩斯关于通货紧缩的理论分析。

8. 简述费雪的"债务–通货紧缩"理论的主要内容。

9. 简述治理通货膨胀的主要对策。

七、论述题

1. 试述通货膨胀与经济增长的关系。

2. 从政府宏观政策角度如何理解"通货膨胀是一种货币现象"？

参考答案

一、名词解释

1. 通货膨胀

答：通货膨胀是指在一定时间内一般物价水平持续和较明显上涨的现象，它反映了商品和劳务的"货币价格"总水平的变化，一般包括需求拉上型通货膨胀和成本推动型通货膨胀等类型。

2. 国民生产总值平减指数

答：国民生产总值平减指数（GNP deflator），是一个能综合反映物价水平变动情况的指标。它等于名义 GNP（按当年价格计算）与实际 GNP（按基期价格计算）之比。

3. 成本推动型通货膨胀

答：成本推动型通货膨胀（cost-push inflation），是指在总需求不变的情况下，由生产要素价格上涨引起生产成本上升所导致的物价总水平持续上涨的情况。它一般源于工资推动和利润推动两方面原因。它从供给和成本方面解释了通货膨胀的成因。

4. 需求拉上型通货膨胀

答：需求拉上型通货膨胀（demand-pull inflation），是指由货币供给过度增加导致的社会总需求超过社会总供给所引起的一般物价水平持续上涨的现象，即"过多的货币追逐过少的商品"。它表现为消费需求和投资需求过度增长，而商品和劳务供给的增加速度却受到限制，由此导致一般物价水平的上升。

5. 通货紧缩

答：通货紧缩，是指由于货币供给量相对于经济增长和劳动生产率增长而减少所引起的有效需求严重不足、一般物价水平持续下跌、货币供应量持续下降和经济衰退等经济现象。

6. 收入指数化政策

答：收入指数化政策，是指将工资、利息等的各种名义收入部分地或全部地与物价指数相联系，使其自动随物价指数的升降而升降，从而避免通货膨胀所带来的损失，并减弱由通货膨胀带来的分配不均问题。它是作为治理通货膨胀的措施被提出来的。

7. 强制储蓄效应

答：强制储蓄效应，是指政府以铸币税的形式取得的一笔本应属于公众的消费资金。它有两层含义：一是强制储蓄是由消费的非自愿减少或强制性减少造成的；二是强制储蓄的形成伴随收入在不同主体之间的转移。这里说的储蓄，是指用于投资的货币积累。

二、单项选择

1. B　　2. B　　3. A　　4. C　　5. C　　6. A　　7. D　　8. B　　9. C　　10. D　　11. C

12. A   13. D   14. C   15. A   16. B   17. B   18. B   19. C   20. C

三、多项选择

1. AD   2. AB   3. BC   4. ACD   5. BCD   6. ABD   7. ABC   8. ABC
9. ABC   10. CD

四、判断并改错

1.（×）将"利率效应"改为"挤出效应"

2.（×）非充分就业点也可能发生

3.（×）将"包括"改为"不包括"

4.（√）

5.（×）将"物价上涨"改为"货币供应过多"

6.（×）将"任何就业水平"改为"充分就业水平"，将"都会"改为"不会"

7.（×）将"总需求"改为"有效需求"

8.（√）

9.（×）将"GDP"改为"GNP"

10.（×）将"紧缩性财政政策"改为"改善供给政策"

11.（×）有利于债务人，而不利于债权人

12.（×）将"输入型"改为"成本型"

13.（√）

14.（×）将"不"改为"也"

15.（×）将"有"改为"没有"

16.（×）将"也"改为"不"

17.（×）将"工人"改为"企业主"

18.（√）

19.（×）通货紧缩本质上是否是一种货币现象存在争议

20.（×）将"降低"改为"提高"

五、填空题

1. 需求拉上   成本推动

2. 债务 – 通货紧缩

3. 工资   利润

4. 转移性   购买性

5. 挤出效应

6. 输入型通货膨胀

7. 投资

8. 单一规则

9. 税收　财政支出

10. 债务人　债权人

六、简答题

1. 什么是需求拉上型通货膨胀？试用图形解释其形成过程。

答：需求拉上型通货膨胀，是指由货币供给过度增加导致的过度需求所引起的通货膨胀，即"过多的货币追逐过少的商品"。它表现为消费需求和投资需求过度增长，而商品和劳务供给的增加速度却受到限制，由此导致一般物价水平的上升。

(1) 需求拉上型通货膨胀的运行过程——短期分析。

在短期内，社会总供给是给定的。此时，如果货币供给量超过了货币需求量，则意味着总需求会迅速增加，与相对不变的总供给相比，总需求处在过度增长的状态。这时，经济中开始出现短期性的需求拉上型通货膨胀，其膨胀的程度视货币供给量超过货币需求量的程度而定（见图11-1）。

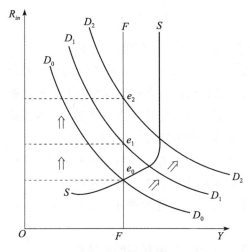

图 11-1　短期分析

(2) 需求拉上型通货膨胀的运行过程——长期分析。

在长期内，经济增长水平是变化的。从理论上讲，在增长极限内，预期经济增长水平 Y^* 随着货币供给的增加而增加，但不是同比例增加。随着货币供给量的增加，社会总需求增加，进而促使总供给增加和物价上涨。在离增长极限点较远时，M_s 的增长率、

Y^* 的增长率和通货膨胀率 R_{in} 之间的关系是：$M_s > Y^* > R_{in}$。随着 Y^* 不断接近增长极限点，这三者的关系将变成 $M_s > R_{in} > Y^*$，而且 Y^* 趋近于零增长。这时，需求拉上型通货膨胀表现得非常明显，即过度需求拉动物价水平迅速上升。

由于在需求拉上型通货膨胀的初始阶段存在着 $M_s > Y^* > R_{in}$ 的关系，人们就会产生一种较多的货币供给能带来较大经济增长的错觉，这种错觉正是需求拉上型通货膨胀不断恶化的重要原因（见图 11-2）。

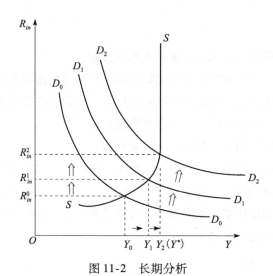

图 11-2　长期分析

2. 什么是成本推动型通货膨胀？试用图形解释其形成过程。

答：成本推动型通货膨胀，是指在总需求不变的情况下，由生产要素价格上涨引起生产成本上升所导致的物价总水平持续上涨的情况。在对成本推动型通货膨胀的运行过程进行分析时，通常假定总需求水平不变。在总需求不变的假定条件下，成本推动型通货膨胀在促使价格水平上涨的同时，也会引起供给水平的下降（见图 11-3）。

因为成本的推进，总供给曲线左移，导致产出的下降和价格的提高。成本推动理论认为，成本上升推动物价上涨，物价上涨又推动成本上升，如此恶性循环，造成物价持续上升。

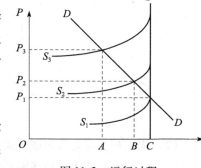

图 11-3　运行过程

3. 什么是供求混合型通货膨胀？试用图形解释其形成过程。

答：通常把由总需求增加和总成本上升共同作用的通货膨胀称为混合型通货膨胀。从运行过程所表现出的动态特征来看，混合型通货膨胀有两种类型：一种是"螺旋式"；另一种是"直线式"。

（1）"螺旋式"混合型通货膨胀。在"螺旋式"混合型通货膨胀中，首先是成本的上升促使物价水平持续上升，即成本推动型通货膨胀，从而导致社会总产量下降，社会失业率上升，这是政府不愿接受的事实。因此，政府会实行扩张的财政政策，增加社会支出以降低失业率。而政府支出的增加将导致社会总需求曲线向右移动，物价进一步上升，由此形成了物价水平呈"螺旋式"上升的通货膨胀。

所以，"螺旋式"混合型通货膨胀的特点可归纳为：第一，起因于成本推动；第二，社会总需求跟着不断扩大；第三，实际产量不会下降；第四，价格水平呈"螺旋式"上升，图 11-4 说明的就是这种情况。

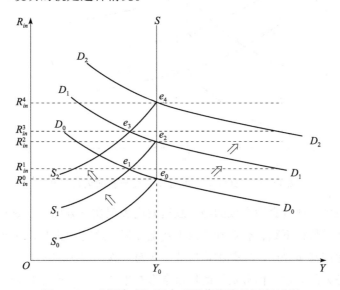

图 11-4　"螺旋式"混合型通货膨胀的运行过程

（2）"直线式"混合型通货膨胀。"直线式"混合型通货膨胀开始于流通领域，起因于需求拉上型通货膨胀。当需求拉动物价持续上升时，工会可能会要求增加工资以避免财富流失，而工资增加会导致成本增加，推动总成本曲线向左上方移动，成本推动型通货膨胀由此产生。在这一过程中，价格水平呈"直线式"上升。因此，"直线式"混合型通货膨胀的特点可归纳为四点：第一，起因于需求的过度扩张；第二，价格的上升引起成本的上升；第三，在一般情况下，产量不会下降；第四，价格呈"直线"上升。如图 11-5 所示。

现实经济运行中，这两种通货膨胀经常混合在一起发生。

4. 简述通货紧缩的效应。

答：通货紧缩，是与通货膨胀相对立的概念，两者都是一种失常的货币现象。它是指由于货币供给量相对于经济增长和劳动生产率增长而减少所引起的有效需求严重不足，一般物价水平持续下跌，货币供应量持续下降和经济衰退等经济现象。通货紧缩的正效应表现为，持续的物价下跌和低利率使人们的实际货币购买力提高。与通货紧缩的正效应相比，通货紧缩对经济的负面影响要大得多。

（1）财富缩水效应。通货紧缩发生时，社会总体物价水平下降，企业的产品价格也随之下降，企业利润减少，同时失业者增加，个人财富减少。

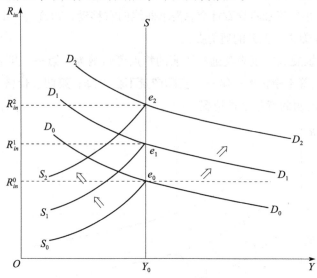

图 11-5　"直线式"混合型通货膨胀的运行过程

（2）经济衰退效应。通货紧缩导致的经济衰退效应表现在三方面：一是物价持续、普遍下跌使得企业产品价格下跌，企业利润减少甚至亏损，这将严重打击生产者的积极性，使生产者减少生产甚至停产。二是物价持续、普遍下跌使实际利率升高，这将有利于债权人而损害债务人的利益。债务负担的加重会影响生产者的生产与投资活动。三是物价下跌引起的企业利润减少和生产积极性降低，将使失业率上升，实际经济增长低于自然增长。

（3）财富分配效应。在通货紧缩下，由于名义利率的下降幅度小于物价的下降幅度，实际利率水平提高，导致社会财富从债务人向债权人转移的财富分配效应。

（4）失业效应。一方面，通货紧缩意味着投资机会减少，可容纳的就业机会减少；另一方面，通货紧缩抑制了生产者的积极性，企业减产甚至停产，失业人员自然增加。

5. 简述通货膨胀的强制储蓄效应。

答：通货膨胀的强制储蓄效应，是指政府以铸币税的形式取得的一笔本应属于公众的消费资金，它是指在经济达到充分就业水平的条件下，政府通过向中央银行借债，造成直接或间接增发货币，从而强制增加全社会的储备总量，导致物价上涨的经济行为。这里所说的储蓄，是指用于投资的货币积累。作为投资的储蓄积累主要来源于三部分：一是家庭，二是企业，三是政府。

（1）三部分的储蓄有各自的形成规律。家庭部门的储蓄来源于收入减去消费后的部分，企业储蓄来源于其用于扩大再生产的净利润和折旧基金，而政府的储蓄则来源于增加税收或向中央银行举债。

（2）如果政府通过增加税收来增加储蓄，则全社会的储蓄总量并不增加，只是减少另外两个主体的支出而已。

（3）如果政府通过向中央银行举债的方式来筹措资金，就会产生强制增加全社会储蓄的情况。在公众名义收入不变的条件下，如果他们仍按原来的模式和数量进行消费和储蓄，则两者的实际额均随着物价的上涨而相应减少，其减少的部分大体相当于政府运用通货膨胀实现的强制储蓄部分。这就是通货膨胀的强制储蓄效应，这种强制储蓄效应带来的结果是物价水平的持续上涨。

（4）如果一国未达到充分就业水平，社会资源存在大量或结构性闲置的情况下，政府可以谨慎地运用强制储蓄政策达到刺激经济的作用。

6. 简述通货膨胀的收入分配效应。

答：由于社会各阶层的收入来源不同，物价水平上涨对收入水平的影响也不同：有些人的收入水平会下降，有些人的收入水平反而会上升。这种由物价上涨造成的收入再分配，就被称为通货膨胀的收入分配效应。

（1）固定收入者实际收入下降。在通货膨胀期间，通常固定收入者的收入调整滞后于物价水平，实际收入会因通货膨胀而减少；而非固定收入者能够及时调整其收入，从而可能从物价上涨中获益。

（2）企业主利润先升后降。对于非固定收入的企业主而言，在通货膨胀初期企业主会因产品价格上涨、利润增加而获益。但当通货膨胀持续发生时，随着工资和原材料价格的调整，企业利润的相对收益就会消失。

（3）政府是通货膨胀的最大受益者。在累进所得税制度下，名义收入的增长使纳税人所适用的边际税率提高。同时，政府往往是一国最大的债务人，价格水平的上涨使政府还本付息的负担相对减轻。

7. 简述凯恩斯关于通货紧缩的理论分析。

答：凯恩斯经济学是大萧条的产物，因此分析和解决通货紧缩是凯恩斯经济学的宗旨。该理论认为通货紧缩源于有效需求不足。

（1）有效需求需求不足表现为消费需求不足和投资需求不足。消费需求不足是因为边际消费倾向递减，而投资需求不足则是因为资本边际效率递减和流动性偏好。

（2）在标准的总需求和总供给模型中，总需求曲线和总供给曲线的交点决定了均衡的物价总水平和均衡的产出水平。当经济遇到需求萎缩的冲击，总需求曲线就会向左移动，导致均衡产出和物价总水平的下降（即通货紧缩）。

（3）凯恩斯理论的政策含义：当经济衰退时，企业投资低落，可以通过增加政府支出来稳定有效需求；在经济严重衰退时，企业家的利润预期非常低，几乎接近于零，因而通过货币政策放松银根、降低利率来抑制衰退的效果是不明显的。

8. 简述费雪的"债务－通货紧缩"理论的主要内容。

答：美国经济学家欧文·费雪在1933年大萧条时提出了"债务－通货紧缩"理论。该理论是从某个时点经济体系中存在过度负债这一假设入手分析的。

(1) 费雪认为，新发明、新产业的出现或新资源的开发等导致利润前景看好，企业因此过度投资，导致过度负债。

(2) 债权人一旦注意到这种过度负债的危险就会趋于债务清算。这种清算会导致企业为清偿债务而廉价销售商品，企业利润下降，存货减少。

(3) 结果带来货币流通速度降低，物价水平下降。这又引起产出、就业减少，信心下降，人们追求更多的货币储藏和积蓄，结果名义利率下降、实际利率上升，资金盈余者不愿贷出、资金短缺者不愿借入，通货紧缩发生。

(4) 费雪还认为，过度负债和通货紧缩二者之间会产生相互作用。过度负债会导致通货紧缩；反过来，由过度负债所导致的通货紧缩也会反作用于债务。当发生通货紧缩时，实际债务增加。同时，如果初始的负债规模足够大，债务的清偿甚至会跟不上它所欠的债务价值的上升，从而导致"正是人们为减轻其债务负担反而努力增加了债务负担"这种悖论。

尽管费雪的"过度负债"债务导致通货紧缩的观点为大萧条提供了一个较为合理的解释，但由于罗斯福新政的原因和人们对古典理论的反对，凯恩斯的观点却流行于市，逐渐费雪的这一思想被忽视了。

9. 简述治理通货膨胀的主要对策。

答：由于经济学家对通货膨胀的成因存在不同的看法，因此他们提出了不同的反通货膨胀措施。

(1) 紧缩总需求的政策，包括紧缩性财政政策和紧缩性货币政策。紧缩性财政政策直接从限制支出、减少需求等方面来减轻通货膨胀压力，一般包括减少政府支出、增加税收、发行公债等措施；紧缩性货币政策通过减少货币供应量来促使总需求与总供给趋向一致，一般有提高法定存款准备金率、提高再贴现率、公开市场卖出业务和直接提高利率等措施。

(2) 紧缩性收入政策。该政策主要针对成本推动型通货膨胀，通过对工资和物价上涨进行直接干预来降低通货膨胀。一般采取如自愿工资－物价指导线、以税收为基础的收入政策和工资－价格管制及冻结等措施。

(3) 收入指数化政策。该政策将工资、利息等的各种名义收入部分或全部与物价指数相联系，使其自动随物价指数的升降而升降。收入指数化政策只能减轻通货膨胀给收入阶层带来的损失，但不能消除通货膨胀本身，而且有可能会加剧物价的不稳定性。

(4) 改善供给政策。该政策主张运用刺激生产力的方法来同时解决通货膨胀和失业问题，包括降低税收、削减社会福利开支、适当增加货币供给和精简规章制度等。通货膨胀产生的根源在于货币发行过多，刺激供给不是治本之道，还会受到生产力发展水平和供给弹性的限制。

七、论述题

1. 试述通货膨胀与经济增长的关系。

答：关于通货膨胀与经济增长的关系，经济学界存在着激烈的争论，主要观点大致可分为以下三种：通货膨胀可以促进经济发展的促进论、通货膨胀会损害经济发展的促退论和通货膨胀不影响经济发展的中性论。

(1) 促进论。促进论的基本理论依据是凯恩斯的有效需求不足理论。该理论认为当现实经济中的实际产出水平低于充分就业产出水平时，政府可以运用增加预算、扩大投资支出和增加货币供给等手段刺激有效需求，促进经济增长，其理由是：

1)"弥补投资资金不足"的正效应。政府通过赤字财政政策保持适当比例的通货膨胀率，将能有效地弥补投资资金不足，以促进经济增长。

2)"铸币税"的正效应。通货膨胀期间，政府多发行的那一部分货币直接成为政府的收入，用于投资。物价上升带来居民持有货币的贬值，此损失又被国家占有，实质上是政府对所有货币持有人的一种隐蔽性强制税收，又称"通货膨胀税"。如果居民的消费不变或消费的下降小于投资的增加，产出仍能通过乘数效应上升。

3)提高"储蓄率"的正效应。通货膨胀具有一种有利于高收入阶层的收入再分配效应，而高收入阶层的边际储蓄倾向比低收入阶层高。因而，通货膨胀可以通过提高储蓄率来增加社会投资支出，从而促进经济增长。

4)"货币幻觉"的正效应。在通货膨胀初期，由于货币幻觉的作用，公众将名义价格、名义工资、名义收入的上涨看成实际的上涨。于是，劳动者愿意提供更多的劳动，企业家愿意扩大投资，从而扩大再生产。

(2) 促退论。促退论认为通货膨胀会损害市场运行效率，阻碍经济增长，其理由是：

1)"价格信号失真"的负效应。通货膨胀会造成价格信号失真，导致资源配置失调，经济效率降低，使经济处于不稳定状态。

2)"实际利率下降"的负效应。通货膨胀使银行的实际利率低于名义利率，因而极易诱发过度的资金需求，而过度的资金需求往往会迫使货币当局加强信贷管理，从而削弱金融体系的运营效率。

3)"经济泡沫"的负效应。从长期来看，通货膨胀最终会引起名义工资率上升和银行利率上调，生产性投资成本和风险加大，泡沫经济升温。

4)"实际购买力下降"的负效应。通货膨胀意味着货币购买力下降、人们的实际收入水平也降低，从而引起人们的边际储蓄倾向降低，促使投资率和经济增长率下降。

5）"投机盛行"的负效应。通货膨胀发生时，人们囤积货物，抢购黄金、外汇和其他奢侈品，甚至从事房地产等投机活动盛行，严重阻碍了经济的发展。当发生严重通货膨胀时，人们甚至会放弃货币，改用物物交换，经济效率严重受损。

若政府对此采取紧缩性措施和管制物价等措施，则会削弱经济活力，降低经济增长率。

（3）中性论。中性论认为通货膨胀与经济增长不相关。在长期内，公众会形成通货膨胀预期，事先提高各种商品的价格，做出相应的储蓄、投资决策，从而抵消通货膨胀的各种影响。

2. 从政府宏观政策角度如何理解"通货膨胀是一种货币现象"？

答：在货币学派看来，通货膨胀是一种货币现象。弗里德曼指出：无论什么时候，只要是通货膨胀率很高的地方，同时就一定会有很高的货币供应增长率。他曾有过经典名言："无论何时何地通货膨胀都是一种货币现象"。

（1）货币供给增加引起物价上升的图形分析。货币供给增加引起的连锁反应，如图 11-6 所示。假设最初经济体处在点 1，即总需求曲线 AD_1 与总供给曲线 AS_1 的交点，此时总产出保持在自然增长状态，价格水平为 P_1。如果货币供应增加，社会总需求随之增加，导致需求曲线向右移动至 AD_2，经过一段时间后经济体移到 $1'$ 的位置，社会产品增加到 Y_1'，同时，经济增长引起的失业率下降将会引起工资的上升，由此引起供给曲线很快地向左移动到 AS_2，经济体到达了新的均衡点 2，经济又回到自然增长状态，但物价却从 P_1 上升到 P_2。

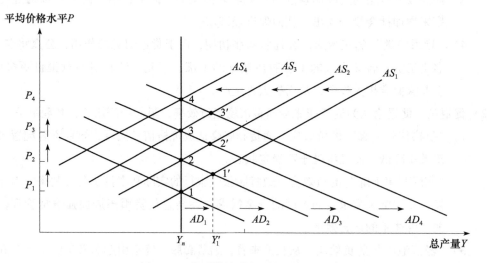

图 11-6　货币供给增加引起连锁反应

如果第二年货币供应继续增加，需求曲线将向右移动 AD_3，供给曲线从 AS_2 移向 AS_3，经济体将先移向点 2′然后再移动到点 3，物价水平上升到 P_3。照此下去，货币供应持续增加，物价水平越来越高，到一定程度时通货膨胀就发生了。

政府为什么要持续不断地增加货币供给？一种观点认为，大多数国家的政府都把高就业作为它们追求的第一目标。政府追求高就业目标时容易造成的典型通货膨胀也可分为两类：需求拉上型通货膨胀和成本推动型通货膨胀。

（2）成本推动型通货膨胀与货币供给。政府的高就业目标如何导致货币投放增加，从而导致成本推动型通货膨胀的发生，如图 11-7 所示。

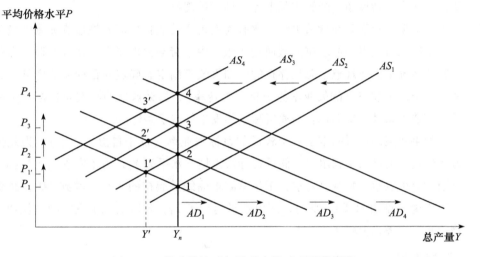

图 11-7　货币供给引起的成本推动型通货膨胀

假定初始时刻经济处于充分就业水平，总供给等于总需求，经济均衡于点 1。如果工人要求增加工资（其原因可能是他们要增加实际工资，或者他们预期会发生通货膨胀），在工会组织的压力下，企业主不得不满足工人的要求，工资的增加导致生产成本增加，总产出下降，总供给曲线左移至 AS_2。如果政府的财政货币政策保持不变，这一变化的结果是经济均衡点移到点 1′，总产出水平下降到 Y'，低于充分就业产出水平 Y_n；价格水平上升到 P_1'。

在这种情况下，追求高就业目标的政府将会做什么呢？由于产出的下降导致失业上升，政府将实行积极的宏观政策以扩大总需求，总需求曲线右移至 AD_2，这样形成了新的均衡点 2，结果总产出和就业都恢复到了起初的充分就业水平，但物价水平却上升到了更高的水平 P_2。

由于物价水平的上涨，于是工人再一次要求提高工资。企业主迫于压力而答应了这种要求，结果生产成本不断上升，总供给减少，总供给曲线再一次左移至 AS_3，失业率再一次上升，经济均衡于点 2′。政策制定者不愿看到这种局面，将又一次实施扩张性货币政策，导致总需求曲线右移至 AD_3，经济在点 3 处实现新的均衡，此时物价再次攀升到更高的水平 P_3。如果这种过程继续下去，物价持续上升，成本推动型通货膨胀由此就形成了。

问题是，政府如何通过宏观政策来扩大总需求呢？凯恩斯认为，政府支出的一次性增加或政府税收的一次性降低就可以将总需求曲线右移到 AD_2。但是如何才会使总需求曲线不断向右移动呢？政府支出的增加和政府税收的降低都是有限度的，因而扩张性财政政策的运用并不能使总需求曲线不断向右移动。但是，政府通过增加货币供应，实施扩张性的货币政策，即通货膨胀性货币政策的运用却可以使总需求曲线不断向右移动。所以，成本推动型通货膨胀实际上是一种货币现象。

(3) 需求拉上型通货膨胀与货币供给。政府为实现高就业目标而实施通货膨胀性货币政策的另一个结果就是引起需求拉上型通货膨胀。由于劳动力市场中存在着摩擦，即使是在充分就业情况下失业现象也总是存在的。如果政策制定者确定的目标失业率低于自然失业率（充分就业状态下的失业率称为自然失业率），那么这样的高就业目标就为高货币增长率创造了条件，从而也就为通货膨胀的发生创造了条件。

如果政策制定者制定了一个较低的目标失业率（低于自由失业率），为此他们将努力达到更高的产出增长水平。假设目标产出增长水平为 Y_T，为了实现这个目标，政府便要增加货币供给、刺激总需求，于是总需求曲线从起初的 AD_1 右移到 AD_2，经济在点 $1'$ 实现均衡（见图 11-8）。此时，产出水平达到了 Y_T，政府实现了既定的高就业目标，但物价水平也随之上涨了。

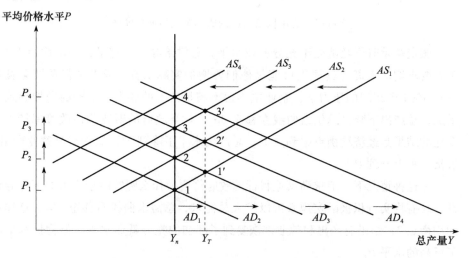

图 11-8　货币供给引起的需求拉上型通货膨胀

在产出水平 Y_T 上，失业率较低（低于自然失业率），市场上存在着对劳动力的过度需求，因而工人的工资上升，总供给曲线左移至 AS_2，新的经济均衡点为点 2，经济又回到了自然失业率水平，物价水平却上涨到了 P_2 点。到此这一过程并未结束，因为失业率再次高于目标水平，政策制定者将再一次实施扩张性货币政策，使总需求曲线向右移至 AD_3，以实现点 $2'$ 的经济均衡。如果政策制定者至此还没有认识到长期保持低于自然失业率的高就业水平是不可能的，依然一味追求高就业目标，不断采取扩张性货币政策，那么其结果必然是物价水平步步攀升，而总产出与就业都基本维持原状，需求拉上型通货膨胀由此产生。

那么，政府如何才能使总需求曲线不断向右移动呢？显然，只有持续不断地增加货币供给才能使总需求曲线不断右移，并引起通货膨胀的发生。因此，货币供给的不断增长也是造成需求拉上型通货膨胀的根本原因。

第十二章
CHAPTER 12

开放金融体系概览

▨ 本章摘要

1. 通常所说的外汇（狭义的静态外汇），是指以外国货币表示，为各国普遍接受，可用于国际间债权债务结算的各种支付手段，如银行汇票、支票、银行存款等。

2. 外汇汇率是一个国家的货币折算成另一个国家货币的兑换比率，即两种不同货币之间的折算比率。外汇汇率有直接标价法、间接标价法和美元标价法三种。

3. 汇率的分类多种多样。按银行买卖外汇的价格不同，分为买入汇率、卖出汇率和中间汇率；按外汇买卖交割的期限不同，分为即期汇率和远期汇率；按制定汇率的方法不同，分为基本汇率和套算汇率；按外汇管制情况不同，分为官方汇率和市场汇率；按衡量货币价值的角度不同，分为名义汇率和实际汇率。

4. 汇率制度是指一国货币当局对本国汇率变动的基本方式所做的一系列安排或规定。按照汇率变动的幅度，汇率制度被分为两大基本类型：固定汇率制和浮动汇率制。各国可根据经济规模与开放程度、通货膨胀率、金融市场发育程度、政策制定者的可信度及资本流动性等选择汇率制度。

5. 国际货币体系是世界各国对货币的兑换、国际收支的调节、国际储备资产的构成等问题共同做出的安排和确定的原则，以及为此而建立的组织形式等总称。它先后经历了国际金本位体系、布雷顿森林体系和牙买加体系的发展演变。

6. 国际金本位体系是指以黄金作为本位货币的一种国际货币体系。国际金本位体系下的经济具有自动调节机制，但它赖以存在的物质基础使它难逃崩溃的厄运。

7. 布雷顿森林体系是指第二次世界大战后以固定汇率制为基本特征的国际货币体系。布雷顿森林体系的主要内容可以概括为以下三方面：建立一个永久性的国际金融机构，即国际货币基金组织；提出了"双挂钩"的汇率平价体系，即规定各国货币与美元挂钩，美元与黄金挂钩；美元充当国际储备货币。"特里芬难题"揭示了这一体系本身的脆弱性，该体系最终由于对美元信心的极度缺失而崩溃。

8. 《牙买加协议》承认了事实上的浮动汇率制度的法律地位，并实现了黄金非货币化和国际储备货币多样化。各国根据本国贸易和经济实力选择不同的汇率制度。牙买加体系制度安排灵活，适应性强。但它会引起汇率更加剧烈的变动，而且缺乏有效的国际政策协调机制。

9. 国际金融机构体系的主要成员有国际货币基金组织、世界银行、国际清算银行及亚洲基础设施银行等。

习题

一、名词解释

1. 汇率　　　　　　2. 直接标价法　　　　　3. 美元标价法
4. 即期汇率　　　　5. 特里芬难题

二、单项选择

1. 以下关于外汇描述错误的是（　　　）。

   A. 外汇是一种金融资产

   B. 用作外汇的货币必须具有充分的可兑换性

   C. 外国货币就是外汇

   D. 外汇必须以外币表示

2. 在采用直接标价的前提下，如果需要比原来更少的本币就能兑换一定数量的外国货币，这表明（　　　）。

   A. 本币币值上升，外币币值下降，通常称为外汇汇率上升

   B. 本币币值下降，外币币值上升，通常称为外汇汇率上升

   C. 本币币值上升，外币币值下降，通常称为外汇汇率下降

   D. 本币币值下降，外币币值上升，通常称为外汇汇率下降

3. 动态外汇的含义是指（　　　）。

   A. 外汇的转移　　　　　　　　　B. 国际清算活动和行为

   C. 外汇的产生　　　　　　　　　D. 外汇的储备

4. 在间接标价法下，汇率数值的上下波动与相应外币的价值变动在方向上（　　　），而与本币的

价值变动在方向上（　　　）。

  A. 一致，相反　　　B. 相反，一致　　　C. 无关系　　　　D. 不确定

5. 广义的外汇指一切以外币表示的（　　　）。

  A. 金融资产　　　　B. 外汇资产　　　　C. 外国货币　　　D. 外国证券

6. 银行买进现钞价格比买进外汇凭证的价格要（　　　）。

  A. 高　　　　　　　B. 低　　　　　　　C. 相同　　　　　D. 高 3‰

7. 目前，我国人民币实施的汇率制度是（　　　）。

  A. 固定汇率制　　　　　　　　　　B. 弹性汇率制

  C. 有管理浮动汇率制　　　　　　　D. 钉住汇率制

8. 布雷顿森林体系内部存在着难以解决的矛盾，即（　　　）。

  A. 费雪效应　　　B. 里昂惕夫之谜　　　C. 流动性陷阱　　　D. 特里芬难题

9. 国际货币体系进入到浮动汇率时代开始于（　　　）。

  A. 国际金本位制度　　　　　　　　B. 布雷顿森林体系

  C. 牙买加货币体系　　　　　　　　D. 欧元诞生之后

10. 汇率采取直接标价法的国家和地区有（　　　）。

  A. 美国和英国　　　　　　　　　　B. 美国和中国香港

  C. 英国和日本　　　　　　　　　　D. 中国香港和日本

11. 国际金本位的基本特点是黄金可以（　　　）。

  A. 自由买卖、自由铸造、自由兑换　　B. 自由铸造、自由兑换、自由输出入

  C. 自由买卖、自由铸造、自由输出入　　D. 自由流通、自由兑换、自由输出入

12. 最早建立的国际金融组织是（　　　）。

  A. 国际货币基金组织　　　　　　　B. 国际清算银行

  C. 世界银行　　　　　　　　　　　D. 国际开发协会

13. 国际货币基金（　　　）恢复中国的代表权。

  A. 1978 年　　　B. 1979 年　　　　C. 1980 年　　　　D. 1981 年

14. 由中国倡议成立的国际金融组织是（　　　）。

  A. 亚洲开发银行　　　　　　　　　B. 亚洲基础设施投资银行

  C. 亚洲投资银行　　　　　　　　　D. 丝路基金

15. 特别提款权（SDR）是由国际货币基金于（　　　）创设的一种账面资产。

  A. 1945 年　　　B. 1950 年　　　　C. 1969 年　　　　D. 1980 年

16. 布雷顿森林体系是采纳了（　　　）的结果。

  A. 怀特计划　　　B. 凯恩斯计划　　　C. 布雷迪计划　　　D. 贝克计划

17. 在直接标价法下，本币数额增加表示（　　　）。

  A. 外币币值不变   B. 本币升值

  C. 外汇汇率下降   D. 本币汇率下降

18. 在直接标价法下，一定单位的外币折算的本国货币增多，说明本币汇率（　　）。

  A. 上升   B. 下降   C. 不变   D. 不确定

19. 远期汇率高于即期汇率称为（　　）。

  A. 贴水   B. 平价   C. 升水   D. 议价

20. 银行买进外汇凭证的价格比买进现钞的价格（　　）。

  A. 低   B. 高   C. 相同   D. 低 1‰

三、多项选择

1. 按照外汇交易的支付工具不同，汇率可以分为（　　）。

  A. 电汇汇率   B. 信汇汇率

  C. 现钞汇率   D. 票汇汇率

2. 国际货币体系包括（　　）。

  A. 各国货币比价的确定   B. 各国货币的供给量问题的确定

  C. 国际储备资产的确定   D. 黄金、外汇的流动与转移是否自由

3. 一种外币成为外汇的前提条件有（　　）。

  A. 可接受性   B. 可偿性   C. 可兑换性   D. 一致性

4. 在间接标价法下，以下说法正确的是（　　）。

  A. 汇率越高，本国货币的币值就越低，外国货币的币值越高

  B. 汇率越高，本国货币的币值就越高，外国货币的币值越低

  C. 汇率越低，本国货币的币值就越高，外国货币的币值越低

  D. 汇率越低，本国货币的币值就越低，外国货币的币值越高

5. 下列说法正确的是（　　）。

  A. 在美元标价法下，标价货币是美元   B. 在美元标价法下，基准货币是美元

  C. 在间接标价法下，基准货币是本币   D. 在直接标价法下，标价货币是外币

6. 下列关于浮动汇率制说法正确的是（　　）。

  A. 浮动汇率制可以降低国际游资冲击的风险

  B. 为市场提供了明确的价格信号

  C. 各国政府承担维持汇率稳定的义务

  D. 汇率波动幅度和频率加大

7. 维持布雷顿森林体系运转的基本条件是（　　）。

  A. 美国国际收支保持顺差，美元对外价值稳定

    B. 世界各国有充足平衡的黄金储备，以维持对黄金的充分兑换

    C. 美国有充足的黄金储备，以保持美元对黄金的有限兑换性

    D. 黄金价格维持在官价水平上

8. 国际金本位的特点包括（   ）。

    A. 严格的固定汇率制   B. 浮动汇率制

    C. 黄金充当国际货币   D. 国际收支的自动调节机制

9. 布雷顿森林体系的内容包括（   ）。

    A. 建立一个永久性的国际金融机构   B. 建立以美元为中心的汇率平价体系

    C. 黄金非货币化   D. 美元充当国际储备货币

10. 《布雷顿森林协定》是（   ）的总称。

    A. 《国际货币基金协定》   B. 《国际清算银行协定》

    C. 《国际稳定基金方案》   D. 《国际复兴开放银行协定》

11. 国际货币基金是一个（   ）金融组织。

    A. 国际性的   B. 区域性的

    C. 永久性的   D. 有生存期的

12. 牙买加会议后国际货币体系的主要特点是（   ）。

    A. 以美元为中心的多元化的储备体系   B. 黄金不再是储备资产

    C. 以管理浮动汇率制度为中心   D. 多种国际收支调节机制并存

13. 银行挂牌的买入汇率是指（   ）。

    A. 银行买入顾客外汇的价格   B. 顾客卖出外汇的价格

    C. 银行卖出外汇的价格   D. 顾客买入外汇的价格

14. 静态的外汇汇率是（   ）。

    A. 两种货币的兑换   B. 两种货币之间的交换比率

    C. 国内物价水平的体现   D. 本币内部价值的外在表现

15. 在间接标价法下，外币数额减少，表示（   ）。

    A. 本币币值不变   B. 本币贬值

    C. 外汇汇率上涨   D. 外汇汇率下降

四、判断并改错

1. 在直接标价法下，一定单位的外币折算的本国货币增多，说明本币汇率上升。（   ）

2. 越南的货币"越南盾"不是外汇，美元对美国人来说也不是外汇。（   ）

3. 以外币表示的用于国际结算的支付手段是广义外汇。（   ）

4. 美元标价法是以美元作为标准货币，用其他货币来表示美元的价格。（   ）

5. 目前人民币汇率实行间接标价法。（　　　）

6. 在间接标价法下，较小数值为银行买入外汇的汇率，较大数值为银行卖出外汇的汇率。（　　　）

7. 银行现钞买入价要稍高于外汇买入价。（　　　）

8. 远期汇率低于即期汇率，称为远期升水。（　　　）

9. 用作外汇的货币不一定具有充分的可兑换性。（　　　）

10. 固定汇率制有利于本国货币政策的独立性。（　　　）

11. 进口公司向银行买入外汇时应使用买入价。（　　　）

12. 外汇就是以外国货币表示的支付手段。（　　　）

13. 在间接标价法下，当外国货币数量减少时，外国货币汇率下浮或贬值。（　　　）

14. 最早建立的国际金融组织是国际货币基金组织。（　　　）

15. 亚洲基础设施投资银行创设于 2012 年。（　　　）

16. 布雷顿森林体系实际上是以黄金为中心的国际货币体系。（　　　）

17. 布雷顿森林体系是一个以美元为中心的国际货币体系，是英美两国在国际金融领域争夺主导权的产物。（　　　）

18. 金本位制属于固定汇率制度。（　　　）

19. 布雷顿森林体系确定了以美元为中心的可调整的固定汇率制度。（　　　）

20. 牙买加体系存在着无法克服的困难，即特里芬难题。（　　　）

五、填空题

1. 常见的汇率标价方法有（　　　）、（　　　）和（　　　）。

2. 直接标价法是以（　　　）为单位货币，（　　　）为报价货币。

3. 间接标价法是以（　　　）为单位货币，（　　　）为报价货币。

4. 美元标价法是以（　　　）为单位货币或基础货币，（　　　）为报价货币。

5. 目前除英国、美国等少数国家外，世界上大多数国家都采用（　　　）。

6. 按交易时间划分，汇率可分为（　　　）和（　　　）。

7. 历史上第一个国际货币体系是（　　　）。

8. 布雷顿森林体系的"双挂钩"是指（　　　）和（　　　）。

9. 在金本位制下，（　　　）是汇率决定的基础，（　　　）是汇率波动的界限。

10. 银行挂牌的买入汇率是指银行（　　　）的价格，或顾客（　　　）的价格。

六、简答题

1. 简述固定汇率制度和浮动汇率制度的特点。

2. 简述牙买加协议的主要内容。

3. 简述金本位制下国际收支的自动调节机制。

七、论述题

试述布雷顿森林体系的内容及其崩溃的原因，并对其进行评价。

参考答案

一、名词解释

1. 汇率

答：汇率是外汇汇率的简称，又称外汇汇价，是一个国家的货币折算成另一个国家货币的兑换比率，也就是用一国货币所表示的另一国货币的相对价格。

2. 直接标价法

答：直接标价法是以一定单位（1 个外币单位或 100 个、10 000 个、100 000 个外币单位）的外国货币作为标准，折算为一定数额的本国货币的汇率表示方法，即以本国货币表示的单位外国货币的价格。

3. 美元标价法

答：美元标价法是指以一定单位的美元为标准折成若干数量的各国货币的标价方法，即以美元为单位货币，其他货币为报价货币。

4. 即期汇率

答：即期汇率又称现汇汇率，是指外汇买卖双方在成交后两个营业日内办理交割手续时所使用的汇率。

5. 特里芬难题

答：特里芬难题是指以单一国别货币（如美元）充当世界货币时，各国货币面临的保持货币稳定和提供充分的国际清偿力之间的矛盾，是美国经济学家总结的布雷顿森林体系的内在矛盾，即为满足世界经济增长和国际贸易的发展，美元的供应必须不断地增长；而美元供应的不断增长，使美元同黄金的兑换日益难以维持。这是布雷顿森林体系的先天缺陷。

二、单项选择

1. C　2. C　3. B　4. B　5. A　6. B　7. C　8. D　9. C　10. D　11. B
12. B　13. C　14. B　15. C　16. A　17. D　18. B　19. C　20. B

三、多项选择

1. ABD　2. ACD　3. ABC　4. BD　5. BC　6. AD　7. AD　8. ACD

9. ABD   10. AD   11. AC   12. ACD   13. AB   14. BD   15. BC

四、判断并改错

1. （×）将"上升"改为"下降"，将"本币汇率"改为"外币汇率"

2. （√）

3. （×）将"广义"改为"狭义"

4. （√）

5. （×）将"间接标价法"改为"直接标价法"

6. （×）将"买入"改为"卖出"，将"卖出"改为"买入"；或者将"间接"改为"直接"

7. （×）将"高于"改为"低于"

8. （×）将"升水"改为"贴水"；或者将"低于"改为"高于"

9. （×）将"不一定"改为"必须"

10. （×）将"有利"改为"不利"

11. （×）将"买入"改为"卖出"；或者将"买入外汇"改为"卖出外汇"

12. （×）将"以外国货币表示的支付手段"改为"以外币表示的用于国际结算的支付手段"

13. （×）将"下浮或贬值"改为"上浮或升值"；或者将"间接"改为"直接"

14. （×）将"国际货币基金"改为"国际清算银行"

15. （×）将"2012年"改为"2015年"

16. （×）将"黄金"改为"美元"

17. （√）

18. （√）

19. （√）

20. （×）将"牙买加体系"改为"布雷顿森林体系"

五、填空题

1. 直接标价法   间接标价法   美元标价法

2. 外国货币   本国货币

3. 本国货币   外国货币

4. 美元   其他货币

5. 直接标价法

6. 即期汇率   远期汇率

7. 国际金本位制

8. 美元与黄金挂钩   各国货币与美元挂钩

9. 金平价　黄金输送点

10. 买入顾客外汇　卖出外汇

六、简答题

1. 简述固定汇率制度和浮动汇率制度的特点。

答：固定汇率制度的主要特点是：由于汇率相对固定，避免了汇率频繁的剧烈波动，给市场提供了一个明确的价格信号，有利于对外贸易结算和国际资本的正常流动，减少了经济活动的不确定性。它通过发挥"政府主导市场"的作用，由政府来承担市场变化的风险。但是，由于政府的担保，市场参与者丧失了风险意识和抵抗风险的能力，容易诱导短期资本大量流入。在资本大量流入的情况下，往往迫使货币当局对本国货币实行升值或贬值政策，使本国货币政策缺乏独立性，导致固定汇率有时会变得极不稳定。

浮动汇率制度的主要特点：汇率波动频率高且幅度大。在浮动汇率制度下，由于各国政府不再规定货币的法定比价和汇率界限，也不承担维持汇率稳定的义务，汇率完全由市场供求决定。但是，浮动汇率制度可以发挥汇率杠杆对国际收支的自动调节作用，减少国际经济状况变化和外国经济政策对本国的影响，降低国际游资冲击的风险。它通过发挥"市场修正市场"的作用，让市场参与者自己承担风险。

2. 简述牙买加协议的主要内容。

答：牙买加协议的主要内容包括对黄金、储备货币和汇率制度的规定。

（1）浮动汇率合法化：取消汇率平价和美元中心汇率，确认浮动汇率制，成员方自行选择汇率制度。

（2）黄金非货币化：废除黄金条款，取消黄金官价，确认黄金非货币化。各成员方中央银行可按照市价自由进行黄金交易，取消成员方相互之间以及成员方与 IMF 之间须用黄金清算债权债务的义务。IMF 逐步处理其持有的黄金。

（3）国际储备多元化：牙买加体系削弱了美元作为单一储备货币的地位，各国储备货币呈现以美元为首的多元化状态。

（4）提高 IMF 的清偿力：通过增加成员方的基金缴纳份额，提高 IMF 的清偿力。

（5）扩大对发展中成员方融资：IMF 用出售黄金的收入建立起信托基金，来扩大对发展中成员方的资金融通，改善其贷款条件。

3. 简述金本位制下国际收支的自动调节机制。

答：在金本位制下，国际收支的自动调节机制就是英国经济学家大卫·休谟提示的"价格－铸币流动机制"。休谟认为，如果一国的国际收支持续发生逆差，其汇率会下跌至黄金输出点，导致黄金外流增加，但一国黄金不会源源不断外流从而导致该国黄金枯竭，因为黄金外流使该国的货币供应量减少，根据货币数量论的观点，货币供应量减少，物价下降，致使该国商品的国际竞争力增强，于是会发生有利于出口，限制进口的作用，其结果是国际收支逐渐恢复到均衡。反之，在顺差国，因黄金大量流入致使本国货币供应量增加，物价水平上涨，削弱其产品的国际竞争力，出口减少，同时进口增加，结果是国际收支盈余逐渐减少，并向均衡点逼近。

七、论述题

试述布雷顿森林体系的内容及其崩溃的原因，并对其进行评价。

答：布雷顿森林体系是指第二次世界大战后以固定汇率制为基本特征的国际货币体系。

(1) 布雷顿森林体系的主要内容可以概括为以下三方面：

　　1) 建立一个永久性的国际金融机构，即国际货币基金组织。

　　2) 建立以美元为中心的汇率平价体系。布雷顿森林体系提出了"双挂钩"的汇率平价体系，即规定各国货币与美元挂钩，美元与黄金挂钩。具体是：美元与黄金挂钩，美国政府按规定的黄金官价（35 美元 1 盎司⊖黄金）向各国货币当局承诺自由兑换黄金，各国中央银行或政府可以随时用美元向美国按官价兑换黄金。各国货币与美元挂钩，各国政府承诺维持各国货币与美元的固定比价，各国对美元的波动幅度为平均上下各 1%，各国货币当局有义务在外汇市场上进行干预以保持汇率的稳定。只有当成员方出现国际收支根本不平衡时，经国际货币基金组织批准才能改变外汇平价，所以又可称为可调整的固定汇率制。

　　3) 美元充当国际储备货币。在布雷顿森林体系下，美元可以自由兑换为任何一国的货币，充当价值尺度，流通手段和价值储藏的作用。

(2) 布雷顿森林体系崩溃的原因。

　　1) "特里芬难题"（定义略）

　　　　"特里芬难题"指出了布雷顿森林体系的内在不稳定性及危机发生的必然性，由此导致的体系危机是美元的可兑换的危机，或人们对美元可兑换的信心危机。

　　2) 汇率体系僵化。布雷顿森林体系的固定汇率体制限制了国别经济政策的作用。这种僵化的状态违背了"可调整的固定汇率体系"的初衷，矛盾的积累最终使布雷顿森林体系崩溃。

　　3) 国际货币基金组织协调解决国际收支不平衡的能力有限。由于汇率制度的不合理，各国国际收支问题日益严重，大大超过了国际货币基金组织所能提供的财力支持。从全球看，除了少数国家的国际收支为顺差外，绝大部分国家都出现了积累性的国际收支逆差。事实证明，国际货币基金组织并不能妥善地解决国际收支问题。

⊖　1 盎司 = 28.350 克。

（3）评价。

1）促进了第二次世界大战后国际贸易和国际投资的迅速发展。布雷顿森林体系消除了原来汇率急剧波动的现象，大大降低了国际贸易与金融活动中的汇率风险，为国际贸易、国际投资和国际信贷活动的发展提供了有利条件。

2）在一定程度上解决了国际清偿力问题。由于美元作为国际储备货币等同于黄金，弥补了国际储备的不足，在一定程度上解决了国际清偿力短缺的问题。

3）营造了一个相对稳定的国际金融环境。布雷顿森林体系是国际货币合作的产物，它消除了第二次世界大战前各个货币集团的对立，稳定了第二次世界大战后国际金融混乱的动荡局势，开辟了国际金融政策协调的新时代，营造了一个相对稳定的国际金融环境，对世界经济的发展起到了一定的促进作用。